MAJA STORCH
EVA MARIA JÄGER
STEFAN KLÖCKNER

Spirituelles Embodiment

arkana

MAJA STORCH
EVA MARIA JÄGER
STEFAN KLÖCKNER

SPIRITUELLES EMBODIMENT

Stimme und Körper als Schlüssel
zu unserem wahren Selbst

arkana

Dieses Buch ist auch als E-Book erhältlich.

MIX
Papier aus verantwortungsvollen Quellen
FSC® C014496

Penguin Random House Verlagsgruppe FSC® N001967

1. Auflage
Originalausgabe

Lektorat: Ralf Lay
Umschlaggestaltung: ki 36 Editorial Design, München, Daniela Hofner
Umschlagmotiv: © Per Swantesson / stocksy
Satz: Buch-Werkstatt GmbH, Bad Aibling
Druck und Bindung: GGP Media GmbH, Pößneck
Printed in Germany
ISBN 978-3-442-34271-6
www.arkana-verlag.de

Besuchen Sie den Arkana Verlag im Netz

Inhalt

Einleitung: Darum geht es in diesem Buch

Maja Storch

Die Frage nach der spirituellen Heimat

Dieses Buch richtet sich an Suchende: Was ist der Sinn meines Lebens – vor allem, wenn's schwer wird? Was trägt mich dann? Warum bin ich auf dieser Erde? Wo ist mein Platz in der Welt? Was ist meine Berufung?

Alle diese Fragen, so verschieden sie vom Wortlaut her auch sein mögen, zielen auf ein bestimmtes Thema hin: Es ist die Frage nach der spirituellen Heimat, die suchende Menschen umtreibt. Den Suchenden genügt es nicht, ein »normales« Leben zu führen, auch wenn sie über alle Attribute des äußeren Erfolges verfügen könnten, die die jeweilige Kultur als erstrebenswert darstellt. Diese Menschen wollen mehr. Sie haben eine Ahnung davon, dass sie in ihrer Einzigartigkeit ihren individuellen Beitrag zum Gelingen des Ganzen beizusteuern haben.

Doch worin kann dieser Beitrag bestehen? Wie stelle ich die Verbindung zum Heiligen her, um Antworten zu bekommen? Wie bin ich vom Universum gemeint? Was ist mein wahres Selbst? Die Antwort, die wir in diesem Buch geben, zeigt einen möglichen Weg auf, der gut umgesetzt werden kann und in unseren Augen bisher wenig systematisch untersucht wurde. Spirituelles Embodiment bedient sich des Körpers und der Stimme als Ausdrucksmittel und Zugang zum wahren Selbst. Über das Körpergefühl gelingt uns das oftmals bedeutend einfacher und nachhaltiger als über das isolierte Denken.

Oft wird in unserer Kultur der Zugang zum Heiligen über Texte vermittelt. Ein Gebet wird meistens dadurch praktiziert, dass vorformulierte Worte gesprochen werden. Dabei kann uns das vielfache Wiederholen bestimmter Formulierungen einerseits in eine meditative Stimmung versetzen (zum Beispiel im Rosenkranzgebet oder beim Rezitieren von Mantras). Andererseits kann es auch schnell geschehen, dass das Gesagte gar nicht wirklich empfunden, sondern einfach nur »heruntergeleiert« wird. Worte, die auf diese Art gesprochen werden, können ihre heilsame Wirkung nicht entfalten; sie bleiben dann leere Floskeln ohne Resonanz im Seelenleben. Ein ehemaliger Schüler aus einem christlich geprägten Internat erzählte zum Beispiel: »Ich habe in meiner Schulzeit so oft das Vaterunser herunterbeten müssen, dass ich eine regelrechte ›Vaterunser-Hornhaut‹ auf der Seele entwickelt habe.« Hier verfehlt das Gebet natürlich völlig seine spirituelle Absicht – und mit seiner »Hornhaut« steht der fromme Internatsschüler vermutlich auch gar nicht so allein da.

Natürlich ist es wenig sinnvoll, über einen Mangel zu klagen, ohne auch einen Vorschlag zur Abhilfe anzubieten. Der Vorschlag in diesem Buch lautet: *Durch spirituelles Embodiment stellen wir den Kontakt zum Heiligen her, von dem wiederum Erbauung und Heilung zu uns kommen.*

Solch eine Aussage ist eine starke Behauptung und will eingehend begründet sein. Wir werden dies in aller Ruhe und mit viel Sorgfalt tun – versprochen!

Fragen wir zunächst: Woher kommt der Begriff »Embodiment«, und was hat man sich unter »spirituellem Embodiment« vorzustellen?

Embodiment

»Embodiment« bedeutet wörtlich übersetzt »Verkörperung«. Im wissenschaftlichen Sprachgebrauch bezeichnet dieser Begriff den Einbezug des Körpers in wissenschaftliches Denken.[1] Eine zentrale Annahme der Embodiment-Ansätze ist die Wechselwirkung von körperlichem und psychischem Geschehen. Jeder Gedanke und jedes Gefühl haben eine sogenannte sensomotorische Komponente. Jede Einsicht, jedes Verstehen setzt voraus, dass der Inhalt dessen, was verstanden werden soll, körperlich nachvollzogen wurde. Diese Aussage ist äußerst folgenreich, denn sie zieht nach sich, dass dem Körper eine wichtige Rolle bei der Verarbeitung von Informationen zukommt. Sogar ein so abstraktes Konzept wie der mathematische Begriff der Unendlichkeit hat einen sensomotorischen Anteil, wie Forscher haben zeigen können.

Embodiment-Ansätze betrachten den Menschen als Einheit von Körper und Geist.[2] Körperliches und Psychisches wirken permanent aufeinander ein und sind untrennbar miteinander verbunden. Unsere Handlungen, unser Urteilsvermögen, die Art und Weise, wie und was wir entscheiden, die Stimmungslage und die Gefühlsbewertung von Situationen – all dies ist aufs Engste an unsere sinnlich-motorischen Eindrücke gekoppelt.

Die ganzheitliche Sichtweise des Embodiment-Ansatzes ist in der Wissenschaft ziemlich neu und ungewohnt. Bisher dachte man immer, dass für das Verstehen allein der Verstand zuständig ist. Man sieht etwas ein, man macht sich etwas klar, man reflektiert und überdenkt etwas, und auf diese Art stellt sich die Erkenntnis ein. Diese Vorstellung stimmt nur bedingt, wenn man Embodiment-Ansätze betrachtet. Bevor der Verstand etwas entziffern kann, ist immer zuerst der Körper im Spiel. Er produziert ein körperliches Mini-Theater mit allen Sinnen, und dieses sinnliche Schauspiel kann dann unser Verstand in Worte fassen und sprachlich zum Ausdruck bringen.

Auch in der westlichen Philosophie und in den westlichen Religionen hat der Körper lange Zeit eine dem Verstand untergeordnete Rolle gespielt. Man betrachtete den Verstand als Hauptzentrale, die dem Körper Befehle erteilt, die dieser dann ausführt. Dass Körper und Verstand in dauernder Wechselwirkung sind und sich gegenseitig beeinflussen, ist äußerst reich an Konsequenzen für spirituelles Erleben und Glaubenserfahrungen – wir werden davon noch viel sprechen.

Neben dem Körper und dem Verstand spielt nach ganzheitlicher Auffassung natürlich auch die Seele beziehungsweise Psyche eine Rolle. Deshalb möchte ich hier noch kurz etwas zu den beiden Begriffen »Seele« und »Psyche« sagen. Das Wort *psychē* hat im Altgriechischen die Bedeutung »Atem, Hauch, Seele«. Lange Zeit wurden »Psyche« und »Seele« synonym verwendet: Innenleben, Seelenleben, psychische Verfassung – all dies ist im Grunde eng miteinander verwoben. Eng gekoppelt an den Begriff der Seele ist aber auch die spirituelle Vorstellung einer unsterblichen Seele als Teil des Menschen, der nach dem Tode weiterlebt.

In diesem Buch verwenden wir den Begriff »Psyche« statt »Seele«, da sowohl Eva Maria Jäger als auch Maja Storch von der Psychologie herkommen und mit diesem Begriff präzise arbeiten können.

Mit dem Aufkommen der experimentellen Psychologie durch Wilhelm Wundt (1832–1920) versuchte die Psychologie, sich an den Universitäten als eigenständige akademische Disziplin zu etablieren. Die Begriffe »Seele« und »Psyche« verschwanden aus dem Sprachgebrauch. Man behandelte spezifische Störungsbilder und nicht die Psyche als innere Gesamtheit. In den letzten Jahren verschiebt sich jedoch besonders in der Psychotherapie diese Spaltung wieder hin zugunsten eines Einbezugs des Innenlebens in die Therapie oder Beratung. Das geschieht nicht zuletzt deswegen, weil man auch die seelisch-psychischen Vorgänge experimentell erfassen kann, was umso besser gelingt, seit man komplexe Fragestellungen mithilfe rechnergestützter apparativer Versuchsanordnungen untersuchen kann. So werden zum Beispiel schnelle hochauflösende Kameras für Mikroanalysen der Augenbewegungen von Babys oder Infrarottechniken für Blickbewegungen an Bildschirmarbeitsplätzen eingesetzt. Und einige psychophysiologische beziehungsweise wahrnehmungspsychologische Forschungsaufgaben sind ohne moderne elektronische Techniken nicht lösbar.

Warum wir dieses Buch geschrieben haben

Für welche Art von Spiritualität gilt unser Ansatz?

Die Antwort hierauf ist eindeutig: »Für *jede* Art von Spiritualität.« Auch wenn wir selbst aus christlichen Kreisen kommen und entsprechende Fallbeispiele anführen, haben wir darauf geachtet, dass wir Geschichten von Menschen erzählen, die sich so oder so ähnlich auch in anderen Glaubensgemeinschaften ereignen könnten. Selbst religiös ungebundene Menschen können, sofern sie auf der ehrlichen Suche nach Spiritualität sind, mit Embodiment eine wirkmächtige Ressource anzapfen, die ihnen auf ihrem Weg eine echte Unterstützung sein kann.

Eine evangelische Pastorin gesteht zum Beispiel: »Ich habe seit vielen Jahren ein großes Problem mit meinem Glauben. Was habe ich schon nachgedacht, wie viele Bücher habe ich gelesen, und die Nächte, in denen ich mir den Kopf zerbrochen habe, mag ich gar nicht mehr zählen. Es gelingt mir einfach nicht zu glauben. Mittlerweile würde ich sagen, dass ich in einer handfesten Glaubenskrise stecke.« Die Pastorin versucht möglicherweise, sich mit dem falschen psychischen Funktionssystem ihres Glaubens zu versichern. Aus der Sicht des Embodiments wäre hierbei eine hilfreiche Unterstützung möglich. Die

Gewissheit, nach der sie sucht, wird nämlich nicht allein vom Verstand vermittelt. Verlässt man sich ausschließlich auf ihn, kann man schnell einmal im Nirgendwo landen, wo Fragen keinen Sinn ergeben und Antworten schal und unbefriedigend sind.

Ein katholischer Diakon hingegen erklärt: »Über meinen Glauben zu sprechen fällt mir ehrlich gesagt schwer. Das muss man erlebt haben, das lässt sich mit Worten nicht beschreiben. Für mich ist dieses Erleben etwas sehr Intimes. Ich kann das nicht zu Markte tragen.« Was dieser Diakon beschreibt, lässt sich ebenfalls gut mit der Idee des Embodiments vereinbaren. Im Unterschied zur evangelischen Pastorin hat er seine Glaubensgewissheit mit einem anderen psychischen Funktionssystem erfahren. Er hat dazu sein Selbst benutzt. Und das Selbst ist aufs Engste mit dem Körpergeschehen gekoppelt. Darüber werden wir im weiteren Verlauf des Buchs noch sprechen. Für den Moment genügt es nachzuvollziehen, dass der Körper offenbar eine Art sichere Basis bildet, mit der ein Mensch spirituelle Gewissheit erlangen kann. Man *fühlt* diese Gewissheit, man *denkt* sie nicht.

Wir haben dieses Buch geschrieben, weil wir der Ansicht sind, dass es höchste Zeit ist, die Kraft des Körpers in die spirituelle Praxis einzubinden. Wir tun dies aus verschiedenen Perspektiven und zeigen dadurch die Vielfalt der Einsatzmöglichkeiten von spirituellem Embodiment auf.

Stefan Klöckner kommt von der Kirchenmusik beziehungsweise der Theologie her. Er spürt den gesungenen Gebeten (vor allem den Gesängen des Gregorianischen Chorals) nach, die – schon wenn man zuhört, mehr aber noch, wenn man selbst singt – unter die Haut gehen, ins Herz sinken und so eine intensive körperliche und psychische Wirkung entfalten. Aber noch mehr: Schon die Texte dieser Gesänge aus der Heiligen Schrift zeugen von einer engen Leib-Psyche-Verbindung im Sinne eines spirituellen Embodiments.

Die Psychologin und Körperforscherin Eva Maria Jäger beschreibt anhand eines Selbsttests, wie man die eigenen zentralen Bedürfnisse herausfinden kann, und stellt dazu passgenau eine Reihe von Embodiment-Übungen vor, die sich auf Psalmen beziehen.

Maja Storch, Psychologin und Psychoanalytikerin, erörtert anhand von verschiedenen Fallbeispielen, wie in persönlichen Krisensituationen auf höchst individuelle Art und Weise der Kontakt mit dem Heiligen über Embodiment gelungen ist. Es wird deutlich, dass spirituelles Embodiment den Zugang zum inneren Frieden, zu Gelassenheit und manchmal sogar zu Hoffnung und Optimismus freilegen kann, auch wenn außen herum alles verloren scheint.

Es geht hier nicht um die Rezeptur eines einfachen Erfolgs, sondern um den Hinweis darauf, dass durch den Einbezug von Körper und Stimme eine physisch-psychische Balance wiederhergestellt wird, die ganz natürlich ist, weil jeder Mensch sie mit auf die Welt gebracht hat – als sein elementares Recht: Das Heilige wohnt schon lange in mir. Es hat sich mit all seinen Kräften schon längst mir zugewandt; ich muss es nur bemerken und die Verbindung aufnehmen.

Das Prinzip unserer Überlegungen lässt sich in einer ganz einfachen Regel zusammenfassen: Wer einen Körper hat und auf der Suche nach dem wahren Selbst und dem Heiligen ist, kann Embodiment praktizieren. Dies gilt übrigens auch für Menschen mit körperlichen Beeinträchtigungen. Wer in der Lage ist, auch nur noch einen einzigen Muskel zu bewegen, kann diesen Muskel im Embodiment einsetzen. Eigentlich ganz einfach, oder nicht?

Das Selbst

Mit dieser Überlegung können wir uns der nächsten Frage zuwenden: Was ist denn das Selbst? Und was ist überhaupt das »wahre Selbst«? Wie wird man zu einem Menschen, der in sich ruht, der einfach ganz er selbst ist und dies auch ausstrahlt? Gibt es hilfreiche Maßnahmen, um dieses hohe Ziel zu erreichen? Unsere Antwort lautet: Ja, diese Maßnahmen gibt es, und sie haben mit dem Körper und mit der Stimme zu tun. In der Psychologie lassen sich gute Modelle dafür finden, was in der menschlichen Psyche vor sich geht, wenn jemand Kontakt zum eigenen Selbst aufnimmt.

Hören wir dazu Regina, eine alleinerziehende Mutter mit drei halb erwachsenen Kindern: »Ich habe lange darüber nachgegrübelt, ob ich meinen sicheren Arbeitsplatz als Verwaltungsangestellte beim schulärztlichen Dienst verlassen soll, um Theaterpädagogik zu lernen. Aber das ist nicht so einfach zu entscheiden, denn ich bin einerseits auf ein regelmäßiges Einkommen angewiesen. Wegen der Kinder, der Vater zahlt nicht immer verlässlich. Andererseits habe ich jetzt so viele Jahre nicht das gemacht, was ich in meinem Leben eigentlich tun wollte und immer noch will. Ich habe bisher immer für andere gelebt. Wann ist die richtige Zeit für den Aufbruch und für den Mut zum Risiko?«

Regina ist ein grundsätzlich spiritueller Mensch, sie hat in ihrer Wohnung einen kleinen Hausaltar eingerichtet. Dort stehen immer frische Blumen, Bilder von lieben Menschen und eine Kerze. Oft sitzt sie davor und meditiert. Seit sie mit ihrer Entscheidung schwanger geht, bittet sie das Universum fast täglich um einen Fingerzeig für den richtigen Weg.

Eines Nachts träumte sie von einer Piratin, die über die Weltmeere segelte. »Und als ich aufgewacht bin, wusste ich, dass es Zeit für den Aufbruch war. Fragen Sie mich nicht, woher dieses Wissen kam. Es war ein ruhiges Gefühl, angekommen zu sein. Irgendwie klärte sich einfach alles, und ich weiß jetzt, dass ich Theaterpädagogin werde, auch wenn die finanzielle Seite dabei nicht die sicherste ist. Das Positive daran ist, dass ich mit meinem guten, ruhigen Gefühl auch in der Lage bin, Menschen gegenüber standzuhalten, die mich als verantwortungslos bezeichnen. Weil ich jetzt einfach ein ganz sicheres Gespür für meinen Weg habe und für meine Aufgabe in dieser Welt.«

Diese innere Sicherheit, von der Regina erzählt, die kommt aus dem Selbst. Sie kann nicht mit dem Verstand erworben werden, man braucht ein anderes psychisches Organ dafür. Mittlerweile kann man in der Psychologie die Funktionsweise dieses »Selbst-Organs« gut beschreiben und auch experimentell zuverlässig und seriös erforschen.

Das Selbst kann nicht nur bei Entscheidungen helfen. Es kann noch viel mehr, wie das folgende Beispiel Martins verdeutlicht.

»Ich komme ursprünglich aus einer Freikirche«, erzählt Martin. »Ich wuchs auf mit der Angst vor der Hölle, dem Teufel und der ewigen Verdammnis. Ich fühlte mich immer als Sünder, nie war ich gut genug. Diese dauernde Angst, das ist etwas Zermürbendes und Schreckliches. Manchmal half mir nur der Alkohol, diese permanente Drohung zu vergessen. Man kann sich das gar nicht vorstellen, wie tief mir das in den Knochen saß, das Versagen, die Selbstvorwürfe, die dauernde Unruhe, das Getriebensein.

Ich beschäftigte mich dann mit dem Katholizismus und entdeckte die Frohe Botschaft Christi für mich. Dass Jesus alle seine Schäflein liebt und dass auch ich angenommen werde, so, wie ich bin. Mit allen Fehlern und Unzulänglichkeiten. Diese Botschaft tat mir gut. Aber trotzdem hatte ich immer noch Probleme mit meinen Angstgefühlen, die waren nicht verschwunden.

In den Ferien fuhren wir dann einmal nach Rom, und ich wanderte durch die Stadt. An einer Piazza lag eine kleine Kirche, vor der ein alter Mönch mit weißem Bart, brauner Kutte und Sandalen an den nackten Füßen saß. Er saß in der Sonne und betrachtete die Vorbeigehenden. Unsere Blicke trafen sich. ›Vuole confessare?‹, fragte er mich. (›Wollen Sie beichten?‹)

Von seinem Blick und seiner körperlichen Präsenz strahlte so viel milde Güte aus, dass ich mich zutiefst angenommen fühlte. Ich ging mit ihm in das dunkle, kühle Innere der kleinen Kirche und beichtete ihm alles, dessen ich mich schämte. Und nach dieser Beichte hatte ich zum ersten Mal in meinem Leben das Gefühl, nach Hause gekommen zu sein. Ich *spürte* es, dass Gott mich liebt. Ich wusste es nicht nur intellektuell, sondern ich erfuhr es leiblich. Seitdem ich dieses Gefühl erlebt habe, stehe ich fest im Glauben. Ich bin in Gottes Gegenwart geborgen und angenommen.«

Auch ein Erlebnis wie das von Martin kommt aus dem Selbst. Professor Julius Kuhl, ein Persönlichkeitspsychologe, der sich große Verdienste auf diesem Gebiet erwarb, hat über die Rolle des Selbst für die Erfahrung des Heiligen ein Buch geschrieben mit dem bezeichnenden Titel *Spirituelle Intelligenz*.[3] Wie arbeitet dieser Teil der menschlichen Psyche, der solche Erlebnisse ermöglicht?

Der bewusste Verstand und das unbewusste Selbst

Der Mensch verfügt in seiner Psyche über zwei unterschiedliche Systeme, die ganz verschieden arbeiten. Für diese beiden Systeme gibt es eine Vielfalt an Begrifflichkeiten, die man bei Interesse zum Beispiel zusammenfassend in dem Buch *Selbstmanagement – ressourcenorientiert*[4] nachlesen kann. Hier nennen wir die beiden Systeme »bewusster Verstand« und »unbewusstes Selbst«. Die wichtigsten Unterschiede sind in der Tabelle dargestellt.

Bewusster Verstand und unbewusstes Selbst

Unterschied hinsichtlich	Der bewusste Verstand	Das unbewusste Selbst
Verarbeitungsmodus	*bewusst*	*unbewusst*
Arbeitstempo	*langsam*	*schnell*
Kommunikations-mittel	*Sprache*	*somatische Marker (diffuse Gefühle)*
Informations-verarbeitung	*seriell*	*parallel*
Bewertungs-kriterium	*richtig/falsch*	*mag ich/mag ich nicht*

Mit dem Verstand kann man Aufgaben planen, zeitliche Abläufe berechnen und Vor- und Nachteile eines Verhaltens abschätzen. Haben wir mit dem Verstand etwas begriffen, so sind wir in der Lage, darüber mittels Sprache Auskunft zu geben, denn der Sachverhalt ist dem Bewusstsein zugänglich. Man kann dann begründen: »Ich habe mich dafür oder dagegen entschieden, weil …« Bis die Bewertung des Verstandes zu einer Thematik erfolgt oder ein Vorschlag für eine Entscheidung ausgearbeitet wird, kann jedoch einige Zeit vergehen. Der Verstand arbeitet langsam. Im schnellsten Fall braucht es 900 Millisekunden, bis er etwas begriffen hat. Es kann aber auch Stunden, Tage oder Wochen dauern, bis klar ist, wie der durchdachte Vorschlag des Verstandes lautet.

Die Informationsverarbeitung dieses Systems ist seriell; das heißt, dass der Verstand immer nur eins nach dem anderen verarbeiten kann. Die serielle Verarbeitungsweise des Verstandes wird gut nachvollziehbar, wenn man versucht, gleichzeitig zwei Gedanken zu denken. Das geht nicht. Im Prinzip funktioniert der Verstand diesbezüglich ähnlich wie die Kassenschlange im Supermarkt: Es passt immer nur eine Person in das Nadelöhr, man muss geduldig warten, bis man an der Reihe ist.

Die Bewertung des Verstandes erfolgt nach dem sachlichen Kriterium »Was ist richtig, und was ist falsch?«. Hierbei spielen soziale und gesellschaftliche Normen und auch die Erziehung eine wichtige Rolle.

Das andere System, das beim psychischen Geschehen mitwirkt, ist das unbewusste Selbst. Dieses System erledigt seine Aufgaben im Verborgenen, sodass der Verstand davon kaum etwas mitbekommt. Das Unbewusste arbeitet sehr schnell. Innerhalb von 200 Millisekunden nach einem Ereignis ist die Bewertung aus diesem System vorhanden. Diese rasche Reaktionszeit konnte in wissenschaftlichen Studien nachgewiesen werden. Im unmittelbaren Moment ihres Auftauchens kann diese Bewertung allerdings noch nicht in Sprache gefasst werden.

Die Bewertungen des Unbewussten äußern sich über sogenannte *somatische Marker* (gr. *sõma*, Gen. *Sõmatos* [Körper]). Dieser Begriff stammt von dem portugiesisch-amerikanischen Hirnforscher António Damásio.[5] Somatische Marker sind diffuse Gefühle und/oder Körperempfindungen. Sie werden beispielsweise als mulmiges Gefühl im Bauch, Freude im Herzen oder Kloß im Hals wahrgenommen. Seine Bewertung generiert das Unbewusste aus sämtlichen Erfahrungen, die ein Mensch im Leben zu dem betreffenden Thema gesammelt hat. Damásio unterscheidet zwischen positiven und negativen somatischen Markern.

Positive	**Negative**
warmes Gefühl im Bauch	Loch im Magen
freies Durchatmen	aufgestellte Nackenhaare
Gänsehaut am ganzen Körper	Druck auf Schultern
Kopfhaut kribbelt	Nackenverspannungen
Gefühl von Leichtigkeit	Enge in der Brust
Lachen im Gesicht	pochende Halsschlagader

Somatische Marker

Die Informationsverarbeitung des Unbewussten verläuft parallel, das bedeutet, dass gleichzeitig sehr viele Informationen gesichtet und daraus Bewertungen gebildet werden können. Der Neurowissenschaftler Eric R. Kandel, der im Jahr 2000 den Nobelpreis für Physiologie oder Medizin erhielt, drückt diesen Sachverhalt folgendermaßen aus: »Die bewusste Aktivität kann sich nur auf einen begrenzten Bereich konzentrieren. Sie wählt jeweils einen einzelnen Gegenstand aus und sendet ihn an viele Teile des Gehirns weiter. Die unbewusste Informationsverarbeitung dagegen kann in vielen Rindenarealen gleichzeitig stattfinden.«[6]

Die Bewertung des unbewussten Selbst erfolgt im Hinblick auf das Wohlbefinden des Gesamtorganismus: Was ist zuträglich für das individuelle Wohlbefinden, und was ist gefährlich? Das unbewusste Selbst hat evolutionsbiologisch die wichtige Aufgabe, Menschen möglichst sicher und wohlbehalten durchs Leben zu führen und dabei das momentane individuelle Wohlbefinden im Auge zu halten.

Neurologisch betrachtet sitzt der bewusste Verstand im Cortex, direkt hinter der Stirn. »Der Cortex gilt als Entstehungsort von allem, was nach üblicher Meinung uns Menschen zu Menschen macht, nämlich

Bewusstsein, Denken, Vorstellen, Erinnern, Handlungsplanung und Sprache.«[7] Ist Aktivität im Cortex zu verzeichnen, so sind diese Aktivitäten bewusstseinsfähig. Die Person kann dann Auskunft über ihre Gedanken und Gefühle geben.

Das unbewusste Selbst wird neurologisch in einem aus Sicht der Evolution sehr alten Hirnareal lokalisiert, das Menschen mit den Tieren gemeinsam haben. Es handelt sich um ein ausgedehntes Netzwerk von kleineren und größeren Arealen, die für Gefühle zuständig sind und die wissenschaftlich als limbisches System bezeichnet werden. Das limbische System ist »der Entstehungsort von Affekten, Gefühlen, Motiven, Handlungszielen, Gewissen, Empathie, Moral und Ethik und damit diejenige Instanz, die weitgehend unsere Persönlichkeit bestimmt, einschließlich unseres individuell-egoistischen und sozialen Handelns«.[8]

Der bewusste Verstand hat wenige direkte neurologische Verbindungen zum unbewussten Selbst, der Weg in dieser Richtung ist nur dürftig »verkabelt«. Umgekehrt kontrolliert und beeinflusst das Unbewusste die bewusste Ebene jedoch stark, hier haben wir einen »Breitbandanschluss«! Dies erklärt, warum vernünftige Einsichten allein meistens nicht ausreichen, um Menschen nachhaltig zu beeinflussen, während die Gefühle, besonders auch in Form von Stress, Angst und Schmerz, eine starke Wirkung auf das menschliche Denken und Handeln haben können.

Das unbewusste Selbst und die Spiritualität

Was haben nun die beiden Systeme, die wir vorgestellt haben, mit »Spiritualität« zu tun? Wir verbinden mit dieser Frage ein psychologisches Thema mit einem spirituellen. Deshalb wollen wir das Verhältnis von Psychologie, Neurobiologie und Spiritualität bei der Untersuchung dieser Fragestellung kurz klären.

Heutzutage forscht man in der Neurobiologie mit bildgebenden Verfahren, um die Aktivität des Gehirns zu untersuchen. Der Neugier und dem Forschungsdrang sind hierbei offenbar keine Grenzen gesetzt; man begibt sich auch in Gefilde, die früher ausschließlich theologischen Fachpersonen oder spirituellen Kreisen vorbehalten waren. Es gibt Forschungsteams, die buddhistische Mönche im fMRI – die Abkürzung für »functional Magnetic Resonance Imaging«, im Volksmund »die Röhre« genannt – meditieren lassen und beobachten, was sich im Gehirn abspielt, wenn ein Mönch von einem spirituellen Erleben berichtet. Man weiß jetzt, dass für das sogenannte »ozeanische Einheitserleben«, das sich entwickeln kann, wenn man meditiert, ganz bestimmte, klar identifizierbare Hirnareale verantwortlich sind. Ein Mensch, der nach intensiven Gebeten, in meditativer Versenkung oder in mystischer Schau davon spricht, dass die Grenzen des eigenen Ichs sich mental auflösen und dass man in ein universelles Gefühl der Beziehung zum Heiligen eintauchen kann, gibt diese Auskunft auf einer Grundlage, die mit den bildgebenden Verfahren der Neurobiologie beobachtet werden kann.[9]

Wir befinden uns darum erstmalig in der glücklichen Lage, spirituelle, psychologische und neurobiologische Fragestellungen in Verbindung bringen zu können. Diese vorsichtige Kontaktaufnahme soll allerdings nicht in triviale Erklärungsversuche münden wie zum Beispiel: »Ach, Nahtoderlebnisse sind also doch nichts weiter als ein Neuronengewitter in einer Überlastungssituation.« Das Heilige enthält immer noch einen großen Anteil Unerklärliches, das den beschränkten menschlichen Geist übersteigt und auch durch modernste Technik nicht erfassbar ist. Diese Thematik ist die Domäne der Spiritualität, der Theologie. Aber mit einem neuen Miteinander können alle drei Disziplinen ihren Horizont erweitern.

Julius Kuhl schreibt in seinem Buch *Spirituelle Intelligenz* darüber, wie er sich diesen Austausch vorstellt:

> *»Die neue Aufgabe der Theologie ist die Auseinandersetzung mit dem durch die Psychologie und die Neurobiologie veränderten Verständnis des Seelenlebens. […] Es geht um die naturwissenschaftliche Erklärung vieler seelischer Phänomene, die seit langem überwiegend durch die Religion thematisiert wurden und die von der experimentellen Psychologie lange Zeit weitgehend ignoriert wurden. Neu wäre dieser Diskurs in der Tat auch für die experimentelle Psychologie, da sich die bisherigen wissenschaftlichen Erklärungsansätze zwar methodisch radikal von der Theologie absetzen, durch den Einsatz relativ primitiver (reduktionistischer) Methoden aber keine ernst zu nehmende Erklärung komplexer seelischer Phänomene anzubieten hatten.«*[10]

In einer ganz bestimmten Hinsicht erweist sich diese neue Partnerschaft als besonders hilfreich, dann nämlich, wenn man nach Möglichkeiten sucht, Menschen in schweren Krisen und Nöten seelsorgerisch-psychologisch beizustehen.

Die faszinierenden Erlebnisse des Heiligen, von denen bisher die Rede war, sind nämlich ohne das unbewusste Selbst nicht möglich; das isolierte Nachdenken mit dem Verstand stößt an Grenzen. Wer nach Antworten aus spirituellen Sphären strebt, muss das Selbst auf jeden Fall einbinden.

Man muss bei der Arbeit mit dem Selbst jedoch in Kauf nehmen, dass die Erfahrungen, die man dabei macht, mit der Verstandessprache nur schwer zu greifen sind. Dies liegt zum Ersten daran, dass das unbewusste Selbst nicht über Sprache verfügt, sondern dass Sprache immer erst als ein Ergebnis eines oftmals langwierigen Dolmetscherprozesses auftaucht, den der Verstand im Dialog mit dem Selbst durchführt. Zum Zweiten ist das Erleben des Spirituellen eine völlig individuelle Erfahrung. Die Worte, die eine Person dafür findet, können bei einer anderen Person Kopfschütteln und Befremden auslösen. Das muss man wissen! Der Zugang zum Spirituellen ist immer und unter allen Umständen im wahrsten Wortsinn eigenartig.

Doris Wagner weist eindringlich auf diese Eigenschaft des spirituellen Erlebens hin: »Interessanterweise ist Sinnhaftigkeit etwas ausgesprochen Subjektives. Denn sie liegt in unserer Persönlichkeit und unseren Erfahrungen begründet und – auch wenn manche das denken mögen – nicht in einer scheinbar objektiven Richtigkeit.«[11] Während nach Wagner die religiösen Interpretationen von Sinnhaftigkeit feststehende Angebote im Rahmen der jeweils vertretenen Konfession vermitteln, bleibt das Erleben eines spirituellen Moments immer etwas, was als intimer Moment auftritt. Darum kann es auch nur unvollständig in Worte gefasst werden. Ein Zitat soll illustrieren, wie sich der ungarische Essayist und Literaturkritiker Lászlo F. Földényi sprachlich an das Erleben dieses besonderen Augenblicks herantastet (»Der Zauber des Augenblicks«):

»Es fällt dem Menschen schwer, Rechenschaft über den Moment abzugeben, in dem er die Mitte entdeckt zu haben glaubt. Nicht weil dieser Moment vergänglich oder flüchtig wäre; im Gegenteil, man hat sich noch nie so gesammelt gefühlt, sein eigenes Wesen als so gewichtig, so endgültig empfunden. Nein, dieser Moment ist deswegen so schwer in Begriffe zu fassen, weil er zu gewichtig ist: Das Sein lastet auf ihm. Erst jetzt, da sich alles in seiner Nacktheit andeutet und der Schleier, mit dem die Welt des Seienden, des ›Ist‹, das Sein ver-

hüllt, abfällt, wird dieser zugänglich. In solchen Momenten zeigt sich, dass der Mensch sein Dasein etwas verdankt, von dem nichts gewusst werden kann, aus dem nie etwas Greifbares sich herauskristallisiert, von dem nicht einmal gesprochen werden kann: Es kann nicht einmal als ›das‹ angesprochen werden. […] In solchen Momenten manifestiert sich das Universum durch den Menschen.«[12]

Der Stand unserer Überlegungen lässt sich an dieser Stelle folgendermaßen zusammenfassen: Spiritualität ist nicht an ein bestimmtes Bekenntnis gebunden; sie kann aber bei religiös geprägten Menschen die jeweilige Glaubenspraxis als wichtige Ressource nutzen. Spirituelle Erlebnisse sind nicht allein vom bewussten Verstand vermittelbar, sondern sie benötigen zusätzlich einen Bereich der menschlichen Psyche, das unbewusste Selbst. Der Teil, der spirituelle Erlebnisse ermöglicht, ist also nicht der Verstand allein, sondern der Verstand, der in Kontakt mit dem Selbst steht und die Geschehnisse, die durch das Selbst ausgelöst werden, bewusst wahrnimmt und behutsam in Sprache kleidet.

Gibt es ein »wahres Selbst«?

Am Ende dieser Einleitung muss unbedingt noch eine Frage beantwortet werden: Gibt es das denn, ein wahres Selbst? Földényi erwähnt ein amüsantes Zitat seines Kollegen Czesław Miłosz, der in der Mitte des 20. Jahrhunderts darüber schrieb, wie seit der Romantik die Erschütterung des Glaubens an die traditionelle Gottesvorstellung dazu führte, dass auch das vermeintlich göttliche Ich-Bild als Trugvorstellung entlarvt wurde: »Die menschliche Person, die stolz mit dem Finger auf sich selbst zeigt: ›ich‹, erwies sich […] als Täuschung, denn sie ist lediglich ein von ein und derselben Epidermis zusammengehaltenes Bündel von Reflexen.«[13]

In der Tat: Zwischen der Vorstellung von einem wahren Selbst und der Idee des Menschen als einem Bündel von Reflexen, das von der äußeren Zellschicht der Haut zusammengehalten wird, klafft eine weite Distanz. Was ist die Position dieses Buches? Am ehesten ließe sich der eingeschlagene Weg mit einem Sowohl-als-auch beschreiben. Die Annahme, dass eine bewusste Instanz in der menschlichen Psyche fixiert ist, die die oberste Herrschaft im psychischen System als direktes Abbild des Göttlichen innehat, ist überwunden und lässt sich lange schon nicht mehr halten. Doch ist die Vorstellung, es gäbe stattdessen im Unbewussten eine Art eigentliches und einzigartiges Selbst im Sinne des »wahren Kerns«, der in jedem Menschen wohnt, heutzutage ebenfalls nicht mehr guten Gewissens zu vertreten.

Wie bitte? Es gibt kein wahres Selbst? Von was ist denn dann im Titel zu diesem Buch die Rede? Die Sachlage ist leider etwas kompliziert, das macht aber nichts.

Psychologisch gesehen gibt es keinen einzigen wahren Kern, sondern eine Vielfalt von Strebungen, die unterschiedlich in den Vordergrund oder in den Hintergrund der Wahrnehmung treten können. Ein relativ »einfacher« Fall ist sicher vielen unter dem Begriff »Ambivalenz« bekannt. Man fühlt dann zwei Strebungen in sich, die beide gleichberechtigt und gleich stark nebeneinander existieren und beide Einfluss auf die Handlungssteuerung nehmen können. Hält solch ein Zustand der Ambivalenz über längere Zeit hinweg an, wird das oft als sehr quälend erlebt. Viele Entscheidungssituationen, in denen Menschen seelsorgerischen Rat oder psychologische Beratung aufsuchen, haben als Vorläufer lange Episoden von zermürbender Ambivalenz, die den Menschen die Stimmung verunreinigt und den Schlaf raubt.

Soll man kündigen oder im Job aushalten wegen der Sicherheit? Soll man sich scheiden lassen oder der Ehe noch einmal eine Chance geben? Soll man der Karriere wegen in eine fremde Stadt ziehen und alle Freunde verlassen oder lieber in der Heimat bleiben ohne beruflichen Aufstieg? Die Mutter ins Heim geben oder selbst pflegen, sich einer Chemotherapie unterziehen oder sich auf das Sterben einstellen?

Wer jemals in einer solchen Ambivalenz gefangen war, weiß, wie mühselig und belastet das Leben dadurch wird. Psychologisch gesehen, gibt es jedoch nicht nur das Abwägen von zwei möglichen Strebungen, es gibt auch drei Möglichkeiten, die zur Debatte stehen, vier Möglichkeiten oder fünf. Der Anzahl konkurrierender Teile in der menschlichen Psyche ist nach oben eigentlich keine Grenze gesetzt. Hat es in solchen Fällen Sinn, von einem wahren Kern zu sprechen, den man nur finden muss? Definitiv nicht. Der Weg, den es hier zu beschreiten gilt, besteht darin, zunächst die Vielfalt als solche bestehen zu lassen und dann über Methoden zu verfügen, mit denen aus der Vielfalt allmählich ein neues Muster entstehen kann, in welche Richtung ein möglicher Weg wohl führen würde.

Wissenschaftlich gesehen wird dieser Vorgang »Emergenz« genannt. Es geht hierbei um die Entstehung von neuen Mustern ohne eine oberste planende Instanz. »Selbstorganisation« heißt das Prinzip, mit dem viele Teilelemente sich zu neuen Einheiten bilden, die wie aus dem Nichts heraus entstehen. Selbstorganisierend eben. Niemand ist die Chefin in einem Ameisenhaufen. Niemand ist der Boss in einem Heringsschwarm. In Zeiten des Internets finden sich Menschen spontan zu Flashmobs zusammen, ohne dass jemand zu finden wäre, der das Kommando übernommen hätte. Die Gruppe hat sich selbst organisiert. Genau dasselbe Prinzip lässt sich auf die Vielfalt menschlicher Strebungen in der Psyche anwenden.

Solche Themen müssen durch Kontakt mit dem Selbst gelöst werden. Der Verstand kriegt das wie gesagt nicht allein hin.

Damit nähern wir uns wieder dem Thema »Spiritualität«. Dem Verstand muss es nämlich wie ein Wunder erscheinen, wenn ihm auf einmal, aus heiterem Himmel (was für ein herrlicher Ausdruck!), eine Lösung für ein Problem in den Sinn kommt, an dem er sich seit Wochen erfolglos abarbeitete. Woher kommt die neue Idee? Eine mögliche Erklärung hierfür lautet: Sie kommt von dem, was wir »Gott«, »das Universum« oder ähnlich nennen. Der Verstand hat die Lösung nicht allein hingekriegt, das eigene Versagen ist dem Verstand schmerzlich und kränkend bewusst. Auf einmal, morgens in der Dusche, beim Waldspaziergang oder nachts im Traum, erscheint die Lösung. Sie muss aus einer überirdischen Quelle stammen.

Kann man sich diesen Vorgang mithilfe der zeitgenössischen Psychologie erklären? Julius Kuhl hat dazu geforscht. Er hat herausgefunden, dass das unbewusste Selbst zu arbeiten beginnt, wenn sich der Mensch in einer ruhigen Affektlage befindet. Mit anderen Worten: wenn man zur Ruhe kommt und wenn negative Gefühle herunterreguliert werden können. Diesen Vorgang der Beruhigung hat man sich immer im engsten Zusammenhang mit Veränderungen im körperlichen Befinden vorzustellen, er wird auf gar keinen Fall allein durch Denktätigkeit hervorgerufen.

Und damit sind wir beim Thema »Embodiment« angelangt. Kuhl schreibt: »Das Selbst ist eine Schnittstelle zwischen Körper und Geist. Es benötigt Körpersignale als Wegweiser zur Orientierung in seinen unendlichen Weiten und es kann auf Körperprozesse einschließlich der in vielen Körperreaktionen verankerten Emotionen Einfluss nehmen.«[14] Als eine solche Schnittstelle zwischen Körper und Geist, Erde und Atem wird auch der Begriff »Seele« vor dem Hintergrund jüdisch-christlicher Spiritualität verstanden, wie ihn Eva Maria Jäger im anschließenden Beitrag zu den Körpergebeten einführt.

Selbst und Körper sind miteinander verbunden. Genauso, wie das Selbst die Signale des Körpers zur Orientierung benötigt, kann der Körper wiederum das Selbst aktivieren. Und von dieser Aktivierung des Selbst durch körperliche Vorgänge handelt dieses Buch. Sei es, dass ein Mensch das Gebet körperlich auf sich wirken lässt, indem er dazu passende Bewegungen oder körpernahe Imaginationen entwickelt. Sei es, dass er im Gesang oder in der musikalischen Gestaltung eines Psalms oder eines spirituell bedeutsamen Textes die reine Sprachebene um den körperlichen Aspekt erweitert oder dass er in der Atmosphäre eines sakralen Raumes auf die Gerüche achtet und das Farbenspiel der Kirchenfenster in sich aufnimmt, wenn die Morgensonne darin tanzt. Die Aktivierung des Körpers ist ein beeindruckendes und wirksames Mittel, um mit dem Selbst in Kontakt zu kommen.

Das Ziel sollte sein, Verstand und Selbst miteinander zu verbinden. »Spirituelle Intelligenz, d. h., die Fähigkeit, umfassende existenzielle Erfahrungen jenseits des bewussten Verstandes zu integrieren, beginnt dort, wo der Glaube sich von einer Kraft leiten lässt, die zwischen analytischem Verstand [...] und Selbst vermittelt.«[15]

Nun lässt sich auch die Frage beantworten, ob es so etwas wie einen inneren Kern im Menschen gibt. Das Gefühl, man habe es mit einem wahren Selbst zu tun, ist nicht so zu verstehen, als habe man ein Osterei gefunden. Wenn das unbewusste Selbst und der Körper aktiviert sind, dann erlebt ein Mensch sich als Einheit. Das Einheitsgefühl rührt daher, dass man nur einen einzigen Körper hat, er dient als Resonanzboden für sämtliche psychischen Vorgänge. Wenn der Selbstzugang gebahnt wird, dann findet Einheitserleben statt. Man fühlt sich mit sich selbst verbunden und steht in der eigenen Mitte. Ein Mensch, der auf diese Weise in sich selbst ruht, strahlt dies auch unmittelbar auf andere aus. Das bedeutet nicht, dass solch ein Mensch nie einen inneren Zwiespalt erlebt oder sich nicht in tiefer Not befinden kann. Er hat jedoch in sich Kontakt zu einer Art Urgrund, einem Wachstumshumus, der nie verloren gehen kann, egal, wie schwierig sich die äußeren Verhältnisse auch gestalten mögen. Wissenschaftlich ist mittlerweile gut belegt, dass praktizierte Religiosität in engem Zusammenhang mit Resilienz steht, also der psychischen Widerstandskraft, dem wichtigsten Faktor für psychische Gesundheit.

Das mag das Beispiel einer 65-jährige Frau illustrieren, die sich eines Tages in ihrer gesamten Existenz einem Scherbenhaufen gegenübersah. Es hatte sich nämlich herausgestellt, dass ihr Mann das elterliche Geschäft, eine alteingesessene Schreinerei, mit seiner Spielsucht über die

Jahre hinweg komplett verzockt und dies vor ihr geheim gehalten hat. Er unterhielt außerdem eine dreißig Jahre jüngere Geliebte, mit der er ein uneheliches Kind hatte. Die Welt der Ehefrau lag von einem Tag auf den anderen in Trümmern. In dieser Situation erlitt sie zunächst einen kompletten Zusammenbruch und wurde suizidgefährdet in die Akutstation der Psychiatrie eingewiesen.

Sie war tiefgläubig. Und im Lauf der Zeit gewann sie wieder Boden unter den Füßen. »Was mich letztendlich aus dieser tiefen Not gerettet hat«, sagte sie, »war der Rosenkranz. Ich habe ihn mit in die Klinik genommen und täglich gebetet. Die heilige Jungfrau Maria hat ihre schützende Hand über mich gehalten, und ich habe tief in mir drinnen gewusst, dass ich nicht allein bin, sondern dass sie beim Herrn für mich bittet.«

Schon während ihrer Klinikzeit, nachdem sie die geschlossene Abteilung verlassen durfte, begab sie sich zur Vesper jeden Tag in ein nahegelegenes Kloster. Nach ihrer Entlassung fuhr sie weiterhin täglich dorthin zum Rosenkranz.

Diese Frau, die ihr Leben lang eine eingeübte Gebetspraxis hatte, konnte neurobiologisch auf gut gebahnte neuronale Netze zugreifen, die zuverlässig aktiviert werden konnten, weil sie stark und gut gebahnt waren. Wer weiß, was aus ihr geworden wäre, wenn sie nicht ihren Glauben als Ressource zuverlässig abrufbar zur Verfügung gehabt hätte. Vielen Menschen hätte eine solche umfassende Lebenserschütterung den Boden unter den Füßen weggezogen. Wer Kontakt zum Selbst hat, steht jedoch immer auf starkem Grund, auch im schlimmsten Fall.

1.

Embodied Prayers

Eva Maria Jäger

Heilsame Spiritualität

Während der letzten Jahre habe ich mich in meiner Praxis für Seelsorge und Psychotherapie oft gefragt, was heilsame Spiritualität ist. Mittlerweile denke ich, dass sie auf einer tiefen Ebene zum Menschen »passen« sollte, zu seinem bewussten Verstand, seinem unbewussten Selbst und seinem Körper: dass sie eine unergründliche Weisheit darüber in sich birgt, damit ein Mensch, je mehr er in die Spiritualität hineinwächst, gesünder und heiler werden kann.

Gesünder werden *kann*, aber nicht *muss* – das ist wichtig! Spiritualität »nur der Gesundheit« wegen kann nicht Spiritualität sein. Und umgekehrt ist Gesundheit keine Voraussetzung für eine spirituelle Erfahrung.

Krankheiten können unheilbar sein, Schäden irreversibel, genetische Ausstattung kann schmerzhafte Grenzen setzen. Wie viel Gegenwind für einen Menschen bläst, ist auf den ersten Blick und auch auf den zweiten nicht einzuschätzen. Diesem Geheimnis kann ich nur mit Achtung gegenübertreten. Nie werde ich wissen, was mein Gegenüber wirklich zu tragen hat. Ich weiß es ja oft noch nicht einmal in eigener Sache …

Morgens stocksteif wach zu werden ist kein Vergnügen. Und das nicht nur einmal, sondern Morgen für Morgen für Morgen. Es machte mich ratlos – da kann man noch so offiziell Fachfrau in den Augen anderer sein. Ich wurde mir zum Rätsel, dessen Lösung buchstäblich jedenfalls nicht über Nacht zu finden war. Doch das schöne Sprichwort »Not macht erfinderisch« gewann an Gültigkeit. Vieles wird erst in der Not gesucht und gefunden. Wobei ich mir eingestehen musste, dass mir noch gar nicht recht klar war, was mir fehlte. Doch so nach und nach wurde mir bewusster, was ich suchte. Unter anderem, und davon soll mein Beitrag handeln, waren es *gute Worte für den Körper* – glaubwürdige heilsame Worte, die der Körper aufnehmen kann.

Ich halte viel vom »Wort«. Es kann auch in Situationen gültig bleiben, in denen vieles andere zusammenbricht oder verloren geht. Worte können wie Anker sein, wie Rettungsseile, an denen wir uns festhalten und hochziehen. Worte können Seele und Leib nähren. Dennoch bleiben sie auch oft auf dem Weg in den Körper »stecken«. Sie stellen sich quer, lösen sich auf oder passen nicht. Es gibt schlaue Worte, die den Intellekt füllen – doch Augenblicke später möchte man beim Joggen den Kopf schon wieder »leer bekommen«. Ein Gottesdienst kann geistreich und wortgesättigt sein, und doch melden sich gleich nach dem Heimweg in der Küche überdimensionale Hungergefühle. Diese Brüche beschäftigten mich, seit ich in meiner therapeutischen Praxis über nachhaltige, auch sprachliche Hilfestellung nachdenke, über Texte, die diese Brücke schlagen können, und Worte, die auch dem Körper etwas zu »sagen« haben.

Ich wünschte mir diese Verbindung von Geist und Körper, wenigstens eine Schnittmenge zwischen dem, was heute mit *mind and body* beschrieben wird: ein nahrhaftes Wort für den Körper.

Um in meinem Fall noch genauer zu sein: Ich suchte nach einem spirituellen, einem biblischen Wort, das heilt. Ein Wort, das in den Körper sinken kann, bis in die Zellen hinein.

Durch eine Umbruchzeit in meinem Leben kippte vieles, nicht zuletzt gesundheitlich: Der Darm zeigte deutlich, dass ihm ein Umzug in die Stadt überhaupt nicht passte. Ich hatte Angst vor einer endlosen Arztpraxen-Odyssee. Und ich war mir unsicher, ob es überhaupt klassische schulmedizinische oder pharmazeutische Hilfestellung dafür gab. Wenn ich mich selbst nicht verstand, wie könnte das ein Arzt besser schaffen? Es musste etwas anderes geben, was die drohende Autoimmunstörung und die kippende Stoffwechselsituation wieder ins Gleichgewicht bringen könnte. Auch unter schwierigeren Bedingungen.

Doch was?

Die Körpergebete, die ich danach über Jahre hinweg entwickelte, ausprobierte und prüfte, wurden echte »Über-Lebens-Übungen«. Und dann zeigte sich, dass sie nicht nur zum Über-Leben, sondern auch zum Leben taugen, dass *in* den Überlebensübungen Lebensübungen steckten. Auf diesem Weg kamen Wort und Körper zusammen, Bibeltexte, die vor 2500 Jahren aufgeschrieben wurden, und Körperübungen fernöstlicher Provenienz, die eine 2500 Jahre alte Tradition haben.

Es ist nicht neu, den Körper bei Stresserkrankungen ins Spiel zu bringen, und es ist auch nicht neu, Gebetsworte zu wiederholen, wie es sich schon für die Wüstenväter und ersten Christen bewährte. Aber es ist meines Wissens neu, Worte und Körper in Beziehung zu bringen, Worte in den Körper sinken zu lassen, sodass sie »Hand und Fuß« bekommen. Nicht nur leere Worte zu denken oder geistlose Körperübungen abzuarbeiten, sondern gerade die Verbindung zwischen ihnen zu stärken. Um es mit einem lateinischen Wort zu sagen: eine *incarnatio* zu ermöglichen, damit das Wort einen Weg »ins Fleisch« findet, dass etwas zusammenwächst und dabei etwas ganz Neues entsteht.

Auf vielen Fortbildungen traf ich Kollegen, denen auf ihrer spirituellen Suche keine Reise zu weit war. Ja, sie nahmen regelmäßige Auszeiten in Kauf, um Retreats in Tibet zu besuchen. Einige erzählten mir, dass ihnen dort, in der Ferne des Himalaja, ans Herz gelegt wurde, sich doch in ihrer Heimat den Wurzeln ihrer eigenen Spiritualität zuzuwenden. Zum Beispiel im Kirchenchor mitzusingen, stille Kirchenräume aufzusuchen, sich Zeit für das Anhören einer Passion von Johann Sebastian Bach zu nehmen oder Psalmworte auswendig zu lernen. Vielleicht zu entdecken, was Friedrich Hölderlin (1770–1843) in seinem Gedicht »Brod und Wein« andeutete: Das Eigene zu erkennen ist in Wirklichkeit genau so schwierig, wie das Fremde zu entdecken. Das Eigene ist das andere vom anderen. Mittlerweile ist für manche christliche Spiritualität wieder so fremd geworden, dass sie unbelastet ist und Interesse weckt. Es kann ein Vorteil sein, sie so neu und taufrisch zu entdecken.

Ich persönlich finde auch, dass es keine weite Reise braucht, um spirituelle Entdeckungen zu machen.

In meinem Beitrag möchte ich als Christin und Psychotherapeutin dazu einladen, einen neuen Weg zu Texten der jüdisch-christlichen Spiritualität des Abendlandes zu gehen und sich dabei überraschen zu lassen, was gerade sie zu körperlichen Themen beizutragen hat.

Es deutet vieles darauf hin, dass ich – als erwachsener Mensch – mit dem Frieden bei mir selbst anfangen muss. Und nicht darauf warte, bis sich eine günstigere Gelegenheit ergibt. Ich brauche dafür keine teuren Kurse zu bezahlen, denn ich habe einen Übungspartner für »Friedensarbeit«, der mir 24 Stunden am Tag zur Verfügung steht: Es ist der Körper.

Der heilige Bruder Franziskus (ca. 1181–1226) alias Franz von Assisi hat ihn liebevoll seinen »Bruder Esel« genannt. Natürlich könnte er auch als »Schwester Schaf« gut durchgehen. In jedem Fall aber muss er mit, auf jedem Lebensschritt. Manchmal mehr oder weniger willig, manchmal sogar quietschvergnügt. Doch in Reaktion auf bedrohliche Situationen können diese »Schafe und Esel« auch mit Flucht, Kampf oder Erstarrung reagieren. Wenn die Bedrohung klein ist (zum Beispiel eine Katze), lohnt es sich zu kämpfen. Ist sie größer (zum Beispiel ein Bär), wird es zu riskant, sich auf einen Kampf einzulassen; und sein Heil in der Flucht zu suchen ist wesentlich sinnvoller, vor allem wenn man schneller ist als der Angreifer. Wenn jedoch auch die Flucht nicht mehr geht (zum Beispiel angesichts einer gefährlichen Raubkatze), bleibt noch die Option, sich totzustellen, die Erstarrung – in der Hoffnung, dass der Angreifer sein Interesse verliert.

Was in der Tierwelt gilt, hat auch Bedeutung für menschliche Stressreaktionen: Die drei wesentlichen Antworten auf Stress beschrieb bereits im Jahr 1915 der amerikanische Physiologe Walter Cannon (1871–1945) als »Fight-, Flight- und Freeze-Reaktionen«. Tiere können sich nach einem »Freeze«-Zustand schütteln und die Erstarrungsphase hinter sich lassen. Das gelingt Menschen oft nicht so ohne Weiteres.[16]

Wenn ihr Körper, wie das auch Klienten meiner Praxis berichten, starr und steif bleibt und in einen Schmerzkreislauf hineingerät, der auch noch oft durch Medikation »verschlimmbessert« wird. Wie kann ein Kreislauf der Erstarrung, Anspannung und des Schmerzes einen anderen Verlauf nehmen?

Es muss einmal einen wichtigen, vielleicht sogar überlebenswichtigen Grund für die Stocksteifigkeit gegeben haben, den es auch zu würdigen gilt. Doch wie kann dieser Körper in der sicheren Gegenwart wieder eingeladen werden, weicher und beweglicher zu werden? Auf eine freundliche und eine ganzheitliche Art? In der Sprache der drei »F« Fight, Flight und Freeze gefragt: Gibt es ein weiteres, ein lösendes F?

Es muss nicht gleich der Flow sein … Doch, dem Reim zuliebe, etwas mehr »Fließ« täte hier gut.

Oder ein weiteres F wie »Frieden«. Wenn sich innerer Friede einstellt, kann sich auch immer mehr Geborgenheit einstellen. Physiologisch würde man vom Umschalten auf das vagale, also das autonome parasympathische Nervensystem sprechen, welches die »hauseigene Apotheke« und die Tür zu den genialen, körpereigenen Reparaturhilfen öffnet. Das erlaubt, sich zu »re*gen*erieren«, also wieder man selbst zu werden, seiner Art (lateinisch *genus*) gerecht zu werden, »artgerecht« zu leben. Auch wieder so zu schlafen, wie man als Kind schlafen konnte.

Heute kann ich die Körpergebete machen. Und ich habe es noch nie bereut, sie gemacht zu haben. Eher bereue ich, dass ich nicht immer merke, wann ich sie machen könnte und besser gemacht hätte.

In dieses Üben zu gehen ist, wie anzukommen, wie heimzukommen. Mitten im Unfrieden, im Unerfüllten und Unerreichten fehlt auf einmal nichts mehr. Das Gefühl von Mangel und Verlust löst sich auf, Wogen und Falten glätten sich. Es stellt sich der Eindruck ein, wesentlich reicher und satter zu sein, als man es noch kurz vorher (in seiner Verzweiflung) gedacht hatte. Und es stellt sich die Sicherheit ein, alles bei sich zu haben, was nötig ist. Als Schwäbin würde ich es als ein »seelisches Handtäschle« beschreiben, das ich stets bei mir tragen kann.

Für sich selbst auch in Gesundheitsangelegenheiten ein guter Partner zu werden wird in der Psychologie als »Selbstwirksamkeit« und »Selbstregulation« beschrieben: zu erleben, dass man nicht machtlos ist, was das eigene Wohlergehen betrifft, sondern etwas »drehen« kann. Das darf sich auch in vielen verschiedenen Situationen gut anfühlen, in denen man bisher eher hilflos oder unerfüllt war. Wenn ich mir zum Beispiel die Frage stelle: Wohin mit mir – und was kann ich mit mir anfangen –, wenn ich

- in einem ziemlich anonymen Hotelzimmer gelandet bin, mich fremd und leer fühle,
- auf einer Pilgerwanderung eine Pause mache und diese Zeit vertiefen will,
- ein wichtiges Gespräch vor mir habe und mir beim Warten darauf die letzten fünf Minuten sehr ungemütlich werden,
- eine ungerechte Behandlung erlebt habe, meinen Ärger jedoch zurückhalte (Respekt!), aber es doch noch ordentlich grummelt im Bauch,
- eine Durststrecke in einer Beziehung habe, die ich aber nicht aufgeben möchte,
- längere Zeit keine Freunde umarmen kann und mir Körperkontakt fehlt,
- einen Verlust verdauen muss oder Schiffbruch erlitten habe,
- allgemein die Grundlage für meine Lebenszufriedenheit unterstützen möchte, um nicht auf äußere Veränderungen zu warten oder von ihnen abhängig zu sein (im Sinne von »*Wenn* X oder Y geschähe, *dann* hätte ich Frieden«), sondern in Sachen »Frieden« selbstwirksam werde,
- an einem wunderschönen Ort, einer »Tankstelle« in der Natur, in meiner Waldeinsamkeit gelandet bin und diesen Moment noch feierlicher begehen möchte?

In den Gebeten, die ich im Folgenden vorstellen werde, geht es also darum, nicht nur, aber auch in solchen Situationen Gottes ruhige Freundlichkeit in sich und damit den Körper einkehren zu lassen. Verdichtet formuliert, geht es um Regeneration, Selbstverantwortung, Frieden, Geduld, Trost, Verbundenheit und Schönheit. Um »das Ganze«.

Manchmal, wenn ich in der Natur Embodied Prayers (EP) mache, kommt etwas sehr Angenehmes dazu, für das ein altes Wort passt: »Seligkeit«. Da gibt es dann keinen Unterschied mehr zwischen innen und außen, es ist ein weiter, tiefer und ruhiger Zustand, einfach und selbstverständlich.

Hätte ich etwas Befriedigendes bei meiner Suche nach Körpergebeten vorgefunden, wäre dieses Buch nicht entstanden. So aber habe ich diese Übungen und Texte auch für mich entwickelt als Hilfestellungen und Anregungen, die mir bisher fehlten.

Worte im Körper

E wie Embodied, P wie Prayer

Embodied Prayers sind Körpergebete. *Embodied* kann im Deutschen mit »verkörpert« oder »verleiblicht« übersetzt werden und steht auch durch diesen Begriff in direktem inhaltlichem Bezug zur Idee des »Embodiment«. Wie wichtig der *body* ist, drückt sich besonders deutlich im Englischen aus: *Somebody* ist »jemand«. *Body* hat ein großes Bedeutungsspektrum, das von »Inhalt« über »Fleisch« und mehr bis zu »Leichnam« reicht.

Das deutsche Wort »Körper« tauchte im 13. Jahrhundert als Lehnwort des lateinischen *corpus* auf. Ein Körper kann belebt oder wie in der Physik unbelebt sein. »Leib« ist das ältere Wort für »Körper«, und es stammt aus dem althochdeutschen *līb* von »Leben«. Damit wird auch schon der Unterschied zum »Körper« deutlich: Der Leib ist immer der »belebte« und »beseelte« Körper. Die Unterscheidung zwischen »Leib-Sein« und »Körper-Haben«, die von dem Diplomaten, Psychotherapeuten und Zen-Lehrer Karl Graf von Dürckheim (1896–1988) häufig zitiert wird, geht auf die Philosophen Helmuth Plessner (1892–1985) und Gabriel Marcel (1889–1973) zurück.[17]

Über viele Jahrhunderte hatte der Leib im Christentum einen schweren Stand: Er wurde mit Sünde und Sexualität identifiziert. Die Trennung und Aufspaltung zwischen Leib, Seele und Geist geht allerdings weiter zurück bis in die vorchristliche, griechische Antike bei Aristoteles (385–322 v. Chr.), der im Abendland den Boden für das analytische Denken bereitete. Doch Gregorios Palamas (1296–1359), ein Bischof der Ostkirche, betrachtete den Leib sogar als Vorzug und nicht als Hindernis: Der Mensch stehe höher als die Engel, weil er einen Leib habe. Er könne das Leiden Christi nachahmen, das könne der Engel nicht. Und Theologen neuerer Zeit wie Romano Guardini (1885–1968) äußerten sich scharf dazu, das Körperliche abzuspalten.[18] Rudolf Bultmann (1884–1976) brachte es wie Dürckheim gar auf den kurzen Nenner, der Mensch *habe* nicht einen Körper, sondern er *sei* ein Körper.[19]

Es ist bekannt, dass sich die ersten Mönche allein in die Wüste zurückzogen, um sich selbst zu begegnen (bezeichnenderweise stammt der griechische Begriff *mónachos* für »Einsiedler, Mönch« vom Wort *mónos* für »allein« ab). Dort konnten sie nicht vor der Stille fliehen, sondern übten, die Begegnung mit sich selbst auszuhalten. Die Väter der Wüstenmönche gaben den einzelnen Mönchen immer wieder geistliche Worte in die persönliche Stille mit, Bibelworte und sogenannte »Vätersprüche«. Mit diesen Worten galt es dann, sich wieder in seine Wüste zurückzuziehen, sie in der eigenen Zelle zu meditieren und durchzukauen: »Gehe in dein Kellion, und es wird dich alles lehren!«[20]

Kéllion – griechisch für »Zelle« im Sinne einer kleinen Kammer oder Höhle, in die sich die Mönche zurückziehen – möchte ich hier auch im

Wortspiel als innere Zelle deuten, als »Körperzelle«. Auch diese Zelle kann mich vieles lehren. Und was einen »seine Zelle lehrt«, Erfahrungen und Erlebnisse mit sich selbst, hat Bestand. Womöglich ist das eigene Selbst das eigentliche »Missionsfeld«, das es zu gewinnen gilt. Dieses Selbst kann wie ein inneres Team[21] beschrieben werden, in dem es auch unterschiedliche Seiten, Meinungen oder Stimmen gibt. Wer längere Zeit nur mit sich selbst in einer Zelle verbringt, entdeckt häufig Seiten an sich, die bisher noch verborgen waren. Diese Begegnungen mit sich sind nicht immer einfach – und wurden nicht selten beschrieben als Umgang mit seinen eigenen »Leidenschaften«, den »Dämonen«. Ob durch »Überwinden« oder »radikales Akzeptieren« – es galt, genau an dieser Stelle Erfahrungen zu machen mit der erlösenden Präsenz des Göttlichen, die Frieden im Inneren bewirken kann. Wenn sich die Leidenschaften nicht mehr bekämpfen, sondern in Einklang kommen, entsteht der Zustand innerer Ruhe, der ersehnt wird: Er zeigt sich, indem wir versöhnt sind mit Gott und uns selbst, indem wir reif mit Emotionen umgehen und fähig sind zu lieben. Was uns auf diesem Weg selbst überzeugt hat, macht uns auch für andere überzeugend – daher waren und sind eigene Erfahrungen so unersetzlich.

Wie können Worte, die mir wichtig und hilfreich sind, auch bis in die Körper*zellen* fließen und sie nähren? Wie kann Erbarmen und Gnade in den Körper sinken und ihn verwandeln?

Manchmal kann ich mich *nicht* an äußere, friedliche oder sichere Orte, geschützte Räume oder »Zellen« zurückziehen. Doch die innere Zelle – oder wie die Choral-Lieder-Dichter sie nannten: das »Herzenskämmerlein« – steht immer offen, und ich kann dort auch als Architekt mitgestalten, Türen einbauen oder Wände einreißen. Dieses Bild der Körperzelle nutzte auch Franz von Assisi, wenn er vom »Eremit des Geistes in der Zelle des Leibes« sprach.

Embodied Prayers fokussieren nicht körperliche Fitness im klassischen Sinne, sondern das Zusammenfließen von körperlichen *und* geistigen Aspekten im Menschen. Wortwörtlich verstanden könnte es dabei um eine andere Art von »Fitness« gehen, wenn das englische *to fit* übersetzt wird mit »passen, maßgeschneidert sein, gut sitzen«. Denn um Passungen und Maßschneidern geht es hier in besonderer Weise.

Für die so verstandene »Fitness« wird es jedoch hilfreich sein, verschiedene Ebenen des Körperlichen zu unterscheiden. Um eine solche Differenzierung geht es bei dem amerikanischen Autor und Philosophen Ken Wilber: Er unterscheidet drei Körperaspekte, durch die die Verbindung von körperlichen und spirituellen Bereichen deutlich zum Ausdruck kommt: den grobstofflichen, den subtilen und den kausalen Körper. Um vollkommen gesund zu sein, sind alle drei Körper zu berücksichtigen, die bezeichnenderweise mit den drei Hauptbewusstseinszuständen Wachen, Träumen und Tiefschlaf verbunden sind:

- Der *grobstoffliche* Körper ist eng mit dem Wachzustand verbunden und erlebt die natürliche Welt allein durch seine Sinne. Er ist vor allem beim Laufen, Krafttraining und Sport beteiligt.
- Der *subtile* Körper taucht abends beim Einschlafen auf: Die Wahrnehmung richtet sich weniger auf die äußere Welt, sondern eher nach innen auf Emotionen, Bilder, Gedanken, Traumwelten und Archetypen. Der subtile, feinstofflichere Körper ist bei Atemübungen, Qigong, Tai Chi, Yoga beteiligt, in denen mit Energieströmen gearbeitet wird.
- Mit dem *kausalen* Körper kommen wir in Berührung, wenn wir aufhören zu träumen und in traumlosen Tiefschlaf fallen: »Diese nahezu unendliche Ausdehnung hat einen extrem subtilen, fast nicht beschreibbaren Körper, unendlich und verschwindend klein und zugleich still und ruhig. Es ist die tiefste Quelle des eigenen Seins.«[22] Der kausale Körper ist beteiligt bei allen meditativen Praktiken.

Meistens wird mit den drei Körpern zu unterschiedlichen Zeiten oder Orten gearbeitet und geübt – in Hinblick auf Muskeln wird im Fitnessstudio trainiert, und Meditation wird auf dem Bänkchen oder Kissen »trainiert«. Wilber ermutigt:

> *»Es kann jedoch sehr wirkungsvoll sein, die gewählten Übungen zu einem einzigen fortlaufenden Programm zusammenzustellen […] Ein Übungssystem, das alle drei Körper gleichzeitig trainiert, ist höchst selten – doch genau darin liegt die große Kraft der Arbeit mit den drei Körpern. Es handelt sich um eine konzentrierte, effiziente und intelligente Form von wirklich integraler Körperarbeit – die zudem interessanter ist, da sie Bewusstsein und Fürsorge in jede Bewegung und in jeden Augenblick bringen […] Muskelpakete und körperliche Ausdauer sind eine Sache, doch es ist etwas anderes, wenn bei der Körperarbeit auch unsere Energie ins Fließen kommt und wir dabei bewusst höchst präsent sind.«*[23]

Aus dieser Perspektive geht es bei den EPs um genau diese Übergänge vom grobstofflichen zum subtilen Körper. Und die Verbindung zu einem geistigen Wort berührt und integriert den kausalen Körper.

Womit wir zum P wie Prayer kommen. Beten ist Reden mit Gott. Viele Menschen haben davor Ehrfurcht und spüren den Unterschied zwischen dem Reden mit Menschen und dem Reden mit Gott: »Sich dem Heiligen, Großen und Ganzen zu nähern löst bei mir zuerst einmal die drei St aus: Stottern, Stammeln, Staunen«, sagte der Psychologe und Kommunikationswissenschaftler Friedemann Schulz von Thun 2018 auf einem Workshop in Hamburg.[24]

Und manchmal kann es auch Seufzen auslösen. Seufzen ist nicht nur sinnvoll beim Einsingen im Chor oder als physiologisches Regulativ, das Ausatmen und Stimme auf eine besondere Weise verbindet.[25] Seufzen »bringt uns dem Himmel näher«, wie die Äbtissin Hildegard von Bingen (1098–1179) gesagt haben soll. Auch der Liederdichter Friedrich Spee (1591–1635) empfahl als Seelsorger eines Trierer Mädcheninternats immer wieder das »Seufzen« im eigenen Kämmerlein. Seufzen kann so vieles lösen. Gott gegenüber seufzen zu dürfen und zu können ist gar kein »Armutszeugnis«. Im Gegenteil, es ist sogar das, wozu Paulus in der Bibel einlädt: »Denn wir wissen nicht, was wir beten sollen, wie es sich gebührt; sondern der Geist selbst vertritt uns aufs Beste mit unaussprechlichem Seufzen« (Röm 8, 26).

Ein Psalmwort beschreibt Gebet als das »Gespräch des Herzens vor Gott« (Ps 19, 14). Als fände in der eigenen inneren »Herzenskammer« eine Art Dialog mit sich selbst statt: Verschiedene Seiten sind im Gespräch mit sich, in einem Gespräch, in dem Gott dabei ist. Das »innere Team« in mir ist im Begriff, mit sich selbst in Kontakt zu kommen – und gleichzeitig mit Gott. Das geht sehr gut zusammen. Auch wenn es dafür im Grunde keine Regeln gibt, ähnlich wie es für Beziehungen auch keine Regeln gibt. Beziehung lernt man durch Beziehung, und »Beten lernt man durch Beten«.[26] In der Beziehung zwischen Selbst und Gott gilt, was auch in anderen Beziehungen gilt: Das eigene Selbst wird insbesondere dadurch aktiviert, dass Gefühle ausgedrückt werden[27] – über den Körper und über die Stimme. Auch Singen kann daher eine Intensivierung bewirken und erklärt vielleicht, weshalb nicht nur Augustinus (354–430), sondern auch Martin Luther (1483–1546) zu der Beobachtung kamen: »Einmal gesungen ist doppelt gebetet.«

Das Gebet ist eine intensive Form, da zu sein. Gegenwärtig zu sein geht nicht ohne Selbstbeteiligung. Inmitten des vergänglichen Lebens schafft ein solches Dasein und Präsentsein eine Vertiefung. »Diese Welt ist nur eine Brücke. Gehe darüber, aber bau keine Wohnung darauf. Die Welt dauert nur eine Stunde, verbringe sie im Gebet«: Diese indische Lebensweisheit soll auf ein Wort zurückgehen, das Jesus selbst gesprochen hat.

Mit den Texten des norwegischen Predigers und Theologieprofessors Ole Hallesby (1879–1961) über das Gebet bin ich selbst aufgewachsen, daher sollen sie hier mit einfließen. Er schrieb: Beten ist »sich in die Gnadensonne Gottes legen und die Not seiner Seele und seines Leibes in diesem heiligen Licht ausbreiten«.[28] Es braucht keine Worte. Und es ist keine Frage der Kraft, sondern des Willens, der entscheiden darf, ob er Gott »auch in der Not haben möchte«. Seelische und körperliche Aspekte finden im Gebet zusammen: Beten ist die Atmung der Seele. Es ist wie eine Mahlzeit halten, in vertraulicher und festlicher Gemeinschaft mit Gott. Beten ist ein Seelenzustand. Dazu sind nur zwei Dinge nötig: Sehnsucht und Glaube. So bin ich in gewisser Weise nur »ein Gebet weit« von Gott entfernt.

Das Gebet kann zu einer himmlischen Nabelschnur werden – oder vielleicht passender: einer Herzensschnur. Es ist eine Verbindung mit Gott, die zum Leben gehört. Es ist wie eine Freundschaft, eine Beziehung, in der ich zugleich mit mir und mit Gott immer mehr in Berührung komme.

Bindung und Atem

Der Atem scheint mir das größte Geschenk zu sein, das Gott uns geben konnte. Mit jedem Atemzug kann der gerade vergangene Augenblick segnend abgeschlossen werden. Und der nächste Augenblick kann neu anfangen, taufrisch, als wäre es der erste Tag der Schöpfung.

Etwas Schweres zu hören, doch danach atmen zu dürfen, also nicht die Luft anhalten zu müssen oder zu erstarren, vielleicht sogar »stimmhaft zu atmen« und zu seufzen, das ist eine echte Lösung, eine körperliche und seelische Lösung.

Und noch mehr: Es ist wie eine Versöhnung, wenn ich inmitten einer Geschichte oder am Ende einer Geschichte weiteratmen und seufzen darf. Aus der Paartherapie gibt es die Erfahrung, dass Sexualität zwischen Mann und Frau wie ein »Reset« sein kann und unter das Vergangene immer wieder einen Schlussstrich zieht. In noch persönlicherer Form erlaubt das der Atem: einen Schlussstrich ziehen und einen Neuanfang machen. Mit jedem Atemzug.

Erstaunlicherweise geht es in nahezu allen Meditationstechniken um genau diese beiden Grundlagen:

- den Kontakt zur Erde wahrnehmen und
- den Atem wahrnehmen.

Auf diese beiden Aspekte wird die Aufmerksamkeit gerichtet – und ich bin wieder »präsent«.

Am besten probieren Sie das gleich einmal aus: den Fokus der Aufmerksamkeit auf die Hautfläche richten, mit der die Unterlage gespürt wird. Das Gewicht des Körpers, seine Schwerkraft spüren und die tragende Erde. Und sich dann im nächsten Schritt dem Atem zuwenden, der beim Einatmen die Grundspannung erhöhen und beim Ausatmen wieder lösen kann.

Der Psychologe András Wienands[29] beschreibt das einfache Hinlegen mit Bodenkontakt und das Atmen als eine der wesentlichsten körpertherapeutischen Möglichkeiten, um vom Reden ins Erleben zu kommen. Auch in der sanften Körperpsychotherapie nach George Downing[30] wird der Klient gebeten, sich hinzulegen und seine Atmung sanft zu vertiefen. So einfach diese Intervention klingt, so überraschend können die lösenden Wirkungen sein. Durch die sanfte Steigerung des Atmens kann sich der Aufmerksamkeitsfokus auf bisher ausgeblendete Inhalte verschieben. Atem und Körper sind auf vielfältige Weise miteinander verschränkt und beeinflussen sich gegenseitig: So kann man auch nicht besser atmen, als es das Körperhaltungsmuster zulässt.[31]

Dass der Mensch jeden Atemzug in Verbindung mit Gott sein kann, ist eine spirituelle Ressource, der besonders in Zusammenhang mit der Bindungsforschung und den Fragen, die sich für die therapeutische Praxis ergeben, Gewicht zukommen kann.

Ich bin ein Kind der Generation, in der es noch üblich war, kleine Kinder möglichst von Anfang an allein schlafen zu lassen, damit sie lernen, sich selbstständig zu beruhigen. Lerntheoretisch hat das vordergründig eine vernünftige, mit dem operanten Konditionieren begründete Argumentationslinie: Wird ein Kind sofort getröstet, könnte es lernen, dass Schreien belohnt wird. Doch ein kleines Kindchen unter sechs Monaten verfügt noch nicht über die nötigen hirnphysiologischen Grundlagen, um solch einen Zusammenhang herzustellen. Sich als Eltern nicht von einem kleinen Säugling »tyrannisieren« zu lassen ist eine Sichtweise, in der (sicher in der Regel unbeabsichtigt) noch Thesen des überkommenen Buches *Die deutsche Mutter und ihr erstes Kind* von Johanna Haarer aus der Zeit des Nationalsozialismus nachklingen. Auch in anderer Weise »klingt« dieses sensible Thema, das nicht selten belasten und spalten kann, bis heute nach.

Die Beschäftigung mit Bindungsmustern und Theorien, die ursprünglich auf die Forschungen von John Bowlby und Mary Ainsworth zurückgehen, rückt seit den Siebzigerjahren mehr und mehr in den Fokus der Aufmerksamkeit.[32] Und das nicht von ungefähr. Unsichere, vermeidende und vor allem desorganisierte Bindungsmuster oder präverbale Traumata hinterlassen Spuren im Körper, die es Klienten schwermachen, sich später selbst regulieren und beruhigen zu können. Ein Kind, das mit seiner Bezugsperson mangelnde Einstimmung erlebt (hat), befindet sich häufig in einem Zustand übermäßiger Erregung, und es fällt ihm schwerer, auf Belastungen angemessen zu reagieren. Es kann sich emotional und körperlich weniger regulieren und reagiert gewohnheitsmäßig mit Kampf oder Flucht. Eine physiologische Synchronisierung wird hingegen mit Phasen von gemeinsam erlebter, positiver Gestimmtheit in Verbindung gebracht. Sichere Bindungserfahrungen durch ein feinfühliges, empathisches und koregulierendes Gegenüber manifestieren sich ganzkörperlich und wirken sich tiefgehend auf das körperliche und seelische Wohlbefinden aus. Vor allem die ersten achtzehn Lebensmonate sind für solche Erfahrungen und auch die Entwicklung der neurobiologischen Gehirnstrukturen ein elementares und sensibles Zeitfenster.

Doch was bleibt den betroffenen Klienten, die erwachsen sind? Bei der Beschäftigung mit diesem Thema werden viele Betroffene verständlicherweise hilflos, ohnmächtig und oft auch traurig. Der Umgang mit diesen Gefühlen macht aufs Neue hilflos. Keiner hat sich bewusst seine Eltern ausgesucht. Die Zeit lässt sich nicht zurückdrehen, und so stellt sich die Frage, ob und wie solche Spuren im Körper »repariert« werden können. Wie es möglich werden kann, durch korrigierende Bindungserfahrungen Sicherheit »nachreifen« zu lassen?

Hilfreich ist eine Therapie, in der die Beziehungsgestaltung zwischen Therapeutin und Klientin auf genau diese persönlichen Bedürfnisse zugeschnitten, wiederholt und stabilisierend erlebt wird.[33] Dort kann sich das innere, meist unbewusste Arbeitsmodell von Bindung erweitern, heilen und reorganisieren.

An dieser Stelle frage ich mich, ob es eine in die Seele eingebaute »Grundsehnsucht« gibt, die selbst bei einer sicheren Bindungserfahrung immer wieder durchscheint? Eine Art von Traurigkeit, Unvollständigkeit und unbestimmtem Heimweh? Ein Lebensmodus, für den es in manchen Kulturen Begriffe gibt, die zu vielschichtig sind, um sie zu übersetzen, zum Beispiel das portugiesische *saudade*, eine spezifische Form des Weltschmerzes, oder das russische *tocka* (Schwermut).

Ohne Sehnsucht gibt es keinen Aufbruch zu einem geistlichen Weg – das lehrt uns die Mystik.[34] Es ist das Mangelgefühl, das zum Treibstoff für den spirituellen persönlichen Weg wird wie Öl für die Lampe. Und das auch an das Bild der Seele als *nefesh* erinnert, die wie ein kleiner Vogel es wagt, mit offenem Schnabel ihre Bedürftigkeit zu zeigen. *Nefesh* ist auf hebräisch die Beschreibung von dem, was just im Augenblick der Verbindung entsteht – im Kontakt zwischen Erde und Gottes Atem wird »Seele«. Der Mensch beginnt mit der Verbindung zwischen Erde und dem Atem Gottes.

In Genesis 2, 7 steht dieser kleiner Satz über die Erschaffung des Menschen, der im Grunde die gesamte biblische Anthropologie enthält: Der Mensch ist aus Erde, doch Gottes Atem fließt durch ihn.

Die vergangenen Praxisjahre, in denen ich das tägliche Privileg hatte, mit »der Seele« zu arbeiten, unterstützten die Vorstellung der Seele als »Verbindungsorgan«. Seele »passiert« in der Kontaktstelle (Verbundenheit und Integration zu fördern ist eines der Hauptanliegen in der Arbeit mit dem eigenen inneren Team und der Ego-State-Beratung[35]). Sie kommt zum Vorschein, wo sich Körper und Geist berühren wie bei einem Stromkreis, der dann geschlossen wird und der es zum »Funken« bringt. Meister Eckhart (ca. 1260–1328) verwendete das Bild vom Seelenfünklein *(scintilla animae)*, in dem der Mensch ganz er *selbst* ist. Innerhalb der christlichen Mystik ist die Seele »das Organ, welches in seiner besonderen Beziehung zu Gott geeignet ist, den Weg zu ihm zu nehmen«.[36] Und sie entweicht mit dem letzten Atemzug aus dem Leib und lässt den leblosen Körper zurück. Das erinnert an die bereits genannte Vorstellung des Selbst als Schnittstelle zwischen Körper und Geist.

Im Sufismus wird jede Seele als ein einzigartiger Strahl der Sonne Gottes gesehen, der die tiefe Sehnsucht in sich trägt, wieder zu Gott zurückzukommen.[37] Vielleicht »ruft« eine Biografie mit unsicheren Bindungserfahrungen noch mehr nach einem solchen Weg: dass es neben konkreten zwischenmenschlichen Erfahrungen auch spirituelle Ressourcen geben muss, Quellen, die nicht von Ort und Zeit begrenzt sind? Etwas, was nicht an menschliche Zuwendung gebunden ist?

Im Glauben kann das Vertrauen wachsen, dass Gott selbst einem zur sicheren Bezugsperson wird. Er kann zu einer Quelle der Liebe werden, die einem fehlte und die man nicht aus sich selbst heraus oder dem Familienhintergrund schöpfen kann. Dafür kann sich ein erwachsener Mensch frei entscheiden. Die »Bedingung« für diese Beziehung ist allein diese freie Wahl. Menschliche Bindungen und Beziehungen können enttäuschen und nicht immer halten, was sie versprechen oder möchten – doch eine spirituelle, auf das Göttliche ausgerichtete Beziehung kann selbst rückwirkend heilenden Einfluss nehmen und die Lücken in der eigenen Lebensgeschichte schließen.[38]

Die Frage nach einem Angebot, das auch körperlich stabilisierend ist und solche reparierenden Erfahrungen im Alltag ermöglicht, beschäftigte mich auch bei der Entwicklung der Körpergebete. Da Bindungsstile in den ersten achtzehn Lebensmonaten entstehen, das heißt in einer präverbalen Phase, in der das Kind noch kein eigenes Sprachverständnis hat, kann der entscheidende Zugang nur bedingt im verbalen Bereich liegen.

Embodied Prayers können dabei ein praktischer Beitrag zur Erweiterung eines nonverbalen Repertoires werden: Wenn dem Körper *immer wieder* das Angebot gemacht wird, sich in einem sicheren Wohlfühlbereich zu bewegen und »Kohärenz« zu erleben, ermöglicht ihm dies Reifungs- und Lernmöglichkeiten. Und je mehr Kohärenz ein Klient erlebt, desto stabiler wird er und macht auch weitere stabilisierende Erfahrungen in seiner Umgebung. Kohärenz bedeutet in diesem Zusammenhang »Ganzsein« und bezeichnet in der sogenannten Somatic-Experience-Traumatherapie einen Organismus, der im Gleichgewicht ist und sich auf optimale Weise selbst regulieren kann.[39] Oder, wie es Grün »spiritueller« formuliert:

> *»Die heilende Wirkung der Gebetsgebärden zielt weniger auf einzelne Verletzung, weniger auf Lösung konkreter Probleme, sondern auf eine heilende Atmosphäre, in der dann auch die einzelnen Wunden nicht mehr so weh tun. Die Gebete lassen Gottes heilende Liebe in alle Bereiche unseres Lebens und unserer Seele dringen. Und sie bringen uns in eine gesunde Form, in der uns die Probleme nicht mehr beherrschen müssen. Sie sind noch da, aber sie halten uns nicht mehr davon ab, uns auf Gott hin auszurichten. In der Verbundenheit mit Gott lösen sich die Fesseln unserer Verletzungen und Erwartungen anderer und von uns selbst. So werden wir in der Bindung an Gott frei und heil.«*[40]

Der Körper als Schatzkiste

Der Vergleich des menschlichen Bewusstseins mit einem Gefäß ist ein Bild, das in der christlichen Mystik und der östlichen Mystik viel genutzt wird. »Wir haben aber diesen Schatz in irdenen Gefäßen, damit die überschwängliche Kraft von Gott sei und nicht von uns« (2Kor 4, 7).

Es gibt einige Zen-Geschichten, die beschreiben, wie wichtig es ist, dass dieses »Bewusstseinsgefäß« zuerst einmal leer wird: Wie soll etwas Neues eingefüllt werden, wenn es schon randvoll ist? Bewusstseinsentleerung ist neben Bewusstseinsvereinheitlichung eine der beiden Grundformen spiritueller Wege und ein zentraler Zugang zum transpersonalen Bewusstseinsraum.[41]

Oft scheint das Leben aber ganz andere Geschichten zu erzählen, eher Verlust- als Schatzgeschichten. Diese Erfahrungen hinterlassen ihre Spuren, vielleicht sogar Sprünge an dem irdenen Gefäß, die oft nicht sprachlich greifbar, dafür aber spürbar und fühlbar sind. Der Körper hat sein eigenes Gedächtnis. Er bewahrt und speichert die Geschichten und auch die spirituellen Erfahrungen. Und … was man oft übersieht: auch den Mangel an solchen Erfahrungen. Ungewollte Kinderlosigkeit und Verluste können »offene Rechnungen« sein, die der Körper mit sich herumträgt.

Es gibt eine japanische Form der Ästhetik namens »Wabi Sabi« (wörtlich »elend, einsam« [Wabi] und »alt sein« [Sabi]), die in den Gebrauchsspuren eines Tongefäßes keine Abwertungen, sondern einen Wert*zugewinn* sieht: Jeder Riss, jeder Sprung kann eine Geschichte erzählen, der eine eigene Würde zukommen kann, wenn ich als Betrachter bereit dazu bin. Manchmal werden gebrochene Tongefäße sogar wieder zusammengekittet. Und um ihren Wert und den Wert ihrer Geschichte zu unterstreichen, werden die Bruchstücke mit Gold verbunden (»Kintsugi«, was wörtlich so viel wie »Goldverbindung, -flicken« heißt).

Für eine Klientin, die sehr unter der Scheidung ihrer Eltern litt, war dieses Bild tröstlich: Sie erlebte sich in ihrer Identität durch die Scheidung zuerst selbst wie ein »zerbrochenes Gefäß«. Doch es tröstete sie die Vorstellung, dass sie beides neu »verkitten« kann, in sich verbinden darf, was ihre Eltern nicht verbinden konnten, und dass der Kitt selbst so wertvoll wie Gold sein kann, das Gefäß also durch seine Geschichte und den Einsatz, das Zerbrochene neu zu verbinden, noch an Wert gewinnt.

In der modernen kognitiven Linguistik wird das Bild vom Menschen als Gefäß als eine der elementaren, »konzeptuellen Metaphern« beschrieben: Ein Gefäß hat eine begrenzte Oberfläche und eine Innen- und Außenorientierung.[42] Es kann in Konflikten oder Ambivalenzen so unter Spannung stehen, dass es zerbricht. Es kann groß sein, klein, eng oder weit sein. Doch in allen Religionen hat Spiritualität das Anliegen, von der Außenorientierung zur Innenorientierung zu wandern. Sich auf das Innere des Gefäßes zu besinnen.

Gefäßverengung und Ermutigung zum »Magis«

Ohne eine Krise wären die EPs vermutlich nicht entstanden: Die *krísis* (gr. für »Entscheidung, entscheidende Wende«) war in meinem Fall ein Umzug, den wir jahrelang vor uns hergeschoben hatten. Mein Mann hatte eine Professur an der Musikhochschule in München angenommen, für die er drei Tage pro Woche pendeln musste. Unser offizieller und vernünftiger Plan lautete, ganz an diesen Ort zu ziehen. Insgeheim hoffte ich jedoch, dass sich noch andere Türen öffneten; doch darauf wartete ich dann mehrere Jahre lang.

Um ehrlich zu sein: Ich wollte nicht in die Großstadt ziehen. Andere verstanden das nicht und fanden, dass es doch eine tolle Gelegenheit sei, in diese Stadt zu ziehen mit all den schönen Bergen und den Seen ringsherum. Doch ich hatte Bedenken. Gerade dieses anziehend »Erfolgreiche« stieß mich ab. Noch mehr: Ich hatte Angst vor der Stadt. Es gab diffuse Widerstände (die ich inzwischen besser verstehe). Ich wollte nicht eines Tages im Pelzmantel durch einen Park gehen und selbstgefällig nur ein Hündchen hinter mir herführen nach dem Motto »Reich, aber einsam«.

Im Schwäbischen gibt es das Sprichwort »Bei den Schwaben ist nichts im Schaufenster, aber alles im Keller«. Damit konnte ich mich gut identifizieren: nicht alles ins Schaufenster bringen, groß raushängen und golden einrahmen. Ich wollte jemand bleiben, der auch noch auf den zweiten Blick etwas zu bieten hat. Und ich trauerte um den »schwäbischen Keller« (natürlich nicht um die »Leichen im Keller«, aber um die schönen Apfelmost-Fässle!).

Da das Pendeln auf Dauer keine Lösung war, denn entweder waren wir zu wenig oder zu viel beieinander, fuhren mein Mann und ich jahrelang nach München, um ein Haus zu suchen. Nach jeder Fahrt kehrten wir mit der Bestätigung zurück, dass es nichts Passendes gibt, weder für unseren Geldbeutel noch für unseren Geschmack. »We were stuck«, es ging weder vor noch zurück. Ich war bereit, leidenschaftlich zu leben, auf jeden Fall! Aber die Art von Leidenschaft, die das reale, äußere Leben erforderte, passte nicht so wirklich zusammen mit meiner inneren Vorstellung von »Leidenschaft«. Als der Schulwechsel für unseren Sohn anstand, beschlossen wir nochmals, ernsthafter darüber nachzudenken. So ernsthaft, dass ich den Leiter meiner geistlichen Begleiter-Ausbildung, einen Jesuiten, bat, uns in einem Entscheidungsprozess anzuleiten.

Ignatius von Loyola (1491–1556) – der wichtigste Mitbegründer der »Gesellschaft Jesu«, später auch als »Jesuitenorden« bezeichnet – beschäftigte sich schon im 15. Jahrhundert intensiv mit Entscheidungsprozessen und ermutigte, sich »indifferent« zu machen und frei zu werden, um die Geister unterscheiden zu können: ebenso auf die Verführung unter dem Anschein des Guten wie auf die Einladung zum Guten unter dem Anschein des Bösen zu achten. Richtungweisend dabei ist die Frage: Bei welcher Alternative erwarte ich ein Mehr an Trost und Frucht?

Dieses »Mehr« nannte Ignatius, vom Lateinischen hergeleitet, »Magis«. Wohin soll das, was ich wähle, *mehr* führen? Um welches

»Mehr« geht es bei mir gerade, was ist mein »Mehr«? Was bringt die größere Frucht? Und was – sehr wichtig bei dem Seelsorger Ignatius – bringt den größeren Trost? Was ist in einem Jahr, in drei Jahren? In zehn Jahren?

Nach einem Einstieg mit einer bibliodramatischen Betrachtung der Taufe Jesu am Jordan verbrachten wir zwei außergewöhnliche Tage in München: Am ersten Tag sollten wir von morgens bis abends, am besten die ganzen 24 Stunden, mit der Vorstellung zubringen, in München zu leben. Am zweiten Tage sollten wir die gesamten 24 Stunden mit der Vorstellung umgehen, *nicht* in München zu leben.[43] Am ersten Tag bekam ich schweres Kopfweh. Um es im Bild dieses Kapitels zu sagen: Im Kopf gab es eine »Gefäßverengung«. Am zweiten Tag ging es mir unvergleichlich besser.

Die Auswertung ergab zu diesem Zeitpunkt für meinen Fall: München ist eine Quälerei – und kein Mehr an Trost und Frucht. Ich beschloss: Für Gott muss ich dieses Opfer nicht bringen. Kein Menschenopfer mehr, nicht nach Karfreitag!

So einigten wir uns, nicht weiter zu suchen, und schoben das Thema vom Tisch.

Bis der Sommer kam und damit die Abschlusswoche meiner Ausbildung zur geistlichen Begleiterin. Ich hatte im Vorfeld so viel um die Ohren, dass ich das Einladungsschreiben zu dieser Woche nur überflogen hatte. Ich kam auch sehr knapp dort an, da ich bei aller Fürsorge um Kind und Klienten vergessen hatte, meinen eigenen Koffer mitzunehmen. So war ich gerade noch rechtzeitig genug da, um zu hören, dass wir nun in eine Schweigewoche einsteigen. Eine Woche des Schweigens? Wenn ich das vorher gewusst hätte, hätte ich bestimmt eine innere, umfangreiche To-do-Liste anzugehender geistiger Projekte mitgebracht. Doch so kam ich mit leerem Zettel und ohne Absichten in die erste Schweigewoche meines Lebens.

Heute denke ich: Absichtslos in diese unerwartete Woche zu gehen war wie ein zusätzliches Geschenk – nicht viel denken zu müssen, nur die sommerlichen Wege unter der Wolke des Nichtwissens und über den Schattenflecken auf dem Waldboden anzunehmen, wie sie daherkamen. Mitten im Sommer, mitten in meinem Leben!

Es brachte eine tiefe Ruhe, einfach da zu sein und Gottes Gegenwart auch da sein zu lassen. So selbstverständlich wie die goldenen Weizenfelder und die Goldammern am Waldrand. Obwohl ich doch sonst auf fremde Orte mit Spannung und »Gefäßverengung« reagierte, fühlte ich mich an diesem fremden Ort ganz und gar vertrauensvoll und präsent. Ich merkte, dass der Teil in mir, der nicht nach München wollte und Kopfweh bekam, ein sehr ängstlicher Teil war, der (noch) nicht glauben konnte, dass Gott *überall* ist. Sogar in einer erfolgreichen Großstadt.

Und da wurde mir klar, wie viel ruhiger ich in Gott noch sein kann. Dass ich so eine Erfahrung an den sicheren Orten aber nicht machen kann, ja, dass ich dafür an den Ort gehen musste, den ich fürchtete.

Es war, als ob mir Gott zeigen wollte, dass Angst auf Dauer kein gutes Argument ist. Es ging um einen Entwicklungsschritt, für den es trotz langen Wartens keine konkrete Alternative gab. Als bekäme mein »Gefäß« dadurch das Angebot, seinen Radius und Horizont zu erweitern. Auf längere Sicht, oder vom Sterbebett aus betrachtet (eine Perspektive, die in solchen Konflikten für mich schon oft hilfreich war), musste ich mir eingestehen, dass ich mir später ein Vermeiden kaum schönreden und verzeihen könnte. Die Seele tut sich schwer mit den Erfahrungen, die sie aus Angst verpasst hat. Mit dem ungelebten Leben. Mit anderen Worten: Gott wollte mich ermutigen, ihn auch in München zu entdecken.

Ich fuhr nach Hause. Nun war ich offener für die Realität. Wenige Wochen nach dieser Schweigewoche fanden wir das Haus in der Stadt und unterschrieben noch an demselben Tag in einem Biergarten den Kaufvertrag. Weitere drei Wochen später waren wir nach den Sommerferien genau rechtzeitig zum ersten Schultag nach München gezogen.

Der Körper als Tempel und Wohnung Gottes

Immer öfter höre ich von Menschen, die nicht größer, sondern kleiner bauen möchten und sich auch nicht auf einen Ort festlegen wollen: Die Häuser werden *tiny* (sehr klein), bekommen Räder und sind eher ein »Mobil« als eine »Immobilie«. Als scheine das Interesse mehr und mehr vom Sesshaften auf nomadisches Leben umzuschwenken. Wenn ich auf äußere Sicherheit verzichten möchte – oder muss –, ist eine andere Art Sicherheit gefragt. Eine Sicherheit, die ich in mir trage. Wenn ich viel unterwegs bin und die äußeren Häuser wechsle, ist es der Körper selbst, der immer mehr zu meinem »Zuhause« wird.

Genau das ist auch ein wesentlicher Aspekt für spirituelles Embodiment. Nachdenkenswert ist die Frage, ob Spiritualität im Körper aufgegeben wurde zugunsten einer Spiritualität in äußeren Tempelräumen. Vor der sogenannten »neolithischen Revolution«, die den Übergang vom Nomadentum in die Sesshaftigkeit beschreibt, genügte der Körper selbst als »Tempel« für Gott. Der Archäologe Harald Meller geht so weit, den Übergang in die Sesshaftigkeit als den eigentlichen »Sündenfall des Menschen« zu bezeichnen.[44] Dieser »Sündenfall« begann paradoxerweise mit dem Bau eines Tempels, wie archäologische Funde in Göbekli Tepe in der Osttürkei zeigen: Die Idee, einen Tempel zu bauen, machte eine Grundversorgung aller Beteiligten am Tempelbau nötig, was wiederum zu den ersten Siedlungen der Menschheit führte. Und so begann die Agrikultur über die Nomadenkultur zu dominieren. Leider, so der israelische Historiker Yuval Noah Harari, war das nicht der in der Wissenschaft lange beschworene »große Sprung« der Menschheit, sondern eher der »größte Betrug«.[45] Nicht mehr als elende Schufterei und eine ausbeuterische Elite sei dabei herausgekommen. Der Übergang erzählt nicht von Fortschritt und Intelligenz – und auch nicht von Spiritualität, wie es die biblische Geschichte von Kain und Abel auf erstaunliche Weise schildert. Abel, der Hirte und Nomade, wurde von seinem Bruder Kain, dem Ackermann, erschlagen. Und der Grund? Der Herr sah das Opfer des Hirten und Nomaden Abel gnädig an, und da »ergrimmte Kain und senkte finster seinen Blick« (Gen 4, 5). Der Rest ist bekannt.

Sosehr ich Architektur schätze, so lese ich doch aus dieser Geschichte, dass es eher ein Gewinn ist, Spiritualität aus dem äußeren Raum in den inneren Raum zurückzuholen, in den eigenen Körper-Raum, den ich immer dabeihabe. Und dabei zu erfahren, dass Gott überall sein kann.

Das Bild, das Paulus vor Hunderten von Jahren benutzte, kann daher sehr aktuell werden: Ich selbst bin ein Gottestempel. (»Oder wisst ihr nicht, dass euer Leib ein Tempel des Heiligen Geistes ist, welchen ihr habt von Gott, und seid nicht euer selbst. Denn ihr seid teuer erkauft; darum so preist Gott an eurem Leibe und in eurem Geiste, welche sind Gottes« [1Kor 6, 19].) Ich muss nicht zuerst an einen besonderen Ort, um mich mit Gottes Heiligkeit zu verbinden.

In manchen Bibeln ist der Grundriss des jüdischen Tempels abgebildet. Die Anleitung zur Gestaltung dieser heiligen Räume nimmt viele Seiten Raum im Mosebuch ein. Dadurch zeigt sich, wie wichtig diese Architektur und der Grundriss des Tempels ist, der auf die Stiftshütte zurückgeht, ein »mobiles Tempel-Zelt«, welches das Volk Israel auf seiner vierzigjährigen Wanderung durch die Wüste bei sich tragen konnte.

Es lohnt sich, diese scheinbar langatmigen Anweisungen im Blick auf die Analogie zu dem »Tempel in mir« genauer anzuschauen: Um die Stiftshütte gab es einen schützenden Zaun mit einem Eingangstor. Den Besuch des Heiligen bereitete man im äußeren Vorhof und dann noch im inneren Vorhof vor, wo man sich reinigen konnte, sich von außen nach innen, vom Profanen auf das Heilige umstellen konnte. Zur Unterstützung für diesen Übergang gibt es mehrere Schwellen, die das Heilige schützen, in dem Gott gegenwärtig ist. Auch das ist eine beredte Metapher dafür, dass keinesfalls immer jeder Eintritt haben konnte.

Für Klienten, die in ihrer Lebensgeschichte regelmäßig Übergriffe gewohnt sein mussten, sodass ihre seelischen oder körperlichen Grenzen nicht respektiert wurden und sie selbst dadurch auch keine Wahrnehmung dafür entwickeln konnten, ist dieses Bild sehr wertvoll:

> Es gibt ein Allerheiligstes in meinem Tempel, das für mein Innerstes stehen kann und unter allen Umständen beschützt bleibt. Dort ist Gott gegenwärtig. Es ist das in mir, was ewig ist und unvergänglich, was unter allen Bedingungen im Leben und im Sterben bewahrt bleibt. Der Kern ist »unkaputtbar«, denn er ist das Allerheiligste.

Doch es gilt ebenso, selbst Verantwortung und Fürsorge für dieses Allerheiligste zu entwickeln. Im Notfall muss es auch aktiv verteidigt und geschützt werden. In der Geschichte der »Tempelreinigung« zeigt Jesus heftigen Zorn, man kann in diesem Fall auch wortwörtlich von einem »heiligen Zorn« sprechen, denn es geht um die Verteidigung dessen, was ihm »heilig« ist. Mit geflochtenen Stricken trieb er Händler und Geldwechsler aus dem Tempel hinaus, stieß ihre Tische um, verschüttete den Wechslern das Geld und rief: »Schafft das weg von hier! Macht nicht das Haus meines Vaters zum Kaufhaus!« (Joh 2, 13 f.).

Heiliges und Kommerz oder Ausbeutung gehen nicht zusammen. Solange ein Körper lebendig ist, verteidigt sein Immunsystem Eigenes vor Fremdem und übt sich in dieser Unterscheidung. Solange einem etwas heilig ist, kann sich auch »heiliger Zorn« regen. Jesus, der sonst voller Respekt und Sanftmut ist, zeigt hier modellhaft, dass es in manchen Fällen auch eindeutige, körperlich klare Ausdrucksformen braucht, wenn gewisse Eindringlinge diplomatische Sprache nicht verstehen. Ich schätze dieses Bild in meiner Praxis, wenn es um Ermutigung geht, den eigenen heiligen Raum zu verteidigen und zu schützen.

Gott kann in mir wohnen. Dass Gott in mir zu Hause sein kann, auch wenn ich mich selbst nicht heimisch fühle, habe ich in den letzten Jahren am eigenen Leib erfahren.

Heimweh und Gottesbegegnung am bayerischen Gemüsebeet

Da hatte ich im Sommer auf dem Feld noch so wunderbare Glaubenserfahrungen gemacht, doch im Herbst sah es ganz anders aus: Entgegen allen steilen Vorsätzen gab mir mein Körper drei Monate nach dem Umzug in die Großstadt eindeutig zu verstehen: »Ich will weg! Nichts wie weg hier! Bitte, bitte gleich!« Der Verstand aber war erschrocken und gab zu bedenken: »Das geht nicht! Wir sind doch gerade frisch umgezogen! Wir bleiben in der Familie, da, wo der Mann arbeitet und der Sohn in die Schule geht. Basta. Alles andere ist nicht einmal denkbar.«

Doch damit kehrte längst keine Ruhe ein. Es grummelte weiter in mir, und ich ahnte, warum der Darm immer wieder als eine Art zweites Gehirn betrachtet wird. Bald danach zeigten sich Symptome wie chronische Entzündungen im Verdauungsbereich, Dauerkopfschmerzen, Gliederschmerzen bei Tag und Nacht, nächtliches Aufwachen in hilfloser Starre mit Ängsten aller Art. Und die Stocksteife am Morgen. Je nach medizinischem Ansatz variierten die Diagnosen von Reizdarm (Schulmedizin) bis Leberfunktionsstörung (Osteopathie), Leaky-Gut-(»Löchriger-Darm«-) Syndrom (alternative Medizin) und einhergehend damit Gifte im Gewebe und den Faszien. Im Internet »Fibromyalgie« zu googeln war auch keine erbauliche Aktion. Ich konnte mir ausmalen, was diese Diagnose für einen Aufwand an Arztbesuchen nach sich ziehen könnte.

Außerdem hatte ich gar keine Zeit dafür und sollte jetzt mit Leidenschaft und Elan meine Praxis in München aufbauen, Mama sein, den Haushalt »schmeißen« und möglichst munter dreinschauend Menschen kennenlernen. Die Schmerzen wuchsen, ich bekam es mit der Angst zu tun. Lieber Aspirin, Ibuprofen oder Paracetamol? So groß wie die Verzweiflung war die Versuchung, täglich Schmerztabletten zu nehmen, damit alles weiter funktioniert. Doch die Leber war schon ohne Schmerztabletten tiefunglücklich. Eine innere Stimme warnte mich, dass das eine »Verschlimmbesserung« werden könnte, die eine noch längere Regenerationsphase nach sich ziehen könnte. Mir graute vor dem Schicksal, eine chronische Schmerzpatientin zu werden.

Dazu kam ein Gefühl von Heimweh. Auch hatte ich den Eindruck, schon länger emotional in den »roten Zahlen« bei mir selbst zu stehen, ich schuldete mir etwas, wenn auch nicht so klar war, was das sein sollte. So zu tun, als wäre ich voller Kraft, entsprach einem Leben »auf Pump« bei mir selbst. Doch in eine Klinik gehen wollte ich nicht. Die meisten medizinischen Versorgungssysteme kamen mir eher zementierend als lösend vor. Ich war verwirrt, dass ich meine eigenen Signale nicht verstand, als fehlte mir ein Dolmetscher für meinen Körper. Wie könnte mich dann ein Mensch von außen verstehen, auch wenn es ein Arzt mit Stethoskop ist?

Ich fand, dass ich mich mitten im ganzen Stress schon genügend um dieses »störende Kind da unten« bemühte. Vom Hausarzt gab es seitenlange Listen mit unverträglichen Lebensmitteln. So stellte ich hilflos und widerwillig die Ernährung um, was der inneren Lebensfreude und äußeren Tischgemeinschaft auch nicht besonders zuträglich war. Trotz allem war keine Entspannung in Sicht – und im Stillen dachte ich noch weiter: »Es muss doch noch mehr geben als eine gesunde Darmflora.«

Beruhigend war zumindest die Beobachtung, dass sich die Symptomatik löste, wenn ich ein Weilchen in den Ferien aus dem »Stadt-Hamster-Rad« heraustreten konnte. Das gab ein Restgefühl von Kontrolle und den Eindruck, dass ich ein bisschen wie eine Heldin nach den Ferien wieder bei vollem Bewusstsein in die »Großstadtschlacht« ziehen musste.

Besonders das Alleinsein fiel mir dort schwer. Der Rest der Familie war außer Haus in Schule und Hochschule beschäftigt, und ich blieb zurück. Doch in der Umgebung, mitten in der Stadt, war es so merkwürdig still. Alle waren scheinbar außer Haus berufstätig. Die wenigen Nachbarn, die sich auch nur selten zeigten, hielten mich für eine von uns selbst angestellte Gärtnerin. Wir versuchten zu kontakten und luden wiederholt zu kleinen Hauskonzerten ein, aber es kamen wenige bis keine Gegeneinladungen. Ich sehnte mich nach Nachbarn, mit denen man sommerabends im Garten sitzen kann und sich im Notfall auch einmal eine heiße Hühnersuppe hin- und herbringt.

Meine Klischees über die Stadt hatten sich bestätigt: kalt, anonym, erfolgsorientiert, selbstgefällig, auf dem Altar das Konto, in den Augen Dollarzeichen. Eine Art Turm zu Babel, in dem sich jeder einen Weg an die Spitze durchschlägt und nichts mehr »heilig« ist. Ich vermisste schmerzlich die Natur, wie ich sie aus meiner Kindheit schätze: Streuobstwiesen, in denen man frei spazieren gehen und zum eigenen Trost Lieder singen kann, Schubert-Lieder vom Bächlein und der schönen Müllerin oder Bach-Kantaten wie »Ich habe genug«. Wenn ich mich in städtischen Grünanlagen traute zu singen, drehten sich alle fünfzig Meter diverse Hundehalter um und kommentierten das. Zwar meistens überraschend engagiert und freundlich: »Ach, bitte singen Sie doch weiter!«, aber es war nicht dasselbe, wie ungestört für sich unter Gottes weitem Himmel zu singen.

Nach einigen Monaten, in denen ich Mühe hatte, die Kopfschmerzen und Reizdarmsymptome durch meine Ängste nicht zusätzlich eskalieren zu lassen, beschloss ich, mir professionelle therapeutische Hilfe zu suchen. Und mir fiel Ignatius von Loyola ein, der durch die Verletzung eines Kanonenschusses beim Angriff auf Pamplona am 20. Mai 1521 so schwer am Bein verletzt war, dass er lange an sein Krankenlager gefesselt war.

Als er in der Bibliothek seines Vaters alle Ritterromanzen gelesen hatte, waren nur noch die Legenden über Heilige übrig, die ihm zunächst sehr langweilig erschienen. Schließlich begann er in Ermangelung anderen Lesestoffes doch, diese Bücher zu lesen, und musste erstaunt feststellen, dass es ihm nach dieser Lektüre anders ging als nach den Ritterromanzen: Sie trösteten ihn. Sie waren aufbauend und nährten seine Seele viel mehr.

Einen feineren »Geschmack« dafür zu entwickeln, was echter »Trost« ist, nannte er in seinen berühmt gewordenen »Exerzitien« später auch »die Geister unterscheiden«. Ignatius formulierte so vor über 500 Jahren auf seine Weise den Embodiment-Aspekt »Nicht das Vielwissen sättigt die Seele, sondern das innere Verkosten der Dinge«.[46] Die Einladung, bei einer Entscheidung auch und gerade den Körper, die Geschmackssinne und Verdauungsorgane ins Spiel zu bringen, erinnert an das, worum es uns geht, an Embodiment.

In der lateinischen Sprache existieren zwei Wörter für »Weisheit«: *clementia* und *sapientia*. Letzteres geht auf das Verb *sapere* zurück, was »wissen«, aber auch »schmecken« bedeutet – ein Embodiment-Aspekt! Ich fing also an, den zurückliegenden Tag beim nächtlichen Wachliegen »nachzuschmecken«, und stellte mir zwei Fragen zu meiner Traurigkeit um Gemeinschaft und Natur:

- Wo habe ich heute überhaupt irgendeine Gemeinschaft erlebt? Welchen »Nachgeschmack« davon habe ich noch in mir? War es eine heimelige Gemeinschaft, in der ich Leib und Seele zurücklehnen konnte und mich nicht nur anstrengen musste?
- Habe ich heute in meiner Umgebung Natur gefunden, in der ich mich frei und geborgen fühlte? Möglichst im Umkreis von 5 Kilometern und mit dem Radel erreichbar?

Mit diesen Fragen durchkämmte ich immer wieder die bisher erlebten Münchner Begegnungen.

Ich merkte, dass ich mich – auch wenn ich müde war – aktiv dafür einsetzen musste, überhaupt eine gewisse Erfahrungsauswahl zu schaffen. Ein heller Kopf wurde auch in eigener Sache nötig. Diese Verantwortung konnte ich an niemanden abgeben. Auch wenn es nicht das ganz große Programm war, das ich mir schon so lange gewünscht hatte … die lange Tafel im Weinberg, an der Freunde und Familie beim Essen alt werden, oder ein konspiratives Künstlertreffen im klösterlichen Kreuzgang. Aber es wären Zwischenlösungen. Als leidenschaftlicher Mensch verschmähte ich solche Kompromisse eher, aber ich begann zu realisieren, dass Mittelwege kein »verseuchtes« Gelände sind, das am besten weiträumig zu umfahren ist. Ich fand nach und nach heraus, dass nachgeben, weich werden, halb dosieren keine Zeichen von Charakterschwäche sind.

Beim Auswerten der Begegnungen kam ein »Münchner Mittagsprogramm« heraus, das mich sehr glücklich und stolz machte. Die »heimelige« Gemeinschaft, auf die ich kam, war eine kleine Benediktinerinnen-Kommunität mitten in der Stadt, 5 Kilometer entfernt. Und die Natur zeigte sich ausgerechnet auf dem Weg dorthin in einer überraschenden Variante.

Konkret sieht das Programm so aus: Nach Beenden der vormittäglichen Therapiestunden in meiner Praxis radle ich zu den

Benediktinerinnen. Im hellen Mittagslicht – und das ist im Winter viel wert! Bei den Schwestern findet (zuverlässig!) jeden Tag ab 12.05 Uhr die Mittagshore statt: das Mittagsgebet mit Psalmen. Man kann an einem Seiteneingang ungesehen hinten hineinschlüpfen. Wenn ich zu spät komme, merkt es fast niemand. Dort kann ich auf einer Holzbank sitzen und den Kopf an einen schweren, festen Pfeiler hinter mir legen. Ich kann mich zurücklehnen (!) und dem (immer wieder himmlischen!) gregorianischen Gesang der Schwestern lauschen. Die Psalmworte fließen gemächlich durchs Herz, ich muss keines festhalten, aber manche bleiben von selbst hängen.

Über die Zeit hat sich eine Freundschaft mit den Schwestern entwickelt, und bei Bedarf gibt es herzliche lange oder kurze Begegnungen. Wenn ich dann aufs Rad steige, singe ich oft laut das Responsorium: »Beständig ist mir der HERR vor Augen, er steht mir zur Rechten, nicht werde ich wanken«, und schere mich keinen Deut um erstaunte Passanten vor dem Nymphenburger Schlosspark. Der Rückweg führt am Botanischen Garten vorbei, einem Fleckchen Natur mitten in der Stadt, das ich lange übersehen hatte, weil ich mir keine Jahreseintrittskarte gegönnt habe. Dort gibt es dann eine zweite Pause, die mir zutiefst Freude macht: Mitten im Gemüsegarten zwischen Blaukraut und Chinakohl, bei Sonne im Schatten der Schwarzkiefer kann ich mich fast ungesehen zurückziehen. Und dort mache ich – jetzt kommt der Höhepunkt! – die Embodied Prayers in aller Ruhe. Alles ist da! Alles, was ich brauche. Den Gärtner kenne ich mittlerweile auch (er ist schon fast mein Freund). Zwar geht dort ungestörtes Singen nicht, aber als akustisch neutralere Aktion sind die EPs gleichwertig, wenn es darum geht, sich mit der Natur und Gott wieder zusammenzufinden.

Nach gerade einer Stunde »Mittagsprogramm« im königlich-bayerischen Gemüsegarten bin ich wieder zurück im Alltag und fühle mich rundum beschenkt. Die Stadt wird zu einem »Mehr« an Trost und Frucht. Dort, neben dem Komposthaufen, haben sich die EPs zu dem entwickelt, was sie jetzt sind. Zuerst wurden die Worte in mir daheim, jetzt bin ich in den Worten daheim.

Es gibt innen einen heilen, einen heiligen Raum. Beim tiefen Einatmen in den Bauch erweitert sich der Raum nach unten und nach oben: Nach unten, indem sich das Zwerchfell wie ein umgekehrtes Gewölbe nach unten dehnt – und nach oben, indem der Brustkorb wie ein Regenschirm aufgespannt wird. So entsteht ein innerer Kathedralenraum, der Gottes Atem und Gegenwart aufnimmt. Und so kann Gott im Menschen wohnen (Eph 2, 22).

Im Deutschen stehen die Worte »heilig« und »heil« in Beziehung zueinander. Im Griechischen heißt *hágios* »heilig«, es geht um das der Welt Entzogene, das, worüber die äußere Welt keine Macht hat. Nach griechischem Verständnis kann nur das »Heilige« auch »heilen«. Zur Heilung gab es unter anderem die Tradition des Tempelschlafs (Enkoimesis): Der Betroffene ging an den heiligen Ort, zum Beispiel den Tempel des Heilgotts Asklepios, um dort zu schlafen und auf einen Traum zu hoffen, der mit Unterstützung der Deutung der Priester einen Hinweis auf eine wirksame Therapie geben könnte.

Der Philosoph und Theologe Meister Eckhart sowie der Mystiker Johannes Tauler (1300–1361) sprachen vom »Seelengrund«, in dem Gott wohnt. Martin Luther (1483–1546) prägte das Wort vom Reich Gottes, das »inwendig« in mir ist. Die Seele ist der Raum, in dem das Reich Gottes ist. Und da, wo Christus in mir wohnt, bin ich frei von Verletzungen oder Meinungen anderer. Die Seele ist ein Raum innerer Freiheit.

Romano Guardini und der Benediktinerpater Anselm Grün wiesen darauf hin, dass ich dort, wo das Ge*heim*nis Gottes in mir wohnt, *Heimat* habe. Ge*heim*nis und *Heim*at gehören zusammen.

Nachtrag zum Heimweh in der Stadt

Mit unseren Nachbarn treffen wir uns heute regelmäßig – und nicht nur zu einer Hühnersuppe! Musikmachen, Tischtennis, Lachsbraten: Ich muss eingestehen, es sind dieselben Nachbarn, die ich aber anfangs nicht kannte. Ich war vermutlich mit meiner eigenen »Trauerbrille« unterwegs und konnte sie nicht sehen. Wie das irische Sprichwort sagt: »Der Fremde ist ein Freund, den ich noch nicht kennengelernt habe.«

Ganz praktisch fahre ich regelmäßig, das heißt zwei- bis dreimal in der Woche, in den Botanischen Garten über Mittag für Embodied Prayers. Häufig ziehe ich sie aber auch aus meiner Tasche, wenn das innere Gleichgewicht gefährdet ist und ich nicht weiß, »wohin mit mir«.

Zur Auswahl der Gebetsworte

In der christlichen Spiritualität finden sich nicht viele Angebote für Körpergebete. Doch auch wenn nur wenige überliefert sind, muss es nicht bedeuten, dass es keine gab. Vermutlich hat jede Generation einen Weg gefunden, ihre Beziehung zu Gott auch körperlich auszudrücken.

Der Ursprung der Körpergebete in der kulturanthropologischen Forschung ist unklar. In Form von Gebärden scheint es sie seit Anbeginn der Menschheit zu geben:[47]

> *»In einem Gebet, das durch den Körper ausgedrückt wird, liegt Wahrheit. Es scheint von tiefer zu kommen als das Beten mit dem Verstand. Körperhaltungen drücken eine innere Wahrheit aus. In der jahrelangen Arbeit mit dem*

> *Körpergebet zeigt es sich immer wieder, dass genau dieses gleichzeitige Innen- und Außensein heilend sein kann. Es ist ein spürbares Durchströmtsein des ganzen Körpers mit Lebenskraft, spürbar bis in die Finger- und Zehenspitzen.«*[48]

Bereits in den ersten Jahrhunderten des Christentums waren Gebetsgebärden wie die Prostration – das heißt, dass man sich mit dem ganzen Körper auf den Boden niederwirft – oder die essenzielle Urgebärde der Orantenhaltung, das sind nach vorn geöffnete Hände rechts und links vom Körper, ein Teil der täglichen Spiritualität. Dies wurde auch von Cassian (ca. 360–435), einem der Wüstenväter, beschrieben. Als Altvater Makarios (ca. 300–390) gefragt wurde, wie man beten soll, antwortete er: »Es ist nicht notwendig, viele Worte zu machen. Es genügt, die Hände erhoben zu halten.«[49]

Im Bereich der Gebetshaltungen gibt es eine alte Handschrift von Dominikus aus dem Jahre 1270 mit neun unterschiedlichen Gebetshaltungen. Der unbekannte katalanische Verfasser formulierte bei der Darlegung dieser Haltungen den Satz: »Wo der Geist den Körper bewegt, wird er seinerseits vom Körper bewegt.«[50] Die Mehrzahl dieser Haltungen, der »Modi Orandi«, werden bemerkenswerterweise aufrecht, mit erhobenem Haupt und geöffneten Händen ausgeführt, ähnlich wie die Grundhaltung unserer Übungen. In diesen Haltungen und Gebärden wird zu einem Verweilen eingeladen, während Gebärdenfolgen oder ganze Bewegungsabläufe wie bei den EPs noch weniger bekannt waren.

Zur konkreten Entwicklung der EPs kam es über einen »stimmigen Umweg« in München. Für meine Stimmbänder, die ich fürs Singen und eine neue Stelle als Hochschuldozentin unterstützen wollte, hatte mir eine Freundin unseres Kirchenchors eine Logopädin empfohlen. Die Logopädin bot Übungen an, die genau das waren, was mein überspannter und angestrengter Körper brauchte. Zwar hatte ich ihn jahrelang fit gehalten, aber ich merkte, dass es unterschiedliche Arten von »fit« gab: In dem »Powerprogramm«, das ich aus Gewohnheit durchzog, ging es um alles oder nichts. Wenig Chance für leises Singen, Decrescendo, Nuancen … Auch nicht für Schmerzlösung, Schlafen, Spüren.

Ich erfuhr, dass diese Übungen, die so guttaten, »Qigong«-Übungen waren. »Zufälligerweise« wurden im evangelischen Gemeindehaus um die Ecke Qigong-Kurse angeboten, und so entschied ich mich, einen sogenannten »Schnupperkurs« zu belegen, aus denen regelmäßige Kurse wurden. Beim Üben fielen mir immer wieder Bibelworte zu den Körperbewegungen ein – »Einfälle«, eine passende Bezeichnung für diese Erfahrung. Die Psalmworte bekamen eine ganz andere Tiefe als beim bloßen Sprechen. Um das noch weiter zu vertiefen, machte ich eine Ausbildung zur Qigong-Lehrerin.

Zeitgleich klagten immer wieder einzelne Klienten darüber, dass sie »im Kopf schon alles über den Glauben wissen, aber es nicht spüren können«. Wir probierten gemeinsam die unterschiedlichen Gebete und Übungen, und ich bemerkte, dass es nicht nur für mich eine Hilfe war, sondern auf Nachfrage und wachsendes Interesse stieß.

Das Thema der »differentiellen Indikation«, was bedeutet, nicht gießkannenmäßig allen dasselbe anzubieten, sondern individuelle Unterschiede zu berücksichtigen, begleitete mich seit meiner Dissertation. Wie könnte ich dem ernsthaft nachkommen, nicht halbherzig – und ein Angebot entwickeln?

Da bot sich die Möglichkeit, über 120 Personen nach ihren persönlichen Vorlieben und Präferenzen von Psalmworten zu befragen. Mit diesen Ergebnissen konnte ich die differentiellen Übungen entwickeln.

Für die systematische Befragung war es mir wichtig, elementare christliche Texte zu wählen. Es gibt wunderbare christliche Texte aus zweiter Hand, doch ich konzentrierte mich bei der Auswahl auf die »Primärliteratur«, das heißt auf reine Bibeltexte.

Die Bibelworte wurden aus dem Alten und Neuen Testament, vor allem den Psalmen, unter Berücksichtigung folgender Kriterien ausgewählt. Sie sollten

- bildhaft sein und eine spirituelle Ressource verfügbar machen,
- ein Annäherungsziel beschreiben,
- einem der acht persönlichen Bedürfnistypen vermutlich zuzuordnen sein (was das ist, beschreibe ich später noch) sowie
- im Ich (Beter) und Du (Gott) formuliert sein.

Die Verse sind großenteils der Bibelübersetzung von Luther entnommen, wobei sie an einigen Stellen umformuliert wurden, um dem Bewegungsfluss und dem soeben genannten vierten Kriterium gerecht zu werden: Gott wird zum Beispiel als Gegenüber nicht in der dritten Person, sondern im Dialog in der zweiten Person mit »du« angesprochen.

Mein Motiv für die Befragung war, für die Entwicklung der Embodied-Prayer-Übungen eine Auswahl der acht eindeutigsten Verse zu erhalten. Dafür wurden wie gesagt in einer Studie über 120 Versuchspersonen gebeten, die vorausgewählten Bibeltexte nach ihrer persönlichen Präferenz und Vorliebe einzuschätzen. Jede der Versuchspersonen hatte zudem den Persönlichkeitstest (PST-R) mit Erfassung des Bedürfnistyps gemacht, wie er weiter unten dargestellt wird. Die Ergebnisse des Bedürfnistyps wurden daraufhin mit den persönlichen Präferenzen der Bibeltexte korreliert. Korrelationsergebnisse machen Angaben über Zusammenhänge zweier Eigenschaften, in diesem Fall zwischen dem Bedürfnistyp und den persönlichen Vorlieben und Präferenzen für ein Bibelwort.

Aus den Ergebnissen wurden daraufhin die acht Verse ausgewählt, die den jeweiligen Bedürfnistypen am meisten entsprachen. Zu diesen acht Versen konnte ich dann die Embodied Prayers entwickeln, die in diesem Buch vorgestellt werden.

Zur Auswahl der Körperbewegungen

Ich habe mehrere Jahre darüber nachgedacht, welche Körperbewegungen zu den ausgewählten Bibeltexten passen. Mit dieser Frage konnte ich nicht leichtfertig umgehen.

Bisherige Angebote waren mir, im wahrsten Sinne des Wortes, zu wenig organisch – und gerade das sollten sie in jedem Fall für Organe und den Körper sein, der nicht lügen kann. Ich fragte Physiotherapeuten, Osteopathen und Feldenkrais-Lehrer und traf mich mit einem Choreografen. Ich habe mir vieles angeschaut, zahlreiche Fortbildungen gemacht, Bücher gelesen, Begegnungen gesucht und dann, nach langem Zögern, Prüfen und meinen persönlichen Erfahrungen beschlossen, auf Übungen zurückzugreifen, die bereits eine lange Tradition der Erprobung hinter sich haben und aus dem Qigong/Tai Chi stammen. Das ist ein Übungsfundus der chinesischen Tradition, der bereits eine 2500 Jahre währende »Bewährungsphase« hinter sich und damit eine lange Zeit überstanden hat.

Qigong

»Qigong« ist ein Sammelbegriff für vielfältige Übungsmethoden, die in China über Jahrhunderte hinweg entwickelt wurden. Die Körperhaltungen sind ein Nachzeichnen von Naturgesetzmäßigkeiten, die in verschiedenen philosophischen Schulen gepflegt wurden, zum Beispiel dem Taoismus. Durch die lange, lebendige Tradition hat sich diese Arbeit umfassend spezifiziert und verfeinert, und es gibt zahlreiche Untersuchungen zur Wirksamkeit des medizinischen Qigong. Die Philosophie des Taoismus, die auf Naturbeobachtung basiert, ist von einem areligiösen Menschenbild geprägt, oder, anders formuliert, sie greift nicht in religiöse Fragen ein und lässt den Platzhalter für »Gott« frei.[51]

Die Übungen für die Bedürfnistypen stammen aus den folgenden Quellen:

- den »Taiji-Qigong-Shibashi«-Übungen (»Achtzehner-Reihe«), der Übungsreihe zu den achtzehn Figuren der Harmonie,[52]
- den sogenannten Organ-Funktionskreis-Übungen (Darm, Magen, Herz, Niere, Dreifacher Erwärmer, Leber)[53] und
- der Drachenherz-Übungsreihe.[54]

Bei der Zuordnung wurden folgende mögliche Parallelen zwischen den vier Bedürfnistypen und den Funktionskreisen berücksichtigt:

- W (warmherzig) und der aus der Akupunktur bekannte Funktionskreis Herz/Dünndarm mit Körpergewebe, Blutgefäßen, dem Sinnesorgan Mund (Sprechen), dem Element Feuer, der Jahreszeit Sommer, der Tageszeit Mittag, der Farbe Rot und dergleichen mehr;
- K (korrekt) und der Funktionskreis Dickdarm/Lunge mit Körpergewebe, Haut und Haaren, dem Sinnesorgan Nase (Riechen), dem Element Metall, der Jahreszeit Herbst, der Tageszeit Abend, der Farbe Weiß und anderem mehr;
- S (sachlich) und der Funktionskreis Niere/Blase mit dem Körpergewebe Knochen und dem Sinnesorgan Ohr, dem Element Wasser, der Jahreszeit Winter, der Tageszeit Nacht, der Farbe Blau und so fort;
- U (unkonventionell) und der Funktionskreis Leber/Galle mit dem Körpergewebe Sehnen und dem Sinnesorgan Auge (Sehen), dem Element Holz, der Jahreszeit Frühling, der Tageszeit Morgen, der Farbe Grün und so weiter.

Der Funktionskreis zum Element Erde (Magen/Milz et cetera) wurde nicht zugeordnet beziehungsweise befindet sich in der Mitte der vier Bedürfnistypen.

So gibt es Korrespondenzen zwischen diesem Vier-Grundstrebungen-Modell und der Windrosenschreibweise mit den Aspekten der chinesischen Fünf-Elemente-Lehre (oder auch dem Bagua des *I Ging*):

- Das Nähe- und Bindungsbedürfnis (warmherzig) kann mit dem Feuer,
- das Dauer-Sicherheitsbedürfnis (korrekt) mit dem Metall (Stratege),
- das Autonomie-Selbstwahrnehmungsbedürfnis (sachlich) mit Wasser (Philosoph) und
- das Wechsel-Lust-Bedürfnis (unkonventionell) mit Holz (Kämpfer)
- in Beziehung gebracht werden. Die Mitte kann durch die Erde repräsentiert werden.[55]

Auf diese Aspekte habe ich bei der Zuordnung der Verse besondere Rücksicht genommen, indem ich zum Beispiel für die rechte Seite (warmherzig) bevorzugt Übungen gewählt habe, die mit dem Funktionskreis Herz (Element Feuer) in Verbindung sind, im unteren Bereich wird der Lunge/Dickdarm-Meridian (Element Metall) aktiviert, während beispielsweise im oberen Bereich (unkonventionell) der Funktionskreis Leber (Element Holz) aktiviert wird.

Das Alter der Körperübungen und der Bibeltexte deckt sich ungefähr: Im 9. Jahrhundert v. Chr. wurden die ersten Texte des Alten Testaments schriftlich verfasst, und so sind die Texte *und* die Übungen über 2500 Jahre alt.

Beim Verbinden biblischer Texte mit östlichen Praktiken kommen zwei unterschiedliche »spirituelle Muttersprachen« in Kontakt. Dabei muss der eigene spirituelle Hintergrund nicht aufgegeben werden. Der Benediktinermönch und Zen-Meister Willigis Jäger (1925–2020) drückte es so aus: »Man kann den Weg gehen und gleichzeitig in der Konfession bleiben, der man sich zugehörig fühlt. Die mystischen Erfahrungen, die auf diesem Weg gemacht werden, können in der jeweiligen religiösen Sprache ausgedrückt werden, in der man beheimatet ist.«[56]

Der Religionspsychologe Michael Utsch vergleicht das mit einer »religiösen Muttersprache«: »Genauso, wie jeder Mensch nur eine ›Muttersprache‹ hat und mit einem spezifischen Zeichensystem kommuniziert, also nicht ›Sprache‹, sondern deutsch oder polnisch spricht, muss er in einer Glaubensform beheimatet sein, um die Möglichkeiten religiöser Alltagsbewältigung und Identitätsbildung nutzen zu können.«[57] Würde man von einer »Ökologie« der Spiritualität sprechen, dann ginge es darum, auch das »regionale Gemüse und Obst« ernster zu nehmen und anzuerkennen.

Was oft in Vergessenheit geraten ist: Der Begriff »Spiritualität« hat seinen Ursprung im Christentum. Im französischen Katholizismus um 1900 kam *spiritualité* als Neologismus auf und dieses Wort kann als christliche Lebensgestaltung kraft des Heiligen Geistes *(Spiritus sanctus)* übersetzt werden. Heute ist manches davon untergegangen.

Für eine lebendige christliche Spiritualität sind Berührungsängste mit anderen Religionen meines Erachtens jedoch keine hilfreiche Haltung. In manchen Fällen ist Vorsicht zwar berechtigt, wenn in der Mitte der Spiritualität nicht mehr das Heilige zu Hause ist und der Glauben keine Verbindlichkeit und Zugehörigkeit vermittelt – etwa bei »Patchwork-Religiosität« und »religiöser Promiskuität ohne tiefere Verpflichtung«.[58] Doch in manchen Fällen verhindern Ängste auch Glaubenserfahrungen und das Vertrauen in Gottes Allgegenwart. Es gilt, seinen Glaubensweg zwischen Vorsicht und Vertrauen zu finden. Denn zu viel Vorsicht bremst Entwicklungen, die Voraussetzung für spirituelles Wachsen sind. Ein ermutigendes Wort Ignatius' von Loyola fasst es zusammen: Es geht darum, »Gott in *allen* Dingen zu suchen«.

Bedürfnistyp und Test

Nach Bedürfnis maßschneidern

Beten ist zutiefst persönlich und unterscheidet sich von Mensch zu Mensch: »Das Beten eines Menschen ist so persönlich wie sein Gesicht und seine Stimme. Daher sollten wir danach suchen, den eigenen Weg des Betens zu entdecken und zu gehen.«[59] Diesen eigenen Weg in die Begegnung mit dem Heiligen zu finden ist ein wesentliches, wenn nicht gar *das* wesentliche spirituelle Anliegen.

In lebendigen Beziehungen ändert sich das Miteinander auch von Situation zu Situation. Nie steigt man zweimal in denselben Fluss, kein Dialog ist wie der andere – und so kann es nicht nur *eine* Gebetshaltung geben. Die angemessenste Form für ein Gebet wäre ein persönlicher, aus dem Moment heraus entstandener Ausdruck Gott gegenüber. Doch die meisten Menschen kommen aus einem Alltag, in dem sie Erwartungen erfüllen müssen und mit ihrer Empathie eher nach außen als nach innen gerichtet sind.

Da geht das nicht gleich einfach so, spontan und von innen heraus. Den »Hebel« umzulegen braucht Zeit und eine Extrarunde Ermutigung und Unterstützung. Eine solche Extrarunde Ermutigung ist für Menschen, die bisher wenig Ermutigung bekommen, zum Beispiel ein seelsorgerliches oder therapeutisches »1:1-Gespräch«. In einem so geschützten und persönlichen Rahmen kann der/die Therapeut/in zum Gegenüber für den/die Klienten/Klientin werden und ihr/ihm damit eine Passform anbieten. (Eine solche 1:1-Interaktion wird zum Beispiel von Wienands beschrieben: »Mein Ziel ist die Verlebendigung der zwischenmenschlichen Begegnung.«[60])

Mit »Passform« ist eine Interaktion gemeint, die von Fall zu Fall anders aussehen kann: unterstützend oder ermutigend, nährend, stärkend, tröstend oder auch einmal begrenzend – auf jeden Fall aber »passend«.[61] Eine solche Passform hilft dem Klienten, spontaner und sicherer zu werden, sodass er aus dem eigenen Bewegungsfundus heraus Lösungen findet. »Das Leben ist ein lebendiger Fluss, und so müssen die Techniken für das Leben Spontanitätstechniken sein.«[62] In einer derartigen »Spontanitätslage«, einer empfangsbereiten Verfassung, fallen einem Worte und Lösungen ein, und es entwickeln sich Gesten aus dem Augenblick heraus.

Zwischen einem allgemeingültigen Angebot nach Art eines »Gießkannenverfahrens« und einem individuellen Ausdruck habe ich über Möglichkeiten nachgedacht, wie den verschiedenen Bedürfnissen von Menschen mit verschiedenen Übungen entsprochen werden könnte. Diese Unterscheidung wird in der Therapieforschung als »differentielle Indikation« beschrieben. Ähnlich wie man Keimsprossen und einem Kaktus lieber nicht dieselbe Pflege angedeihen lässt, ist es mit den menschlichen Bedürfnissen: Je differentieller die Intervention, desto angemessener kann sie auf den Einzelnen reagieren. Der ganz individuellen »Bedürfnismischung« eines Menschen gerecht zu werden gelingt daher am ehesten in einer 1:1-Interaktion. Maßgeschneiderte Angebote sind »Einzelanfertigungen«.

Hier möchte ich ein Angebot zwischen einer allgemeinen und einer solchen maßgeschneiderten Intervention vorschlagen. Ein »Maßanzug« ist in diesem Rahmen zwar nicht möglich, aber eine »passende Kleidergröße« kann gefunden werden. Als Unterscheidungshilfe möchte ich vier beziehungsweise acht verschiedene Bedürfnistypen vorstellen. Ich nenne sie »Bedürfnistypen«, da es um unterschiedliche Bedürfnisse geht.

Zuerst aber möchte ich mir noch etwas Zeit für ein Plädoyer für »Bedürfnisse« nehmen: Wenn man über den Tellerrand der westlichen Kultur schaut, ist es gar nicht so selbstverständlich, sich mit dem Thema der Bedürfnisse zu beschäftigen. Das Interesse an Bedürfnissen hängt möglicherweise mit dem jüdisch-christlichen Menschenbild zusammen, das unsere Kultur bis heute prägt. Bezeichnenderweise wurden die meisten der bekannten Bedürfnismodelle von jüdischen Therapeuten oder Psychologen entwickelt. (Einige Beispiele für Bedürfnismodelle sind die Bedürfnispyramide von Abraham Maslow, die zum Klassiker geworden ist, oder die Strebungen Alfred Adlers. Auch Marshall Rosenberg nennt in der »Gewaltfreien Kommunikation« grundlegende Bedürfnisse.) Was hat es damit auf sich?

Im Vergleich zu östlichen Religionen wird im jüdisch-christlichen Menschenbild die Bedürftigkeit des Menschen mit besonderer Wertschätzung betrachtet. Das hebräische Wort für »Seele«, das in einem früheren Kapitel schon eine Rolle spielte, taucht gleich bei der Erschaffung des Menschen im Buch Genesis auf. Und Seele, im Hebräischen *nefesh*, steht für »Bedürftigkeit«. Wer sich mit der »Seele« beschäftigt, kommt mit ihrer Bedürftigkeit in Berührung. Und diese Bedürftigkeit ist es auch, welche die Seele zur »lebendigen Seele« macht. Die Seele, die auch in der Kehle sitzt, wobei »Kehle« eine weitere Bedeutung von *nefesh* ist, öffnet, bildlich gesprochen, ihren »Schnabel« wie kleine Vögelchen in einem Nest, die am Leben bleiben und wachsen wollen.

Biblisch betrachtet besteht kein Grund, sich für Bedürftigkeit zu schämen. Im Gegenteil. Doch den meisten Menschen fällt es gar nicht leicht, die eigenen Bedürfnisse anzuerkennen, obwohl es so unglaublich vieles in unseren Beziehungen und Entwicklungen erleichtern würde.

Bedürfnisse scheinen – aus gutem Grund – nicht offensichtlich, sondern verborgen zu sein, als lägen sie tief und unsichtbar im Grunde der »Seele« wie in dem Grund eines Sees.

Emotionen, die »Kinder« und Helfershelfer der Bedürfnisse, können etwas über Bedürfnisse verraten, doch es braucht Empathie, sie zu entschlüsseln. Denn wo ich bedürftig bin, bin ich auch verletzbar. Daher gehört Mut und innere Stärke dazu, zu seinen Schwächen und

»Dünnstellen« zu stehen. Nirgendwo erfahre ich so vieles über mich: »zeige [sic] deine Wunde« ist der Titel einer berühmten Installation von Joseph Beuys (1921–1986). Doch aus guten Gründen ist es sinnvoll, sie nicht jedem zu zeigen.

In der Spiritualität ist es anders: Jesus vergleicht sich einmal mit einem Weinstock und seine Jünger mit Weinreben (Joh 15, 1 f.). Nur die Weinreben, die mit dem Weinstock in Verbindung sind, bekommen von dort über die tiefen Wurzeln Nährstoffe und Wasser, um Früchte zu entwickeln. Wenn die Kontaktstelle zwischen Rebe und Weinstock zu schwach zusammengewachsen ist, wird das nicht möglich. Damit eine tiefe Verbindung entsteht, muss beim Pfropfen die Schnittstelle der Weinrebe, die aufgepfropft wird, offen sein, und das heißt auch verletzbar und verwundbar. Der Wundsaft, der dabei austritt und in der Botanik – wie auch in der Medizin bei Knochenbrüchen – »Kallus« (lat. für »Schwiele«) genannt wird, verbindet die Weinrebe und den Weinstock miteinander. Ohne die Wunde gibt es keinen Kontakt.

Es ist die Bedürftigkeit, welche die treibende Kraft in der Beziehung zu Gott ist, wie es in Psalm 63 heißt: »Meine Seele dürstet nach *dir* wie aus trockenem, dürrem Land, in dem kein Wasser ist.« Da, wo es knirscht, schmerzt und verletzbar ist, entwickelt sich Gottesbeziehung.

Vieles Bedürftige in mir meldet sich erst, wenn Aussicht und Hoffnung auf eine mögliche Erfüllung auftaucht. Albert Pesso (1929–2016), ein Körpertherapeut, beschrieb in seiner Arbeit, wie wichtig es ist, dass es für die »Bedürfnisform« eines kleinen Kindes eine Gegenform bei seiner Mutter gibt. Diese Gegenform oder Passform, die auch in der Therapie als »heilendes Gegenbild« (sogenanntes Antidot) eingesetzt wird, gibt dem Kind die Sicherheit, dass sein eigenes Bedürfnis »stimmt« und in Ordnung ist. Kinder lernen, diejenigen Gefühle bewusst wahrzunehmen und auszudrücken, die ihre Eltern benennen und »validieren«. Und sie können nur diejenigen Gefühle in ihr Bewusstsein integrieren, die gesehen werden und »erlaubt« sind.[63] Wenn die Mutter sensibel in Resonanz gehen kann, bekommt das Kind ein Gefühl und eine Bestätigung für seine Bedürfnisse: Über die Mutter lernt es, sich selbst und seine Bedürfnisse zu sehen und zu spüren, dass sie da sind und richtig sind.

Die Grundbedürfnisse eines Kindes folgen der Entwicklung im Mutterleib, wo es im Wesentlichen um die fünf Bedürfnisse Platz, Nahrung, Unterstützung, Schutz und Begrenzung geht. Ihre Befriedigung liegt in der Verantwortung der Eltern und Erzieher. Erst später zeigt sich (im jüdischen Verständnis) Erwachsenwerden dadurch, dass ein Übergang stattfindet vom Passform-Nehmenden zum Passform-Gebenden, womit man auch der Gemeinschaft nützt.

Eine depressive Mutter hat für die Grundbedürfnisse ihres kleinen Kindes jedoch oft keinen Blick, weil sie zu sehr mit der eigenen Not beschäftigt ist.

Eine Mutter, die selbst traumatisiert wurde und ihre Verletzungen bisher nicht reflektieren konnte, kann verletzend oder übergriffig sein, weil sie die Grenzen des Kindes – wie auch ihre eigenen – nicht wahrnehmen oder spüren kann.

Kinder, die überfordert werden, das heißt selbst eine Passform ihrer Mutter gegenüber anbieten müssen, um Kontakt herzustellen, haben größere Belastungen zu bewältigen. Weil sie an anderen »Fronten« beschäftigt sind und die zu starke Anspannung Energie kostet, haben sie weniger Möglichkeiten, Sicherheit im Wahrnehmen ihrer eigenen »Form« zu üben und zu entwickeln. Wenn bereits jüngere Kinder gefordert sind, für ihre eigenen Eltern so zu Eltern zu werden, wird das »Parentifizierung« genannt (lat. *parentes facere* [zu Eltern machen]). Das kann zu nachhaltigen Überforderungsmustern führen. Doch für eine Lösung ist es nie zu spät, denn die eigene Form ist da, wenn auch oft verborgen und ungesehen.

Diesen eigenen Bedürfnissen mehr auf die Spur zu kommen lohnt sich! Denn nur ein wahrgenommenes Bedürfnis kann auch »gestillt« werden. Bereits durch das Wahrnehmen des Bedürfnisses, durch einen anerkennenden Blick, der vermittelt: »Ich bin, wie ich bin. Und das ist in Ordnung so«, ändert sich die Situation zum Besseren. Wer seine Bedürfnisse sieht, kann sie befriedigen. Und kommt in Frieden. Wer sie stillen kann, findet in die Stille, öffnet sich neu für die Welt und kann in Kontakt kommen.

»Ich will euch trösten, wie einen seine Mutter tröstet«, sagt Gott durch den Propheten Jesaja (Jes 66, 13). Gott möchte seinen Kindern die heilende Passform einer tröstenden Mutter sein. An dieser Passform kann sich das Selbst entwickeln. Die Psalmworte, die im Kapitel »Die Praxis der Embodied Prayers« vorgestellt werden, drücken aus, wie jedes einzelne Bedürfnis in der Beziehung von Gott gewürdigt wird: angefangen bei den Grundbedürfnissen nach Platz, Genährtwerden, Unterstützung, Schutz und Grenzen. Es ist das Anliegen der EPs, mit den acht individualisierten Bibelversen eine gute Passform, eine ideale Fürsorge oder, wie Pesso es nannte, ein heilsames Antidot und Gegenbild anzubieten.

Göttliche Hilfestellungen sind im Gegensatz zu menschlichen nicht immer sichtbar, aber sie sind viel dauerhafter präsent: Als Jesus an Himmelfahrt zu seinem Vater zurückging, ließ er einen Beistand zurück, den Heiligen Geist (Joh 16, 7): Er ist zwar unsichtbar, doch er ist der »Tröster«, wie Jesus ihn nennt. Ein unsichtbarer Tröster, der mir beisteht und mich sieht.

Die acht Bedürfnistypen

Unter den Bedürfnismodellen habe ich mich für ein Modell des psychologischen Psychotherapeuten Klaus Detlev Grawe (1943–2005) entschieden, in dem er, in Anlehnung an den Psychologen Seymour Epstein (1924–2016), vier Grundbedürfnisse nennt:[64]

- Bindung,
- Sicherheit,
- Autonomie/Selbstwerterhöhung und
- Lust/Abwechslung.

Das Modell öffnet auch eine entwicklungspsychologische Perspektive. Wenn ein grundlegendes Bedürfnis gestillt ist, taucht das nächste Bedürfnis auf. Hier bedeutet das: Wenn genug Bindung und Sicherheit gegeben sind, können auch Autonomie und Neugier auf Abwechslung entwickelt werden. Beim Weitergehen gibt es immer wieder neue »Runden« und Spiralen. (Dieses Modell bietet bemerkenswerte Überschneidungen mit der seit Jahrtausenden tradierten Windrosen-Schreibweise der chinesischen »Fünf Elemente« mit ihren fünf Grundausrichtungen: Feuer/Herz, Metall/Lunge/Haut, Wasser/Niere, Holz/Leber und Erde als Mitte.[65])

Die vier Grundbedürfnisse nach Grawe decken sich weitgehend mit den vier Grundstrebungen bei dem Psychoanalytiker Fritz Riemann (1902–1979), die in Anlehnung an den Psychologen Christoph Thomann (1950) als Bedürfnis nach *Nähe (Bindung)* versus *Distanz (Autonomie)* beziehungsweise *Dauer (Sicherheit)* versus *Wechsel (Lust/Abwechslung)* beschrieben werden können. Immer wieder komme ich in meiner Praxis auf diese Unterscheidung zurück, da sich darin zum Beispiel auch die Spannung zwischen dem Bedürfnis nach Zugehörigkeit und dem Bedürfnis nach Autonomie findet, die in vielen Entwicklungsprozessen eine wesentliche Rolle spielt.[66]

Für die Untersuchung zum »Maßschneidern« war es wichtig, diese vier Grundbedürfnisse von Grawe auch diagnostisch erfassen zu können, also über einen Test die Ausprägung messbar zu machen. Auch wenn das Vokabular etwas abweicht, bietet sich dafür der PST-R-Test (Persönlichkeits-Struktur-Test) des Erziehungswissenschaftlers, Sozialpädagogen und Psychotherapeuten Michael Dieterich (1942) an.[67] Dieser Test erfasst die vier Bedürfnisse über die beiden folgenden Skalen:

- *Warmherzigkeit/Nähe* (als Bindungsbedürfnis) und *Sachlichkeit/Distanz* (als Autonomiebedürfnis),
- *Korrektheit/Dauer* (als Sicherheitsbedürfnis) und *Unkonventionalität/Abwechslung* (als Lustbedürfnis beziehungsweise Wunsch nach Abwechslung, Reiz und Anregung).

Übersicht und Zuordnung der unterschiedlichen Bedürfnisbeschreibungen/Grundstrebungen

	I	II	III	IV
Grawe	*Bindung*	*Sicherheit*	*Autonomie/ Selbst*	*Lust*
Thomann	*Nähe*	*Dauer*	*Distanz*	*Wechsel*
Dieterich	*warmherzig*	*korrekt*	*sachlich*	*unkonven-tionell*
Riemann	*depressiv*	*zwanghaft*	*schizoid*	*hysterisch*
Windrose (chin.)	*Feuer (Herz)*	*Metall (Lunge/Haut)*	*Wasser (Niere)*	*Holz (Leber)*

Gibt es nun nur diese vier Bedürfnistypen von Menschen? Natürlich nicht. Vier »Schubladen« würden die Bandbreite nicht angemessen abdecken. Die Realität lässt sich in einer psychometrischen Persönlichkeitsdiagnostik[68] eher mit einem sogenannten dichotomen Kontinuum zwischen sich gegenüberliegenden Polen (bipolar) vergleichen, in dem sich unterschiedliche Ausprägungen, Übergänge und Mischformen in einem Feld verteilen können wie im »Fadenkreuz mit der Darstellung der vier Bedürfnistypen« gezeigt.

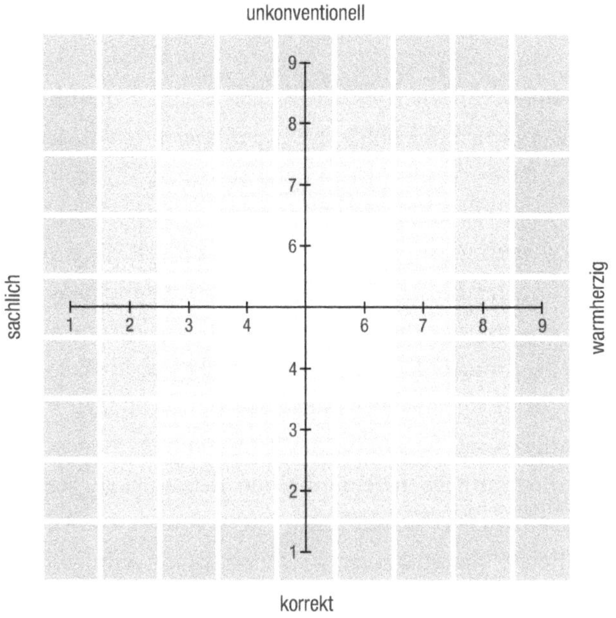

Dieses Fadenkreuz ergibt sich, wenn man die vier Bedürfnistypen jeweils als gegenüberliegende Pole auf die zwei Dimensionen »warmherzig–sachlich« als waagrechte WS Koordinate und »korrekt–unkonventionell« als senkrechte KU-Koordinate abbildet. (Die grafischen Darstellungen bei Thomann und Dieterich unterscheiden sich äußerlich: Die Fadenkreuze sind einmal um 180 Grad gedreht. Hier wird wegen der Verbindung zum PST-R-Testverfahren die Darstellung von Dieterich genutzt.)

Fadenkreuz mit Darstellung der vier Bedürfnistypen

Diese Verteilung erfolgt in der Regel nach einer sogenannten Gauß'schen Normalverteilung; das heißt, die meisten Menschen zeigen mittlere Ausprägungen. Persönlichkeitsbeschreibungen, bei denen sich das Individuum durch einzelne Ziffern zuordnen lässt, entsprechen nicht mehr dem Standort der gegenwärtigen differentiellen Psychologie.

Der PST-R-Test von Dieterich hat drei Ebenen. Um den Bedürfnistyp zu beschreiben, wurde die tiefste Ebene der »Tiefenstrukturen« ausgewählt. Die Tiefenstrukturen, die im weiteren Text als »Bedürfnistypen« gezeichnet werden, gehören zu den stabilen, zeitlich überdauernden persönlichen Strebungen, die »tiefer« in der Persönlichkeit verankert sind als die anderen Ebenen. Sie gehen in die frühe Biografie zurück: Genetische Dispositionen, die einem in die Wiege gelegt wurden, frühe Prägungen, die Atmosphäre im Elternhaus fließen in ihre Entwicklung mit ein, die in den ersten sechs Lebensjahren stattfindet. Um diese Mehrschichtigkeit mit dem Bild eines Baumstammes zu beschreiben, würden die Bedürfnistypen dem innersten, tiefsten Holz, dem »Kernholz« entsprechen. Das Kernholz ist – im Gegensatz zur Rinde oder dem Splintholz – von außen nicht sichtbar, kaum veränderbar, aber auch vor Verletzungen geschützt.

Dadurch, dass ich meinen Bedürfnistyp kennenlerne und mir bewusst mache, habe ich die Möglichkeit, für einen Ausgleich zu sorgen. Wer sich besser kennt an dieser Stelle, kann sich leichter durchs Leben navigieren, klüger entscheiden und seine »Dünnstellen« schützen, so wie ein hellhäutiger Mensch immer noch regelmäßig für Sonnenschutz sorgen muss, selbst wenn er womöglich bereits Jahrzehnte unter afrikanischer Sonne verbracht hat. Auch wenn vieles vorgegeben ist, so ist doch ein Nachentwickeln oder Vervollständigen möglich, wie es Fritz Riemann formuliert:

- »Nicht nur weil ich einen bestimmten Körperbau habe, bin ich so oder so, sondern weil ich eine bestimmte Einstellung, ein bestimmtes Verhalten zur Welt, zum Leben habe, das ich aus meiner Lebensgeschichte erworben habe, prägt das meine Persönlichkeit und verleiht ihr bestimmte, strukturelle Züge. Was daran schicksalshaft ist, ist in gewissen Grenzen durch uns *selbst zu gestalten, kann verändert werden, ist jedenfalls nicht nur ein Hinzunehmendes*. Die hier gemeinten Persönlichkeitsstrukturen wollen als Teilaspekte eines ganzen Menschenbildes verstanden werden. Die *Nachentwicklung* zunächst schicksalhaft ungenügend entwickelter, vernachlässigter, fehlgeleiteter oder überfremdeter und unterdrückter Teilaspekte unseres Wesens kann die erworbene Struktur verändern und *vervollständigen* zugunsten jener vorschwebenden Ganzheit oder Reife, Abrundung in dem Ausmaß, wie es der Einzelne für sich zu erlangen vermag.«[69]

Die Auswahl des persönlichen Verses

Im Folgenden gibt es drei Möglichkeiten, den eigenen, persönlichen Bedürfnistyp herauszufinden – oder gleich direkt den persönlichen Embodied-Prayer-Vers zu wählen (Vorschlag 1):

- *Die spontane Direktauswahl des Verses:* Als Erstes besteht das Angebot, sich direkt aus den acht folgenden Versen einen Vers auszusuchen. Auch ohne Persönlichkeitsdiagnostik ist es möglich, über eine spontane Wahl den passenden Vers zu finden. Bei der Wahl helfen somatische Marker wie Glücksgefühle.
- *Der Test für den eigenen Bedürfnistyp:* Die zweite Möglichkeit ist der Selbsttest zu den Bedürfnistypen. Durch das Ausfüllen und Auswerten des Tests wird der persönliche Bedürfnistyp herausgefunden. Durch die Umfrage-Ergebnisse bietet sich dazu dann das passende Psalmwort an.
- *Die Selbsteinschätzung über die Beschreibung der Bedürfnistyp-Merkmale:* Die dritte Möglichkeit besteht darin, sich von Beschreibungen zu den verschiedenen Bedürfnistypen inspirieren zu lassen und dazu dann das passende Psalmwort zu suchen.

Die Übungen zu den jeweiligen Bibelworten finden sich dann im Kapitel »Die Praxis der Embodied Prayers«.

Spontane Direktauswahl eines Verses

Lesen Sie in aller Ruhe die folgenden Bibelverse durch. Welcher der acht Texte spricht Sie direkt an? Mit welchem verbinden Sie spontan ein körperliches Wohlempfinden (siehe auch den Abschnitt »Persönliche Embodied Prayers zu den acht Bedürfnistypen«)?

- **Kindlein** (Ps 131, 2 f.)
  Meine Seele ist still und ruhig geworden. Wie ein kleines Kind bei seiner Mutter. Wie ein kleines Kind bei seiner Mutter – so ist meine Seele in dir.
- **Engel** (Ps 91, 11 f.)
  Denn du hast deinen Engeln befohlen über mir, dass sie mich behüten auf allen meinen Wegen, dass sie mich auf Händen tragen und ich meinen Fuß nicht an einen Stein stoße.
- **Berg** (Ps 90, 1–2, 14)
  Herr, du bist meine Zuflucht für und für. Ehe denn die Berge wurden und die Erde geschaffen wurde, bist du, Gott, von Ewigkeit zu Ewigkeit.
  Fülle mich frühe mit deiner Gnade, so will ich dich rühmen und fröhlich sein mein Leben lang.
- **Baum** (Ps 1, 2–3)
  Wer Freude hat am Gesetz des Herrn, ist wie ein Baum, der gepflanzt ist am Bach, der seine Frucht bringt zu seiner Zeit […], und was er macht, gerät ihm wohl.
- **Schemel Gottes** (Ps 99, 5, 9)
  Ich erhebe dich, mein Herr, denn du bist heilig. Und ich bete an vor dem Schemel des Herrn. […] Ich erhebe dich, mein Herr, denn du bist heilig. Und ich bete an auf deinem heiligen Berg.

- **Weite** (Ps 18, 19f.)
  Herr, du bist meine Zuversicht. Du führst mich ins Weite. Du reißt mich heraus, denn du hast Lust zu mir.
- **Flügel** (Ps 139, 9)
  Nähme ich Flügel der Morgenröte und bliebe am äußersten Meer, so würde auch dort deine Hand mich führen und deine Rechte mich halten.
- **Friedensstrom** (Jes 66, 12ff.)
  Herr, du breitest deinen Frieden aus wie einen Strom [...] Du wirst meine Kinder auf Armen tragen und auf Knien liebkosen. Du willst mich trösten, wie einen seine Mutter tröstet [...] und mein Herz wird sich freuen, und meine Gelenke werden grünen wie Gras.

Wenn Sie sich für einen Vers entschieden haben, können Sie direkt in den Abschnitten »Grundlegende Embodied Prayers« und »Persönliche Embodied Prayers« das entsprechende Körpergebet finden.

Test für den eigenen Bedürfnistyp

Im Folgenden können Sie in Eigenregie den PST-R-Test (Tiefenstruktur) von Dieterich durchführen. Sie werden Ihrem Bedürfnistyp »auf die Spur« kommen, indem Sie sich Zeit nehmen, die folgenden Aussagen zunächst zu lesen. Kreuzen Sie dann ganz nach Ihrem eigenen Empfinden an, ob die jeweilige Aussage für Sie *voll zutrifft, teilweise zutrifft* oder *nicht zutrifft*. Für diese Art der Diagnostik empfiehlt es sich, der ersten, spontanen Eingebung zu folgen. (Bei Interesse kann dieser Test, der ein Subtest eines mehrschichtigen Persönlichkeitsdiagnostik-Modells ist, auch im Ganzen gemacht werden [siehe www.i-p-p.org]).

PST-R-Bedürfnistyp-Screening-Test (nach Dieterich)

Welche Aussagen treffen für Sie zu?	Trifft voll zu	Trifft teilweise zu	Trifft nicht zu
1. Ich bin mehr für Sicherheit als für Risiko.	○	○	○
2. Ich versuche, bei Streitfragen zu vermitteln.	○	○	○
3. Ich brauche für mein Leben feste Ordnungen.	○	○	○
4. Ich kann Menschen, die sich für andere aufopfern, schlecht verstehen.	○	○	○
5. Ich finde auch bei schwierigen Problemen einen Weg.	○	○	○
6. Ich trenne zwischen Denken und Fühlen.	○	○	○
7. Ich plane ungern den Tagesablauf mit Kalender und Uhrzeit.	○	○	○
8. Ich kann mich auf meine Partner leicht einstellen.	○	○	○
9. Ich helfe anderen Menschen gern.	○	○	○
10. Ich will prüfen, ob alles stimmt, was man mir sagt.	○	○	○
11. Ich werde von anderen eher als distanziert und zurückhaltend eingeschätzt.	○	○	○

Welche Aussagen treffen für Sie zu?	Trifft voll zu	Trifft teilweise zu	Trifft nicht zu
12. Ich wage mich immer wieder in neue Gebiete vor.	○	○	○
13. Ich versuche, Gefühle zu versachlichen.	○	○	○
14. Ich bin friedfertig und sehr wenig aggressiv.	○	○	○
15. Ich bin ein Pechvogel, es geht immer wieder etwas schief.	○	○	○
16. Ich sehe die großen Linien, Kleinigkeiten erledigen andere.	○	○	○
17. Ich kämpfe mehr gegen das Böse als für das Gute.	○	○	○
18. Ich mag Änderungen nicht so sehr.	○	○	○
19. Ich kann mich gut in andere einfühlen und nehme mir die Zeit dazu.	○	○	○
20. Ich weiche zurück, wenn jemand auf mich zukommt.	○	○	○
21. Ich bin eher skeptisch und prüfe alles gründlich.	○	○	○
22. Ich kann zwei oder drei Menschen gleichzeitig zuhören.	○	○	○
23. Ich entschuldige die Fehler anderer.	○	○	○

	Welche Aussagen treffen für Sie zu?	Trifft voll zu	Trifft teilweise zu	Trifft nicht zu
24.	Ich beobachte mich selbst genau.	○	○	○
25.	Ich bin von anderen schwer berechen- und einschätzbar.	○	○	○
26.	Ich versuche, andere Menschen auf meine Linie zu führen.	○	○	○
27.	Ich möchte nicht haben, dass mich die Menschen genau kennen.	○	○	○
28.	Ich vergesse meine Fehler von gestern relativ schnell.	○	○	○
29.	Ich bin nicht gern alleine.	○	○	○
30.	Ich bin bescheiden und brauche wenig für mich selbst.	○	○	○
31.	Ich will einen klaren Überblick haben.	○	○	○
32.	Ich kann Geborgenheit schenken.	○	○	○
33.	Ich empfinde Unordnung als störend.	○	○	○
34.	Ich bleibe lieber anonym.	○	○	○
35.	Ich bin korrekt und konsequent.	○	○	○
36.	Ich versuche, meine Arbeit genau zu strukturieren.	○	○	○
37.	Ich nehme Vorschriften nicht so genau, man muss das Ganze sehen.	○	○	○

Welche Aussagen treffen für Sie zu?	Trifft voll zu	Trifft teilweise zu	Trifft nicht zu
38. Ich kann mich an eine neue Situation schnell anpassen.	O	O	O
39. Ich sage selten: »Ich will.«	O	O	O
40. Ich führe meinen Terminkalender genau.	O	O	O
41. Ich kann scharf beobachten und bemerke fast alles.	O	O	O
42. Ich werde durch Gesetzmäßigkeiten eingeengt.	O	O	O
43. Ich könnte einen Teil meines Ichs aufgeben.	O	O	O
44. Ich mag Wechsel und Veränderungen.	O	O	O
45. Ich bin nicht sicher, ob ich die Menschen richtig einschätze.	O	O	O
46. Ich suche das Risiko.	O	O	O
47. Ich möchte auf niemanden angewiesen sein.	O	O	O
48. Ich bleibe lieber bei den bewährten Erfahrungen.	O	O	O
49. Ich werde von manchen Menschen als etwas »schlitzohrig« oder »clever« bezeichnet.	O	O	O

Welche Aussagen treffen für Sie zu?	Trifft voll zu	Trifft teilweise zu	Trifft nicht zu
50. Ich habe öfters Selbstwertprobleme.	O	O	O
51. Ich bin der Meinung: »Vertrauen ist gut, Kontrolle ist besser.«	O	O	O
52. Ich warte nicht gern.	O	O	O
53. Ich möchte sein wie die anderen.	O	O	O
54. Ich suche Gruppen mit klar umschriebenen Interessen.	O	O	O
55. Ich kann meine Zuneigung zu anderen schwer zeigen.	O	O	O
56. Ich halte mehr von meiner Intuition als von der Logik.	O	O	O
57. Ich bin durch Kritik leicht durcheinanderzubringen.	O	O	O
58. Ich kenne andere Menschen fast besser als mich selbst	O	O	O
59. Ich möchte planen, um mich auf neue Situationen einzustellen.	O	O	O
60. Ich möchte unabhängig und frei sein.	O	O	O

Auswertung

Wenn Sie sich nun die Zeit nehmen, die Fragenummern, die Sie mit »Trifft voll zu« beantwortet haben, in der folgenden Tabelle den jeweiligen W-, K-, S- und U-Werten zuzuordnen, erhalten Sie nach der Verteilung ein Auswertungsprofil Ihres Bedürfnistyps.

W = warmherzig:

Frage Nr.

2	8	9	14	15	19	23	29	30	32	39	43	50	53	58
Summe														

K = korrekt:

Frage Nr.

1	3	10	17	18	24	26	31	33	35	36	40	48	51	59
Summe														

S = sachlich:

Frage Nr.

4	6	11	13	20	21	22	27	34	41	45	47	54	55	60
Summe														

U = unkonventionell:

Frage Nr.

5	7	12	16	25	28	37	38	42	44	46	49	52	56	57
Summe														

Das »Profil«, das sich nun ergibt, erteilt Ihnen Auskunft über Ihren Bedürfnistyp. Dabei treten folgende Positionen auf:

- *Eindeutiger Bedürfnistyp W, K, S oder U:* Sie können auf einer der vier Skalen einen eindeutig höheren Wert als auf allen anderen haben. Die Zuordnung zu einem Bedürfnistyp ist in diesem Fall eindeutig.
- *Gemischter Bedürfnistyp/diagonale Felder W/K, K/S, S/U, U/W:* Sie können auf zwei verschiedenen Skalen hohe Werte haben, was für einen gemischten Bedürfnistyp spricht. In den diagonalen Feldern sind hohe Werte auf zwei Skalen möglich, wie zum Beispiel im Bereich W/K (hohe Werte bei warmherzigem und korrektem Bedürfnistyp) oder zum Beispiel im Bereich S/U (hohe Werte bei sachlichem und unkonventionellem Bedürfnistyp).
- *Ausbalancierte Werte/freie Verswahl:* Es kann auch sein, dass sich die Anzahl Ihrer Antworten auf den gegenüberliegenden Polen die Waage halten, dass Sie zum Beispiel ähnlich viele Antworten bei »warmherzig« wie bei »sachlich«, bei »korrekt« wie bei »unkonventionell« angekreuzt haben. Wenn das für alle Dimensionen gilt, haben Sie eine ausbalancierte Position. In diesem Fall können Sie auch direkt auf die freie Auswahl der Verse gehen, um nach Ihrem spontanen Eindruck einen Bibelvers für sich zu wählen.

Das Fadenkreuz mit den eindeutigen und gemischten Bedürfnistypen sehen Sie in der folgenden Grafik. Bei rechtem Strahl W beginnend und einer Spirale nach unten folgend ergeben sich die acht Positionen W, W/K, K, K/S, S, S/U, U sowie U/W.

Diesen acht Bedürfnistypen werden im Kapitel »Embodied Prayers zu den acht Bedürfnistypen« Bibelverse und Körperübungen zugeordnet.

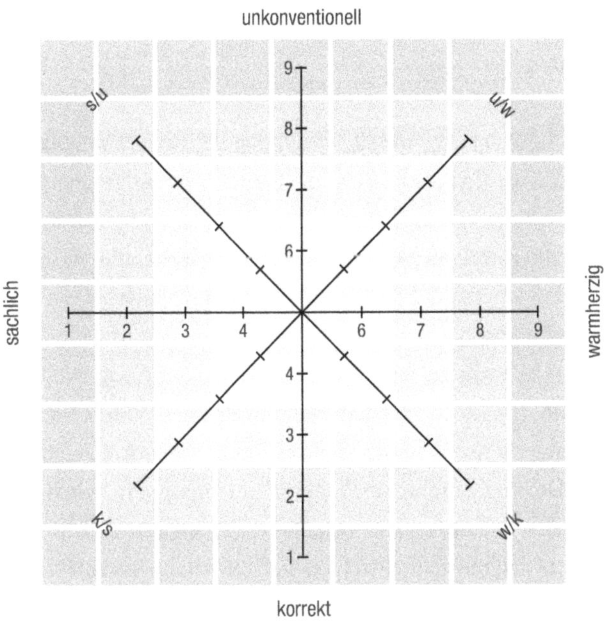

Fadenkreuz mit Darstellung der vier Haupt- und der vier gemischten Bedürfnistypen

In der Persönlichkeitsdiagnostik gilt eine essenzielle Regel im Umgang mit der Auswertung: Es gibt kein »schlechtes Ergebnis«. Möglicherweise hat man Vorurteile beziehungsweise ordnet bestimmten Eigenschaften pauschal stereotype Attribute zu, auch bestehen seitens Firmen oder Personalabteilungen häufig Erwartungen oder Wünsche, wie das Profil eines (potenziellen neuen) Mitarbeiters auszusehen hat, das ihn zur erfolgreichen Arbeit in dieser oder jener Position befähigt. Doch grundsätzlich trägt jeder Typus einen inneren Wert in sich. Jeder der Bedürfnistypen hat ein gleichwertiges »tiefes Daseinsrecht«.

Am Ergebnis muss also nichts »geändert« werden. Aber die die persönliche Bewertung dieses Ergebnisses und der wertschätzende Umgang damit können ein interessantes, ja faszinierendes Entwicklungsthema werden.

Selbsteinschätzung über die Beschreibung der Bedürfnistypen

Im Folgenden werden die vier Grund-Bedürfnistypen noch anschaulicher beschrieben, um eine innere Vorstellung lebendig werden zu lassen. Diese unterschiedlichen Beschreibungen durchzulesen und dabei auf die innere Resonanz bei sich zu achten bietet sich als ein weiterer Weg der Selbsteinschätzung an. Die Beschreibungen sind idealtypisch. Das heißt, in »Reinform« kommen die Typen so nie vor. Die Grenzen sind fließend, und auch hier kann es Mischtypen geben; Sie können also auf mehr als nur eine der vier Beschreibungen mit Zustimmung reagieren. Die vier unterschiedlichen Bedürfnistypen zeigen sich auf der spirituellen Ebene durch verschiedene Zugänge zur Spiritualität, zu Gott und zu Glaubensgemeinschaften. Daher habe ich auch Hinweise auf die verschiedenen Glaubensstile ergänzt.

W – Der warmherzige Bedürfnistyp

Im Vordergrund eines warmherzigen Menschen steht der Wunsch nach Nähe, vertrautem Kontakt und die Sehnsucht danach, lieben zu können und geliebt zu werden.

Die Grundstrebung geht zu Bindung und Verbundenheit, Geborgenheit, Zärtlichkeit, Bestätigung und Harmonie, Mitgefühl, Mitleid und Hingabe. Warmherzige Menschen fühlen sich in andere ein, denken mehr an andere als an sich selbst und möchten den geliebten Menschen glücklich machen. Sie können sich in dem beglückenden Austausch des Nehmens und Gebens völlig vergessen und mit dem anderen verschmelzen. Sie sind fähig, bedingungslos zu lieben und sich hinzugeben.

Sie fallen nicht gern auf, können bescheiden, verzichtbereit und selbstlos sein. Sie neigen dazu, andere Menschen zu idealisieren, deren Fehler zu verharmlosen und Schwächen zu entschuldigen. Sie können sich leichter als andere mit jemandem identifizieren und Menschen überbewerten. Durch Anhänglichkeit und Verlustangst versuchen sie, sich davor zu schützen, dass sie – was sie sehr fürchten – verlassen und einsam werden.

Die Schattenseiten warmherziger Menschen sind, dass sie Spannungen vermeiden, »lieb« sein wollen und oft nicht Nein sagen können. So werden sie leicht ausgenutzt. Dass sie sich selbst nicht für wichtig nehmen, kann dazu führen, dass sie sich unterordnen, was im Extremfall bis zum Masochismus gehen kann. Geringes Selbstwertgefühl, unklare Wünsche, passive Erwartungshaltung und eine Dulderrolle, gepaart mit moralischen Überlegenheitsansprüchen und der Tendenz, Aggressionen zu schlucken und/oder zu somatisieren (also auf der Körperebene etwa durch Krankheitssymptome auszudrücken), machen ein Zusammenleben mit ihm zuweilen schwer.[70]

Beispiele für Ansichten warmherziger Menschen über die Welt lassen sich wie folgt beschreiben:

- Im Grunde genommen braucht jeder Mensch so viel Nähe und Zärtlichkeit wie ich, nur merken es die anderen nicht. Die Menschen sind von Grund auf gut.
- Kontakt und Verbundenheit retten die Welt.
- Mensch sein heißt im Grunde genommen, mit anderen in Kontakt und Beziehung zu stehen.
- Gefühlskälte und Isolation zwischen Menschen sind verantwortlich für alles Böse in der Welt.
- Es ist schön, gebraucht zu werden![71]
- Ordne dich ein in ein größeres Ganzes, begrenze deine Eigengesetzlichkeit und dein Wollen zugunsten überpersönlicher Zusammenhänge.[72]

Der W-Glaubensstil: Menschen vom warmherzigen Bedürfnistyp suchen die Nähe Gottes, die Verbundenheit und Geborgenheit im Göttlichen.

Doch auch Nähe zu den Mitmenschen, Gemeinschaft und Gemeindeleben spielen eine wesentliche Rolle. Glaube bedeutet für sie eine Haltung der Hingabe. Konkret heißt das, sein ganzes Leben Gott zu widmen im Sinne einer »Ganz-Hingabe«. Der Dienst an Gott und dem Nächsten ist eine zentrale Lebensaufgabe. Gerade dadurch, dass man dient und Aufgaben sowie Verantwortung übernimmt, bekommt das Leben Sinn. In der Begegnung mit Jesus zeigt das zum Beispiel Marias Schwester Martha durch ihr Engagement. Warmherzige Menschen sind in ihrem Dienst am Nächsten häufig auch in diakonischen Werken und dergleichen zu finden.

K – Der korrekte Bedürfnistyp

Hier stehen die Sehnsucht nach Dauer sowie der Wunsch nach Verlässlichkeit und Ordnung im Vordergrund. Wichtige Begriffe sind in diesem Zusammenhang »Planung«, »Vorsicht« und »Voraussicht«, »Programme« und »Ziele«, »Kontrolle« und »Wille«, »System«, »Gesetz« und »Theorie«.

Es wird angestrebt, was den Moment überdauert und langfristige Sicherheit verspricht. Verantwortung, Pflicht, Pünktlichkeit und Sparsamkeit, Treue und Achtung gelten im zwischenmenschlichen Bereich. Korrekte Menschen können zielbewusst auf lange Sicht planen. Sie halten an liebgewordenen Gewohnheiten fest und neigen dazu, sich für das »Richtige« einzusetzen. Sie lieben Ordnung und Sicherheit, die sie ebenso anderen Menschen gewähren, und halten sich an Vorschriften und Prinzipien.

Die Kehrseite der Medaille zeigt sich in der Angst vor Veränderungen und Unvorhergesehenem: »Bloß nichts riskieren, keine Experimente und kein Chaos!« Am liebsten soll alles so bleiben, wie es ist. Korrekte Menschen suchen Konstanz und begegnen Neuem und Unbekanntem mit Vorurteilen. Darin kann die Gefahr liegen, vor lauter Absicherungen und Planung nicht zum Leben zu kommen. Vor Entscheidungen zögern und zaudern sie. Auch Veränderungen verlaufen strukturiert – und es kann passieren, dass dem Perfektionismus perfektionistisch der Garaus bereitet wird. Im Extremfall wird den Betreffenden die ganze Ordnung und Absicherung im Leben zum Zwang. Wenn Macht dazukommt, kann es zu Tyrannei führen.

Es besteht die Angst, sich dem ewig Fließenden zu überlassen. »Doch keiner kann zweimal in denselben Fluss steigen. Der Fluss und auch man selbst ist stets ein anderer.«[73]

Einige Beispiele für die Ansichten korrekter Menschen über die Welt lassen sich wie folgt beschreiben:

- Die Welt ist von Natur aus ein Chaos. Unsere Aufgabe ist es, aus dem Chaos Ordnung zu schaffen.
- Nur ja keine Fehler machen!
- Recht und Ordnung helfen immer.
- Kein Risiko und keine Experimente!
- Sicherheit ist alles.
- Man muss streng unterscheiden, ob etwas moralisch gut oder verwerflich ist; dabei sind sowohl die Motive als auch die Auswirkungen zu berücksichtigen!
- Bis jetzt ist es ja auch gegangen – es war immer schon so!
- Zuerst die Arbeit, dann das Vergnügen.
- Ohne Fleiß kein Preis.
- Ohne System, Planung, Konzept, Organisation und Ziel erreicht man nichts.
- Strebe die Dauer an (suche Ewigkeit, gründe dich tief).
- Lass dich auf dieser Welt häuslich nieder, plane die Zukunft, sei zielstrebig, als ob du unbegrenzt leben würdest, als ob die Welt stabil wäre, als ob die Zukunft vorhersehbar wäre. Gleichzeitig wissend, dass wir *media vita in morte sumus*, also dass unser Leben in jedem Augenblick zu Ende sein könnte. »Diese illusionäre Ewigkeit ist ein wesentlicher Impuls, der uns zum Handeln treibt.«[74]

Der K-Glaubensstil: Korrekte Menschen suchen in ihrem Glauben Sicherheit und Halt. Der Glaube ist tragend und tief gegründet. Gott ist treu bis in die Ewigkeit, er ist derselbe: gestern, heute und morgen. Er behält die Kontrolle über alles, er hat die Welt in seiner Hand: »*He is in control!*« Auch wichtig ist die Gerechtigkeit Gottes. Es geht darum, ihn nicht zu versuchen oder sich schuldig zu machen. Das kann auch zu einem »Glaubenskampf« werden. Korrekten Menschen fällt es schwer, anderen und sich selbst zu verzeihen. Sie können pharisäerhaft mit sich selbst umgehen und nicht »fünf gerade sein lassen«. Oft ist es ein geistlicher Weg, Gottes versöhnliche Güte nicht als Zeichen der Schwäche und Kapitulation, sondern als Stärke zu erleben und Gottes Gnade im eigenen Leben zuzulassen (Mt 20, 15). Im Gleichnis vom verlorenen Sohn repräsentiert der ältere, zu Hause gebliebene Sohn diese Haltung (Lk 15, 11–32). Korrekte Menschen können zuverlässig Verantwortung in der Gemeinde übernehmen, Traditionen und Rituale im Gottesdienst wahren und haben keine Probleme mit Regelmäßigkeit und Wiederholung. Christlich konfessionell sind sie evangelikalen oder orthodoxen Gemeinden oder auch Brüdergemeinden verbunden.

S – Der sachliche Bedürfnistyp

Beim sachlichen Bedürfnistyp äußert sich der Wunsch nach Abgrenzung von anderen Menschen, um ein eigenständiges und unverwechselbares Individuum zu sein. Freiheit und Unabhängigkeit sind zentrale Werte. Selbstwahrnehmung und alle Momente der Selbstbedürfnisse sind von Bedeutung.

Sachliche Menschen können sich gut abgrenzen und Nein sagen, sie können unabhängig und autark, auf keinen anderen angewiesen mit sich allein zurechtkommen. Sie schätzen es, niemandem verpflichtet zu sein. Oft sind sie gute Theoretiker, entwickeln ihre Wahrnehmung und schulen ihren Intellekt. Sie können angenehme Nachbarn sein, wenn man sie in Ruhe lässt, und auch auf Unausgesprochenes sehr sensibel und feinfühlig reagieren. Sie sind fähig, ein eigenständiges Ich zu werden, und kennen (auch in aktuellen Konfliktsituationen) ihre Wünsche sehr genau.

Auf der anderen Seite haben diese »Distanzmenschen« Angst vor der Hingabe und Nähe zu anderen. Sie fürchten, im Nahkontakt ihre Individualität und ihre Unabhängigkeit (ihr Lebenselixier Nummer eins) zu verlieren. Um es nicht so weit kommen zu lassen, wirken sachliche Menschen zuweilen kühl, unpersönlich, abweisend und distanziert. Ist ihr »Kontaktmaß« einmal gefüllt, können sie andere abrupt zurückstoßen und nicht mehr erreichbar sein. Das macht sie eher zu Einzelgängern, Bastlern und Bücherwürmern. Durch eifrige Lektüre versucht ein Distanzmensch oft herauszufinden, »wie die Menschen sind«, weil er im Laufe des Lebens eine größer werdende Lücke in der Erfahrung mit anderen hat, was ihn noch kontaktunsicherer macht und ihn gegebenenfalls zu Ironie, Zynismus und Arroganz neigen lässt.

Fritz Riemann beobachtete die Angst vor Abhängigkeit und davor, in der geforderten Anpassung zu viel von sich selbst aufgeben zu müssen. Doch »riskieren wir das nicht, bleiben wir isolierte Einzelwesen ohne Bindung, ohne Zugehörigkeit zu etwas über uns Hinausreichendem, letztlich ohne Geborgenheit und werden so weder uns selbst noch die Welt kennenlernen«.[75]

Die Ansichten des sachlichen Bedürfnistyps lassen sich mit folgenden Beispielen umschreiben:

- Die Welt und die Menschen sind schlecht.
- Wenn jeder allein sein könnte und zu Hause bliebe, gäbe es keinen Krieg.
- Letztlich kann man sich nur auf sich selbst verlassen und sich selbst nähren.
- Freiheit ist die wahre Conditio humana, die Natur des Menschen. Nur frei ist der Mensch ein Mensch. Beziehung dagegen bringt Abhängigkeit.

- Der Mensch ist und bleibt ein Einzelwesen – wir sind keine Herdentiere. Im Grunde genommen ist man immer allein.
- Kontakt und Begegnung sind reine Illusion und leiten die Menschen irre, sie lenken ab von der Individuation, die die wahre Aufgabe des Menschen ist: er selbst zu werden.
- Man soll die anderen nicht mit den eigenen Problemen belasten. Man kann anderen nicht helfen, nur jeder sich selbst.
- Werde ein einmaliges Einzelwesen, grenze dich gegen andere ab, sei unverwechselbar, unterscheide dich! Schon dein Daumenabdruck ist einmalig!

Der S-Glaubensstil: Sachliche Menschen suchen die Heiligkeit und Größe des Göttlichen. Das drückt sich auch darin aus, dass der Anbetung Raum gegeben wird. Gott ist würdig und souverän. Er ist der ganz andere, er ist König, Majestät und Herrscher über alles. Er setzt Grenzen und bewahrt vor allem, was bedrängend ist oder zu dicht. Und er schafft Weite, die befreiend ist. Sich in diese »Glaubensfreiheit« zurückziehen zu können und dadurch erquickende Distanz zu anderem zu gewinnen ist wünschenswert. Christlich konfessionell können sie den eher liberalen Gemeinden und der Landeskirche zugeordnet werden.

U – Der unkonventionelle Bedürfnistyp

Unkonventionelle Menschen sehnen sich nach Neuem und dem Reiz des Unbekannten, der Wagnisse und Abenteuer, die den Rahmen sprengen. Sie wünschen sich, den Augenblick zu erleben und spontan zu sein. Leidenschaft, Höhepunkte und Ekstase, Charme und Suggestion, Fantasie, Verspieltheit, Genuss und Lust, Begehren und Begehrtwerden sind zentrale Werte sowie das Grundbedürfnis nach Wechsel und Abwechslung.

Unkonventionelle Menschen können für ihr Umfeld eine Bereicherung sein. Sie bringen »Farbe« in den Alltag, können spontan sein und begeisterungsfähig. Sie gehen auf andere zu und schöpfen viele Möglichkeiten aus, sie kennenzulernen. Sie schätzen die Freiheit, meiden kaum ein Risiko und streben in das weite Feld der zukünftigen Möglichkeiten. Sie sind lebendig und lassen sich und andere nach ihrer Fasson leben. Mit ihrer Art können sie ihre Mitmenschen aufmuntern und das Klima lockern, sie haben für Probleme häufig neue Lösungen, können sich an die verschiedensten Situationen anpassen und bewältigen sie mit Charme: Werben, Bewerben und Erobern liegt ihnen im Blut, und sie haben darin Überraschungserfolge, weil sie elastisch und unbekümmert an schwierige Situationen herangehen können. Sie sind emotional ansprechbar, bringen sich gern zum Ausdruck, und in ihrer Umgebung ist es nie langweilig.

Die Schattenseiten unkonventioneller Menschen bestehen darin, dass sie letztlich Angst vor dem Dauerhaften, Endgültigen, Notwendigen und vor jeder Einschränkung haben. So weichen sie Verträgen, Verpflichtungen, Verantwortungen, Konventionen, Vorschriften und Gesetzen weitgehend aus. Dem Alter und dem Tod wollen sie gleichfalls entkommen. Sie sind für jede Ablenkung dankbar und daher leicht verführbar, besonders durch eigene Wünsche oder unwiederbringliche Möglichkeiten des Jetzt. »Wenn es um Konsequenzen geht, finden sie irgendein Hintertürchen zum Fliehen. Sie haben wenig Ich-Kontinuität, sind immer auf der Suche nach Bestätigung, im Extremfall kann es bis zur Hochstapelei und Selbstglorifizierung kommen.«[76]

Beispiele für Ansichten unkonventioneller Menschen sind die folgenden Aussagen:

- Das Wichtigste im Leben sind Freude und Spontaneität.
- Wir sind nur eine Sternschnuppe.
- Man darf seine Meinung jederzeit ändern.
- Gesetze und Paragrafen sind blöd.
- Man kann sich nur entwickeln, wenn man immer neue Seiten an sich entdeckt und ausprobiert.

- Auf Reisen entdeckt man sich selbst und vergrößert seinen Horizont.
- Das Leben ist eine Bühne – und die Menschen sind die Schauspieler.
- Gelegenheiten sind dazu da, um ergriffen zu werden.
- Leben heißt Veränderung. Veränderung heißt Unsicherheit. Wer stillsteht, ist tot.
- Treue ist der Ausdruck einer toten Beziehung. Die Ehe ist das Grab der Liebe.
- Das Leben ist ein Spiel. Tob dich darin kreativ und sensitiv aus!
- Einmal ist keinmal.
- Ganz entspannt im Hier und Jetzt.
- Sei bereit, dich zu wandeln, Veränderung und Entwicklung zu bejahen, Vertrautes aufzugeben, Traditionen und Gewohntes hinter dir zu lassen, dich immer wieder vom gerade Erreichten zu lösen und Abschied zu nehmen, alles nur als Durchgang zu erleben.[77]

Der U-Glaubensstil: Unkonventionelle Menschen sehnen sich nach neuen Inspirationen, nach Freiheit und der unfassbaren und unendlichen Weite, die sich in Gottes Gegenwart öffnet, in dem Aufbruch und Entfaltung pur möglich werden können. Dogmen, Konzepte, Regeln und Rituale in der Gemeinde fallen ihnen schwer. Gottes Geist ist nicht greifbar, er wirkt überall und »weht, wo er will« (Joh 3, 8). Sie sind offen für neue Erfahrungen, neue Musik, neue Bilder, Improvisation und Spiel. Diese Haltung zeigt sich zum Beispiel beim jüngeren Sohn im Gleichnis des verlorenen Sohns als derjenige, der aufbrechen möchte, unangepasst sein Erbe fordert, großzügig Geld ausgibt und am Ende doch umkehren kann (Lk 15, 11–32). Christlich konfessionell kann er in charismatischen Gemeinden oder Pfingstgemeinden eingeordnet werden.

Die Zuordnung von Bedürfnistyp und persönlichem Embodied Prayer

Wenn Sie durch den Test oder die Beschreibungen Ihren Bedürfnistyp gefunden haben, finden Sie in der Tabelle die Zuordnung zu den Titeln der entsprechenden EPs und in der weiteren Grafik den entsprechenden Bibelvers.

Bedürfnistyp und EP-Titel

Bedürfnistyp	Bedürfnis nach	EP-Titel
warmherzig (W)	Nähe, Bindung, Zugehörigkeit	Kindlein
warmherzig/korrekt (W/K)	Bindung, Sicherheit	Engel
korrekt (K)	Sicherheit, Dauer	Berg
korrekt/sachlich (K/S)	Sicherheit, Autonomie	Schemel Gottes
sachlich (S)	Autonomie	Baum
sachlich/unkonventionell (S/U)	Autonomie, Wechsel	Weite
unkonventionell (U)	Abwechslung, Lust	Flügel
unkonventionell/ warmherzig (U/W)	Abwechslung, Bindung	Friedensstrom

Nähme ich Flügel der Morgenröte und blie
äußersten Meer, so würde auch dort deine Han
führen und deine Rechte mich halten (Ps 1

S/U

Herr, du bist meine Zuversicht. Du führst mich ins Weite. Du reißt mich heraus, denn du hast Lust zu mir (Ps 18, 19 f.)

unkonventi

S

Wer Freude hat am Gesetz des Herrn, ist wie ein Baum, gepflanzt ist am Bach, der seine Frucht bringt zu seiner Zeit [...], und was er macht, gerät ihm wohl (Ps 1, 2–3).

sachlich

ko

K/S

Ich erhebe dich, mein Herr, denn du bist heilig. Und ich bete an vor dem Schemel des Herrn. [...] Ich erhebe dich, mein Herr, denn du bist heilig. Und ich bete an auf deinem heiligen Berg (Ps 99, 5, 9).

Der Kyrie-eleison-Kreis der Bedürfnistypen

U/W

Herr, du breitest deinen Frieden aus wie einen Strom [...] Du wirst meine Kinder auf Armen tragen und auf Knien liebkosen. Du willst mich trösten, wie einen seine Mutter tröstet [...] und mein Herz wird sich freuen, und meine Gelenke werden grünen wie Gras (Jes 66, 12 ff.).

W

Meine Seele ist still und ruhig geworden. Wie ein kleines Kind bei seiner Mutter. Wie ein kleines Kind bei seiner Mutter – so ist meine Seele in dir (Ps 131, 2 f.).

warmherzig

W/K

Denn du hast deinen Engeln befohlen, dass sie mich behüten auf allen meinen Wegen, dass sie mich auf Händen tragen und ich meinen Fuß nicht an einen Stein stoße (Ps 91, 11 f.).

bist meine Zuflucht für und für. Ehe denn die urden und die Erde geschaffen wurde, bist von Ewigkeit zu Ewigkeit (Ps 90, 1–2).

Merkmale der Embodied Prayers

- Embodied Prayers können an jedem Ort geübt werden, da sie im Stehen (beziehungsweise Sitzen) durchgeführt werden und nicht viel Platz benötigen.
- Sie führen uns ins Hier und Jetzt.
- Sie dienen dem Ankommen in der Gegenwart, da sie Übergänge zwischen Alltag und Stille ermöglichen und der Verlangsamung dienen.
- Sie können allein oder in einer Gruppe geübt werden.
- Sie können durch das Üben zu einem Teil des Übenden werden.
- Sie führen den Übenden in die Gegenwart des Göttlichen und in den Dialog zwischen dem »Ich« und dem »Du« Gottes.

Die Praxis der Embodied Prayers

Aus der Fülle von Einstiegsmöglichkeiten habe ich eine kleine Auswahl besonders bewährter Übungen ausgewählt, die vor den Körpergebeten durchgeführt werden können. Als eine weitere »Schwelle« zwischen »Rushhour« und Gebetsraum können sie den Gebeten einen Rahmen geben.

Hinweis für Menschen mit Handicaps

Die Gebete und EPs können alle im Sitzen geübt werden, da die Bewegungen hauptsächlich im Oberkörper sowie im Schulter- und Armbereich stattfinden – bis auf zwei Ausnahmen (Aufwärmübungen im Gehen und Stehen). Hinweise dazu finden Sie jeweils in Klammern (zum Beispiel Sitzbeinhöcker statt Fersen).

Im Raum gehen und ankommen

In dieser Übung kann ich die Erfahrung machen, dass Gott *präsent* ist, genau dann, wenn das Tempo für mich stimmt, wenn es nicht zu schnell und nicht zu langsam ist. Er ist da, wo ich in dem Zeitfluss unterwegs bin, der zu mir passt, wo ich im »rechten Moment am rechten Ort bin«. (Der »rechte Moment« – im Griechischen, der Sprache des Neuen Testaments, mit *kairós* umschrieben – unterscheidet sich von der ablaufenden Zeit [gr. *chrónos*].)

1. Im Raum herumgehen.
2. In einem *zu* schnellen Tempo im Raum herumgehen.
3. In einem *zu* langsamen Tempo im Raum herumgehen.
4. In einem genau passenden Tempo (»meinem Tempo«) im Raum herumgehen.
5. Wenn ich in einer Gruppe bin: andere mit Nicken oder einer ähnlichen Geste begrüßen.

Stehen

So einfach es scheint, so wesentlich ist es: Das Stehen ist die grundlegende Haltung und bereits ein eigenes Körpergebet für sich. Wenn ich richtig stehe, kann ich stundenlang stehen und dabei sogar noch Kraft schöpfen. Im Stehen kann ich erleben, dass Gott »meine Füße auf Felsen stellt und ich sicher treten kann« (Ps 40, 3).

Stehen ist der Ausdruck einer Glaubenshaltung: »Glaubt ihr nicht, so könnt ihr nicht fest stehen« (Jes 7, 9).

Im Kreuz, dem Zeichen für Christen, treffen sich die Vertikale und Horizontale. Ebenso richtet sich der stehende Mensch mit geöffneten Armen zwischen Himmel und Erde auf. In der Kreuzmeditation des Schriftstellers Alfons Rosenberg (1902–1985) ist das Kreuz sowohl »das Signum der Grundordnung der Welt wie auch der leiblich-geistigen Strukturen der Menschen – das Lebensprinzip schlechthin«.[78] Schon anatomisch ist der Mensch kreuzförmig gestaltet, sogar in doppelter Kreuzgestalt, denn die unteren Lendenwirbel (vertikal) und das Becken (horizontal) bilden ein unteres Kreuz und Halswirbelsäule (vertikal) und Schultergürtel (horizontal) ein oberes.

Die ersten Christen erfuhren, dass sie mit Christus »auferstanden« sind und sie daher auf ganz neue Weise »stehen« dürfen, dass Gott sie aufgerichtet hat und kein Widersacher sie mehr umstoßen kann. »Steht fest im Glauben!« (1Kor 16, 13) und »Steht fest im Herrn!« (Phil 4, 1), schreibt Paulus den jungen Gemeinden. Gott hat die Menschen in einer neuen Würde hingestellt, und sie haben teil an »dieser Gnade, in der wir stehen« (Röm 5, 2).

So wurde Stehen für die ersten Christen *die* normale Haltung beim Beten. Vor Gott können wir zu uns selbst stehen.

In den Körpergebeten ist die äußerliche Grundhaltung ein ruhiges Stehen, verwurzelt wie ein Baum, der sich zum Himmel hin aufrichten kann. Allgemein gilt, dass die Energie dorthin geht, wohin meine Aufmerksamkeit geht. Daher wird die Aufmerksamkeit zu Beginn der

Übungen auf verschiedene Körperaspekte gelenkt, aus denen sich die Grundhaltung zusammensetzt, die von unten nach oben aufgebaut wird:

1. *Füße hüftbreit und Gewicht auf die Mitte der Ferse (Sitzbeinhöcker) bringen:* Die Füße werden hüftbreit aufgestellt. Dazwischen sollte ungefähr eine Faust bis eine Fußlänge passen. Zur Ausrichtung der Fußinnenkanten gibt es unterschiedliche Konzepte. Es empfiehlt sich, die Fußinnenkanten parallel zueinander zu stellen, maximal in leichter V-Stellung mit einer Öffnung nach vorn, da sich dadurch der Beckenraum auf Höhe von Kreuzbein und Lendenwirbelsäule öffnen und lösen kann. Ich kann auch selbst prüfen, welchen Unterschied es für mich macht, die Füße parallel oder leicht V-förmig aufzustellen. Wie spüre ich die Füße auf dem Boden? Und den Boden unter den Füßen?
   In der Grundhaltung wird das Gewicht nach den Bewegungen immer wieder auf die Mitte der Ferse (respektive beim Handicap auf die Sitzbeinhöcker) gebracht.
2. *Knie leicht beugen:* Die Knie sind nicht gestreckt, sondern leicht gebeugt. Dieser Punkt ist sehr wichtig, da alle anderen »Bausteine«, die sich im Körper darüber aufbauen, ihren Winkel entsprechend ausrichten. So erlauben es leicht gelöste Knie, das Becken über der Mitte der Füße aufzubauen und dadurch auch im nächsten Schritt den Brustkorb natürlicher aufzurichten.
3. *Becken nach hinten lösen:* Das Becken darf sich leicht nach hinten lösen, als sinke man in einen imaginären Sessel, als würde man sich »in die Wolken« setzen und habe eine warme Hand im Rücken. Mit anderen Worten: Kreuzbein und Steißbein lässt man nach unten durchsinken. Die Hüfte und das Becken zu entspannen ist eine der wichtigsten Entdeckungen für die Grundhaltung beim Stehen.
4. *Wirbelsäule aufrichten:* Richten Sie die Wirbelsäule innerlich auf mit der Vorstellung einer Achse, die Himmel und Erde verbindet. Ste-

hen Sie dabei »entspannt aufgespannt«, als gäbe es einen »Himmelsfaden«, der Sie aufrichtet. Die Schultern können sich nach hinten unten lösen. Lassen Sie die Sonne auf das Brustbein scheinen. Der Kopf sitzt oben schwerelos wie ein Korken auf dem Wasser oder als trage er eine feine, leichte Krone auf dem Haupt. Die Krone beziehungsweise der Kranz (gr. *stéphanos*) ist mehr ein Symbol des Sieges als des Königs. Sie ist unvergänglich (1Kor 9, 25).

5. *Luftpolster unter den Achseln:* Lassen Sie die Oberarme locker hängen, als wären unter den Achseln Luftpolster, mit der Vorstellung, dort jeweils ein kleines Ei sicher aufzubewahren. Dadurch können sich Lunge und Brustkorb weiten.
6. *Zungenspitze an den Gaumen legen.*
7. *Hände unter dem Bauchnabel übereinanderlegen.*

Etwas kürzer ist die Vorstellung vom »Ich im Quadrat«:

1. *Unten* spürt man mit den Fußsohlen die tragende Erde Gottes, bringt das Gewicht auf die Mitte der Ferse (die Sitzbeinhöcker), geht etwas in die Knie, damit der Beckenbereich sich lösen kann, um dann
2. *hinten* die Lende zu spüren, als hätte man eine warme Hand im Rücken. Dann kann sich
3. *vorn* der Brustkorb aufrichten, und das Brustbein spürt, dass Sonne darauf scheint, und
4. *oben* erfährt der Kopf, dass er vom Himmel gehalten wird: »Von allen Seiten umgibst du mich und hältst deine Hand über mir« (Ps 139, 5).

Sitzen und im Guten bei sich sein

Mit dem anzufangen, was da ist, kann sich schwierig gestalten, wenn nur kritische Gedanken durch unseren Kopf schwirren. Wenn ich aus einem Mangelgefühl komme, lohnt sich jede Minute des »Aufwärmens«, um in die Beweglichkeit und damit die Möglichkeit eines Perspektivenwechsels zu finden.

In der folgenden Übung wird bewusst nach den »guten Steinen« gesucht, auf die man jetzt schon bauen kann: Es geht darum, den Blick auf vorhandene Ressourcen zu wecken und anzuregen.

Ich nenne die kleine Übung auch »Plus-plus-Übung«, da sie nach zwei »Plus-Steinen« sucht. (Die Übung geht zurück auf eine Ressourcenübung von Suzy Signer-Fischer,[79] die ich etwas verändert habe.) Im Grunde ist es eine Dankbarkeitsübung, die am Abend auch jedem noch so grauen Tag einen Lichtblick aufsetzen kann.

Die *erste »Plus-Suche«* findet auf körperlicher Ebene statt: die Einladung, einen Bereich im Körper zu entdecken, der sich im Augenblick wohl und angenehm anfühlt. Interessanterweise hat jeder zu jedem Zeitpunkt eine Stelle im Körper, die sich gut oder zumindest neutral (schmerzfreier) anfühlt, selbst bei chronischen oder schweren Schmerzpatienten wird diese Suche ergiebig sein. Auf diese Körperstelle wird nun die Aufmerksamkeit gelenkt und in einem zweiten Schritt nach einer sprachlichen Beschreibung für dieses angenehme Erleben gesucht: Ist die Stelle weich oder fest? Warm oder frisch? Leicht oder schwer? Und Ähnliches mehr. Wir unterstützen das Prozesswissen des Körpers, wenn wir in diesen Bereich hineinatmen und eine sprachliche Differenzierung anregen. Ein dritter Schritt ist, eine Einladung an diese Stelle weiterzureichen, ob sie sich ausbreiten und entfalten kann.

Während man den Körper dabei sich selbst überlässt, geht es auf einer anderen Ebene weiter, und die *zweite »Plus-Suche«* nach einem Augenblick gehobener Stimmung wird angeregt: Wenn ich die vergangenen Tage wie einen inneren Film vorbeiziehen lasse – welches Ereignis war mir angenehm, hat mir wohlgetan, mich angerührt und erfreut? Welches Bild taucht da auf und beginnt, in mir zu leuchten?

Eine wohlige Körperstelle und eine erfreuliche Erinnerung sind zwei Steine, mit denen man bereits etwas anfangen kann. Durch die Erinnerung können Ressourcen reaktiviert und intensiviert werden (man freut sich zum zweiten Mal an etwas), denn das, worauf wir den Blick richten, wird größer.

Wenn eine Körperressource gut erfahrbar ist, kann von dort aus in einem weiteren Schritt eine Brücke zu einem schmerzhaften Bereich im Körper geschlagen werden, indem man mit freundlicher Aufmerksamkeit zwischen dem Wohlfühlbereich und dem Schmerzbereich hin- und herwandert. Dabei verliert die erste Körperressource – entgegen allen Befürchtungen – nichts von ihrer Kraft, sondern gewinnt sie zum körpereigenen Nutzen. Bei diesem Hin- und Herpendeln – eine Idee, die auf Maggie Phillips[80] zurückgeht und auch chronische Schmerzen überwinden hilft – sollten Sie darauf achten, dass Sie nicht zu tief in den Schmerz gehen. Auch der israelische Wissenschaftler und Judolehrer Moshé Feldenkrais (1904–1984) betonte, man solle nicht direkt an den Schmerz gehen, sondern die Situation »drum herum« auflockern und freundlich bei (doch nicht in) der Missempfindung bleiben, bis sie sich verändert.[81] Zum Abschluss soll der Fokus auf der positiven Körperressource ruhen.[82]

Viele Klienten sind nach der Übung überrascht: »Ich wusste gar nicht, dass ich das so mag! Und dass ich so ticke …!« Ganz nebenbei werden wertvolle Informationen zu einem persönlichen »Was-macht-mich-glücklich-Profil« zusammengetragen.

Damit alle drei, Leib, Seele und Geist, zusammenkommen, kann die Suche ergänzt werden mit einem *dritten »Plus«*, indem nach einem Moment der Verbundenheit mit Gott beziehungsweise dem Göttlichen gefragt wird. Oft ist die Frage nicht gleich zu beantworten, aber sie wandert in den Alltag mit. Und so kann ich dann mehr oder weniger intuitiv und spontan meine persönlichen, spirituellen Ressourcen entdecken.

Abklopfen und die Schafe zusammentrommeln

Dies ist eine der hilfreichsten Übungen, um von Kopf bis Fuß anzukommen und präsent zu werden. Durch das Klopfen mit den Händen, das dosiert werden kann, kommt ein wohltuender Kontakt mit der eigenen Person zustande. Der Körper wird durchblutet und »gereinigt« – das ist zum Beispiel nach belastenden Gesprächen sehr angenehm. Zugleich ist dies eine Achtsamkeitsübung, in der spielerisch und en passant eine »Reise durch den Körper« stattfindet:

1. *Grundhaltung einnehmen (siehe den Abschnitt »Stehen«).*
2. *Mit der rechten Handfläche über dem Herzen (unter dem linken Schlüsselbein) mit Klopfen beginnen.* Mit der klopfenden Hand wandern Sie dann über die linke Schulter und den linken Arm hinunter, klopfen über die Ellbogenbeuge bis zur Handfläche, die nach oben geöffnet ist. Dann drehen Sie den ganzen Arm um und nehmen den »Rückweg« mit Klopfen über die Außenseite des Arms bis hin zu den Schulterflügeln. Sich selbst dabei einmal »ein bisschen auf die Schulter zu klopfen« ist ausdrücklich erlaubt! Diese Runde schließen Sie ab mit drei kleinen Klopfern der rechten Hand: auf den Hinterkopf, oben auf den Scheitel und auf die Stirn, begleitet von einer bekräftigenden Aussage (Affirmation) wie »Ich – bin – da« oder »Ich – bin – wach«. Manche Klienten wünschen sich auch diese Variante: »Im Namen des Vaters [Hinterkopf], des Sohnes [Scheitel] und des Heiligen Geistes [Stirn].«
3. *Seitenwechsel:* Es folgt die gleiche Klopfrunde mit der linken Hand über den rechten Arm und über den Kopf.
4. *Dann geht es weiter mit beiden Händen:* Sie beginnen unter den Achseln rechts und links, hinten die Nieren abzuklopfen (Daumen vorn, die vier Finger hinten an den Nieren). Dann wandern Sie langsam seitlich über Hüfte, Becken, Oberschenkel, Knie, Unterschenkel nach unten bis zu den Füßen, klopfen um die Füße herum und an der In-

nenseite der Beine nach oben bis zu den Leisten. (Bei einem Handicap können Sie, falls möglich, von den Nieren an der Seite entlang bis zum Becken klopfen und die Leisten im Knick über den Oberschenkeln abklopfen.)

5. *Kleine »Lymphdränage«:* An der Leiste können Sie innehalten, um sie mit beiden Händen auszustreichen und die Lymphdrüsen an dieser Stelle in ihrer Arbeit (unter anderem den Abtransport von Stoffwechselschlacken) zu unterstützen. Die Taille und die darunterliegenden Organe werden nach rechts und links beklopft und sanft zupackend geknetet, und zwar möglichst freundlich. Mit einer sanften Streichbewegung können Sie mit dem Handrücken zwischen den Rippenbögen beginnen und nach unten streichend den Magen unterstützen.
6. *Zum Abschluss* klopfen Sie mit beiden Händen die Brust, das kann auch einmal wie bei einem Gorilla mit Fäusten sein, und gehen Sie dann über zu einem zarten »Regentropfenklopfen« zur Stimulierung der Thymusdrüse unter dem Brustbein, der »Schutzpolizei des Immunsystems«.
7. *Wenn noch Zeit übrig ist,* können beide Hände gerieben werden, über das Gesicht gelegt werden und Augen, Wangen, Kiefer und Ohren fein ausgestrichen werden. In der Vorstellung kann der Körper zum Schutz »eingeölt« werden. (Nach was sollte das Öl heute duften? Hat es auch, für andere unsichtbar, eine Farbe?) Bevor es dann wieder in die Welt hinausgeht.

Ich stelle mir bei dieser Übung gern bildlich vor, dass ich all die vielen »Brüder Esel und Schwestern Schafe«, die sich im ganzen Körper verstreut haben, (und ebenso die Verirrten) wie ein Hirte wieder »zusammentrommle«:

> *»Wenn ich schlafen gehe, lagern sich die vielen Gedanken in mir wie eine Schafherde, die sich um den guten Hirten versammelt und auf dem Grund des Her-*

zens zur Ruhe kommt: ›Du, Herr, hast mich gemacht und nicht ich selbst: zu deinem Volk und zu Schafen deiner Weide‹« (Ps 100, 3).

Schwingen und die Mitte finden

Diese Übung, auch ein »Aufwärm-Klassiker«, bringt durch ihre Drehbewegungen Elastizität in Gewebe und Faszien und macht die innere Achse in der Mitte des Körpers bewusst:

1. Aus der Grundhaltung wird der Rumpf mit Armen um die eigene Achse *ins Schwingen* gebracht.
2. Der *Blick* kann *nach vorn* ausgerichtet bleiben. Oder Kopf und Blicke gehen beim Drehen mit, wodurch auch die Augen trainiert werden, in sogenannten Saccaden-Sprüngen den schnellen Bewegungen zu folgen.
3. *Fragen Sie sich:* Um was drehe ich mich da? Um was dreht *es* sich da?

In dieser Übung kann die eigene Mitte erfahren werden. Sie ist zwar nicht sichtbar und selten im Alltag ein Fokus der Aufmerksamkeit, doch wenn ich sie immer wieder bewusst mache und entdecke, muss ich nicht mehr auf innerliche Leere stoßen … sondern auf meine Mitte.

Die Mitte kann sich zum Beispiel im Pendeln zwischen den Polen entdecken lassen oder dort sein, wo der Körper weder in die eine noch in die andere Richtung unterwegs ist. Balance, so Feldenkrais, hat nichts mit Haltung zu tun, sondern mit einer unablässigen Anpassung im Feld der Schwerkraft. Der vielseitige André Bernard (1924–2003), schließlich Professor an der New York University, beschrieb seine Erfahrungen zur »Mitte« wie folgt: »Die meisten Leute kamen mit dem Wunsch zu mir, körperlich zentrierter zu werden. Dann begann ich, zu sehen, wie die Arbeit die Menschen psychisch zentrierte. In den Stunden sehe ich – und das ist einer der Gründe, weshalb ich immer noch unterrichte –, wie schön die Menschen aussehen, wenn sie anfangen, zu ihrer Mitte zu kommen.«[83]

Eine weitere Variante der Übung ist, dabei fest auf beiden Füßen zu stehen, etwas in den Knien nachzugeben und sich zu schütteln. Damit die inneren Organe im Bauch geschützt bleiben, sollte man die untere Bauchmuskulatur so anspannen, als zöge man eine frisch gewaschene Jeans an. Es kann außerdem alles Mögliche geschüttelt werden – und auch alles Unmögliche: Unterkiefer, Becken, Ohren und so weiter.[84]

Heiligen Raum betreten

In einem Kirchenraum oder in der Natur fällt es vielen leichter, in Verbindung mit Gott zu kommen. Andere Orte können zur echten Herausforderung werden. Doch mit den Körpergebeten ändert sich auch der Eindruck der Umgebung.

Die katholische Tradition bietet eine Geste an, um »den heiligen Raum« zu öffnen, und zwar das Kreuzzeichen:

1. Das *kleine Kreuzzeichen* macht man mit einem Finger (meist mit dem Daumen) oder auch mit mehreren Fingern entweder an der Stirn, am Mund und an der Brust oder auch auf Gegenständen oder anderen Personen (zum Beispiel Eltern auf der Stirn ihrer Kinder).
2. Beim *großen Kreuzzeichen* führt man die Hand von der Stirn zur Brust und von der linken zur rechten Schulter.
3. Ein *weiterer Vorschlag* ist, die Übungsbewegung für das »Kindlein« (siehe den Abschnitt »Embodied Prayers zu den acht Bedürfnistypen«) mit den Worten »Im Namen des Vaters und des Sohnes und des Heiligen Geistes« zu verbinden.

Mitten im Alltag gibt es heilige Räume. Das erfuhr Mose in seiner Berufungsgeschichte von Gott, als ihn beim Schafehüten die Erscheinung eines brennenden Dornbuschs überraschte:

> *»Da sprach Mose: ›Ich will hingehen und diese wundersame Erscheinung besehen, warum der Busch nicht verbrennt!‹ Als aber der Herr sah, dass er hinging, um zu sehen, rief Gott ihn aus dem Dornbusch und sprach: ›Mose, Mose!‹ Er antwortete: ›Hier bin ich!‹ Da sprach er: ›Tritt nicht herzu!* Ziehe deine Schuhe von deinen Füßen; denn der Ort, wo du stehst, ist heiliges Land‹ *[Hervorhebung durch die Autorin.] Und er sprach: ›Ich bin der Gott deines Vaters, der Gott Abrahams, der Gott Isaaks und der Gott Jakobs!‹ Und Mose verhüllte sein Angesicht; denn er fürchtete sich, Gott anzuschauen« (Ex 3, 3–6).*

Neben dem Schreibtisch oder der Spülmaschine einfach die Schuhe auszuziehen und nur einen Moment lang innezuhalten kann demzufolge also auch ein Gebet sein!

Grundlegende Embodied Prayers

Im Folgenden werden grundlegende Embodied Prayers vorgestellt. Alle diese Gebete finden Sie auch als Video-Anleitungen zum Herunterladen unter dem Link auf Seite 321. Die drei ausgewählten Gebete gehören zu den Grundlagen des jüdischen und christlichen Glaubens und berühren elementare Bedürfnisse. Solche Gedanken und Bewegungsabläufe können täglich geübt werden, ohne sich abzunutzen – so wie Wasser oder Licht täglich eine lebenserhaltende Wirkung hat.

Gebete, die helfen, sich zu schützen, neu zu orientieren, dankbar zu werden und Lasten abzugeben, können im Grunde nicht langweilig werden, da jeder Tag neuen Bewältigungsbedarf mit sich bringt.

Innerliche Grundhaltung zu Gebeten

- *Geschenk und Präsenz:* Ob ich die Gebete als etwas Wertvolles aufnehme, hängt von meiner Haltung dazu ab: Sie können als Geschenke, als »Präsente«, erfahren werden. Eine duftende Rosenblüte nimmt man in besonderer Weise in die Hand, behutsam, neugierig und vielleicht sogar liebevoll.
- *Zeit zum Lernen:* Das Einüben von Texten und Bewegungen braucht seine Zeit, daher sollten Sie sich lieber nicht überfordern und frustriert werden. Fangen Sie mit einem Gebet an, es kann die »Versorgung« für längere Zeit »sicher«stellen.
- *Es genügt, das Gebetswort einmal zu sprechen:* Es ist hinreichend, das Wort bei der ersten Durchführung *einmal* innerlich oder laut mitzusprechen und, wenn die Bewegung wiederholt wird, zu schweigen
- Das lässt sich vergleichen mit einem Kompost, der zu Anfang »geimpft« wird, um sich in eine heilsame Richtung zu entwickeln: Statt Fäulnis- und Schimmelbakterien können »gesunde« Bakterien die angestrebte Verwandlung übernehmen. Mit den Worten, die bewusst gesprochen werden, kann ich beeinflussen, in welche Richtung ich mein inneres, mentales »Milieu« führen möchte.
- *In der Bewegung den Fluss verlangsamen und in einer Gebärde innehalten:* Wenn ich allein übe, habe ich die Freiheit, Bewegungen nach Belieben zu verlangsamen und in der Gebärde innezuhalten. »Haltung« kommt von »halten«. Dazu ist Anhalten nötig. Der Übergang in die stille, innehaltende Bewegung vertieft und unterstützt es auf wertvolle Weise, Gottes Gegenwart auch hinter den Worten und Bildern in der Stille zu erfahren.
- *Ins Schweigen übergehen:* Wenn das Bedürfnis entsteht, ins göttliche Schweigen »einzutauchen«,[85] soll es willkommen sein. Auf die

Frage, wie wir beten können, bot Jesus das Vaterunser an – mit der Vorbemerkung: »Euer Vater weiß, was ihr braucht, ***ehe*** ihr darum bittet« (Mt 6, 8). Bitten und Beten kann in ein Schweigen vor Gott übergehen, das immer tiefer wird.

Aaronitischer Segen

Der aaronitische Segen (Num 6, 24 ff.) ist der älteste hebräische Segen im Alten Testament. Er lädt in den persönlichen Schutz unter dem Segen des Höchsten ein. Wenn ich einen guten, geschützten Ort um mich oder in mir aufbaue, werde ich unabhängiger von der Zuwendung oder Meinung anderer Menschen. Es befreit und löst auch Unsicherheiten, soziale Ängste und Menschenfurcht. Denn mit einem persönlichen Bodyguard von höchster Stelle geht schon was, wie ein schönes Wort weiß: »Wo Gottesfurcht wächst, muss Menschenfurcht weichen.« Mit »Gottesfurcht« ist allerdings nicht gemeint, dass ich Angst vor Gott haben muss. »Furcht« meint hier »Ehrfurcht«, »Aufmerksamkeit« und »Wachheit«: nicht stumpf zu werden gegenüber dem Heiligen, sondern jeden Moment damit zu rechnen, dass es Gott gibt. Dass er tatsächlich in mein Leben hineinwirken kann und ich vielleicht über das Unerwartete und Andere Gottes überrascht oder erschreckt bin, ein Erschrecken im positiven Sinne.

Wenn das Leben wie im Spiel »Die Reise nach Jerusalem« erlebt wird, breitet sich Menschenfurcht aus: Es gibt nicht genügend Platz. Weil nicht jeder einen Stuhl bekommt, muss man darum kämpfen. Und so kommt *competition* anstelle von *cooperation* ins Spiel, Wettbewerb statt Zusammenarbeit: Zur Selbstabsicherung und -beruhigung muss ich mich stets mit anderen messen und vergleichen, um meinen Platz zu sichern.

Doch wenn ich mir öfter zum Beispiel durch dieses Körpergebet die Erfahrung gönne, dass es für jeden einen guten Platz gibt (auch der

Platz, auf dem ich gerade bin), kann sich mein Selbst wieder beruhigen und sicher fühlen.

Gottes Angesicht taucht gleich mehrmals in dem Segen auf. Es leuchtet dabei sogar. Augen sind – nicht nur für Kinder – eine großartige Quelle der Ermutigung und Stärkung. Schon Säuglinge suchen nach dem liebevoll spiegelnden Glanz im Auge der Eltern. In den meisten Konfliktsituationen, die ich in meiner Beratungspraxis hatte, lag die Lösung darin, dass ein Gefühl oder Bedürfnis »gesehen« wurde, das bis dahin nicht erkannt oder bemerkt worden war: »Endlich hat jemand verstanden, worum es mir eigentlich geht.« Allein schon dieser Moment löst Druck und befriedigt. Dann kann man sich erst einmal zurücklehnen. Selbst wenn dann das Bedürfnis unerfüllt bleibt, hat sich die Situation wesentlich geändert.

Im aaronitischen Segen, dem ersten unserer grundlegenden Embodied Prayers, werden drei Räume betont:

1. Die *erste Segensbitte* berührt mich selbst und den persönlichen Raum direkt vor mir.
2. In der *zweiten Bitte* öffnet sich der Horizont durch das Ausbreiten der Arme: Es gibt nicht nur ein Ich, es gibt auch ein Du in dieser Welt. Und über allen diesen Beziehungen leuchtet Gottes Angesicht: ein Lächeln, das so breit werden kann wie meine ausgebreiteten Arme.
3. Die *dritte Bitte* schließt den Himmel mit ein: das Du Gottes, das Angesicht über mir, dessen Frieden auf mich herabströmt, durch den Körper und alle Organe.

Gottes Angesicht ist das freundlichste Gesicht der Welt. Unter seinem Angesicht kann ich das werden, was ich im Grunde bin.

»Aaronitischer Segen«

Gebet	Bewegungsablauf
Der Herr segne mich	*Von der Grundhaltung aus (siehe den Abschnitt »Stehen«) das Gewicht nach vorn bringen und mit dem Streckreflex beide Arme vor dem Körper bis auf Schulterhöhe anheben, die Bewegung wird dabei von den Handgelenken angeführt. Dann die Hände mit den Handflächen nach unten zum Körper heranziehen.*
und behüte mich.	*Hände nach unten absenken (unter den Händen »behütet« sein), die Handgelenke gehen wieder voran, unten die Hände entspannen und das Gewicht auf die Mitte der Ferse (Sitzbeinhöcker) zurückbringen.*
Der Herr lasse sein Angesicht	*Gewicht nach vorn verlagern, Arme vorm Körper wieder bis auf die Schulterhöhe anheben.*
leuchten über mir	*Arme zu beiden Seiten öffnen und ausbreiten (wie ein Lächeln übers ganze Gesicht). Arme wieder vor dem Körper zusammenführen.*
und sei mir gnädig.	*Arme absenken, gegebenenfalls mit der Vorstellung, dass ich auch das kleine Kind in/vor mir segnen kann. Gewicht auf die Mitte der Ferse (Sitzbeinhöcker) zurückbringen.* *Alternativ zum Absenken: die Hände über Kreuz über der Brust zusammenführen und dann absenken.*

Der Herr erhebe sein Angesicht	*Etwas in die Knie gehen und mit Schwung aus den Beinen die Arme ganz nach oben über den Kopf führen.*
über mir,	*Arme zu beiden Seiten ausbreiten.*
und er schenke mir seinen Frieden.	*Arme oben wieder schließen. Beide Hände rechts und links mit Handflächen zueinander im Abstand eines vorgestellten »Friedensstroms« zwischen den Händen von oben reinigend und heilend vor dem Körper herabführen.* *Gewicht auf die Mitte der Ferse (Sitzbeinhöcker) zurückbringen.*

EP *Abendvariation mit altkirchlichem Abendgebet zur selben Körperübung*

Gebet	Bewegungsablauf
Unser Abendgebet steige auf zu dir, Herr.	*In der Grundhaltung (siehe den Abschnitt »Stehen«) Arme schulterhoch anheben.*
Und es senke sich auf uns herab dein Erbarmen.	*Arme senken.*
Dein ist der Tag,	*Arme schulterhoch anheben und ausbreiten.*

und dein ist die Nacht.	*Arme vorn schließen und absenken.*
Lass, wenn des Tages Schein erlischt,	*Arme über den Kopf anheben.*
das Licht deiner Wahrheit uns leuchten.	*Arme ausbreiten.*
Geleite uns zur Ruhe der Nacht,	*Arme wieder nach vorn oben führen.*
und vollende dein Werk an uns in Ewigkeit.	*Arme nach unten führen.*

Der Herr ist mein Hirte

Das zweite grundlegende EP ist Psalm 23: Der Herr ist mein Hirte. Die Bilder von der grünen Weide (Aue) und vom frischen Wasser, vom gedeckten Tisch und dem Gesalbtwerden mit Öl sind eine unerschöpfliche Embodiment-Ressource. Viele Generationen und Menschen bereuten es nicht, diesen Psalm auswendig gelernt zu haben.

Auch wenn wir in der heutigen Wirklichkeit nur selten Hirten erleben, weckt die Vorstellung ein Gefühl der Geborgenheit. Der Bewegungsablauf dieser Übung folgt der Vorstellung, sich in einen Schutzmantel zu hüllen beziehungsweise sich in einem Hirtenschutzmantel zu bergen.

Die Übung, die diesem Psalm zugeordnet wird, nennt sich in den östlichen Praktiken auch »Qi-(Lebensenergie-)Mantel«: Der Körper wird von unten bis oben über den Kopf, von hinten bis vorn »eingehüllt«. Das erinnert an die Darstellungen der »Schutzmantelmadonna« seit dem 13. Jahrhundert, die auf den Rechtsbrauch des Mantelschutzes zurückgehen, wonach man einer Person durch Bedecken mit seinem Mantel rechtlichen Schutz gewähren konnte.

Das Bedürfnis nach Schutz wird gestillt. So unterstützt diese Übung die Regeneration durch das vagale Nervensystem dabei, den Hebel von »Stress« auf »Auftanken« umzustellen. Oft legt genau dieses EP das entscheidende »Quäntchen« Gewicht in die »Waagschale der Sicherheit«, um in ein tiefes Gleich*gewicht* zu kommen.

Ein weiterer Aspekt neben dem Geschütztsein ist es, versorgt und genährt zu werden. Wenn ich solche Nahrungsquellen in Gott habe, brauche ich nicht in Panikstimmung zu geraten, dass ich zu kurz kommen könnte. Ich kann auch Durststrecken durchhalten und warten. Für viele Wachstumsprozesse ist Warten und Geduld wesentlich. Geduld kann ich dann entwickeln, wenn ich einen Pool in mir habe, der mein Defizit ausgleicht, das beim Warten, also beim »Noch-nicht-Haben« oder »Noch-nicht-Sein«, entsteht. Wenn meine »inneren Schäflein auf dem Trockenen« sein dürfen, kann ich auch Hochwasser überstehen. Mit diesem Psalm kann man leben und sterben …

EP *»Der Herr ist mein Hirte«*

Gebet	**Bewegungsablauf**
Der Herr ist mein Hirte,	*In der Grundhaltung (siehe den Abschnitt »Stehen«) Hände auf der Körpermitte unter dem Nabel übereinanderlegen und die innere Achse spüren (vom Boden bis zum Himmel).*
mir wird nichts mangeln.	*Beide Arme zur Seite hin öffnen.*

Er weidet mich auf einer grünen Aue	*Die rechte Hand zum Herzen führen, dabei um die eigene Achse nach links drehen (den Horizont ins Auge nehmen und, wenn er schön ist, sich an der »Augenweide« laben).*
und führet mich zum frischen Wasser.	*Oberkörper um die eigene Achse zurück nach rechts drehen und dabei die linke Hand über der rechten Hand und Brust schließen, in die Dehnung spüren (Drehbewegungen reinigen und »wringen« die Faszien aus).*
Er erquicket meine Seele.	*In die Mitte zurückkommen, Gewicht wieder auf die Fersenmitte (Sitzbeinhöcker) zurückbringen, die überkreuzten Unterarme von der Brust lösen und nach vorn öffnen (gegebenenfalls mit der Vorstellung, dass himmlische »Erquickung« über die Hände und Arme ins Herz fließt).*
Er führet mich auf rechter Straße	*Ellbogen nach außen öffnen, beide Handflächen dabei nach unten drehen und übereinanderlegen.*
um seines Namens willen.	*Die Handflächen umfassen sich (wie bei einem Vertrag).*
Und ob ich schon wanderte im finstern Tal,	*Hände lösen und seitlich vom Körper (Handfläche nach unten) nach unten führen.*
fürchte ich kein Unglück,	*Rechts und links rund um den Körper (»entlang dem Schutzmantelsaum«) nach hinten führen.*

denn du bist bei mir,	*Beide Hände hinter den Rücken führen, die Handflächen zeigen nach vorn, bei Bedarf auch beide Hände hinten auf die Nieren legen.*
dein Stecken und Stab trösten mich.	*Beide Hände mit Daumen nach vorn gerichtet seitlich des Brustkorbs und unter den Achseln hindurch bis auf die Schulterhöhe nach oben führen.*
Du bereitest vor mir einen Tisch	*Hände rechts und links über die jeweilige Schulter halten.*
im Angesicht meiner Feinde.	*Hände in leichtem Abstand wie eine schützende Kapuze hinter/seitlich des Kopfes halten.*
Du salbest mein Haupt	*Hände über den Kopf führen (bei Bedarf auf dem Scheitel auch ablegen).*
mit Öl	*Beide Arme mit einander zugewandten Handflächen nach oben ausstrecken.*
und schenkest mir voll ein.	*Beide Hände von oben herabführen (entlang einem breiten, vorgestellten Öl- oder Wasserstrahl, der »voll eingeschenkt« wird).*
Gutes	*Die rechte Hand aufs Herz legen.*
und Barmherzigkeit werden mir folgen	*Die linke Hand über die rechte Hand legen (überkreuzend).*

mein Leben lang,	*Der Oberkörper schwingt etwas nach rechts und links.*
und ich werde bleiben	*Gewicht zurück auf die Mitte der Ferse (Sitzbeinhöcker).*
im Hause des Herrn immerdar.	*Die Hände in die Ausgangsposition bringen.*

Das Vaterunser

Das dritte Gebet stammt aus dem Neuen Testament. Es ist das Gebet, »das Jesus gelehrt hat«: das Vaterunser (Mt 6, 9–13). Im Vaterunser kommen gleich mehrere Grundbedürfnisse zum Tragen: Orientierung (Wohin wende ich mich? Zu dir, meinem Vater im Himmel), Ehrfurcht und Demut (Was ist mir heilig? Dein Name), Bitten um die tägliche Nahrung, Vergebung und Erlösung (eine »Spezialität« Gottes, die verwandelt und fröhlich macht), gekrönt von einem dankbaren Hymnus auf Gottes Kraft und Herrlichkeit.

Das alles sind Dinge, die durch jeden Tag führen und nicht nur an Feiertagen gelten. Vor allem wenn ich dieses Gebet, obwohl es so vertraut ist, nicht dissoziativ (an mir vorbei), sondern assoziativ bete, indem die Worte wirken, sich entfalten und mit mir verbinden können. (Die Übung lehnt sich an die sogenannte »Fünf-Elemente-Übung« an.[86])

»Das Vaterunser«

Gebet	Bewegungsablauf
Vater	*In der Grundhaltung (siehe den Abschnitt »Stehen«) Gewicht von der Ferse (Sitzbeinhöcker) nach vorn verlagern, die Arme heben sich vor dem Körper mit dem Streckreflex bis auf Schulterhöhe.*
unser	*Die Hände werden zum Körper herangezogen (Handflächen zum Boden) und dann vor dem Körper wieder abgesenkt, Gewicht zurück auf die Mitte der Ferse (Sitzbeinhöcker).*
im Himmel.	*Gewicht nach vorn verlagern, die Arme heben sich vor dem Körper bis auf Kopfhöhe.*
Dein Name werde geheiligt.	*Die Hände werden vor dem Herzen in Form einer Knospe zusammengeführt, als hielten sie einen kostbaren Schatz, zum Beispiel einen Diamanten oder ein Licht zwischen den Handflächen.*
Dein Reich komme.	*Rücken lang machen, in die Knie gehen und beide Hände bis auf Kniehöhe absenken, dann mit den Handflächen nach unten zwei Kreise nach rechts und links außen beschreiben, als breite man Samen oder Wurzeln aus.*
Dein Wille geschehe,	*Die Hände werden wieder zusammengelegt (mit den Fingerspitzen nach oben) und nach oben geführt.*

wie im Himmel	*Mit den zusammengelegten Händen über dem Kopf den Körper strecken.*
so auf Erden.	*Arme öffnen sich nach rechts und links.*
Unser tägliches Brot gib uns heute.	*Arme schließen sich vor dem Körper kreisförmig, als trage man einen großen Brotlaib in den Armen, der für einen langen Tag reicht.*
Und vergib uns unsere Schuld,	*Mit dem Gewicht in den rechten Fuß sinken, den linken Fuß etwas nach außen öffnen, Hände mit Handflächen nach außen zum Körper heranziehen. Der Oberkörper dreht nach links, und die Hände schieben sich nach vorn, die Finger bewegen sich wie Flammen (in denen sich die »Schuld« auflösen kann).*
wie auch wir	*Gewicht wieder in die Mitte auf beide Füße (Sitzbeinhöcker) bringen. Arme sind kreisförmig vor dem Körper (wie bei »Unser tägliches Brot …«).*
vergeben unseren Schuldigern.	*Mit dem Gewicht in den linken Fuß sinken, den rechten Fuß etwas nach außen öffnen, Hände mit Handflächen nach außen zum Körper heranziehen und dann (Oberkörper nach rechts gedreht) die Hände nach vorn schieben. Die Finger bewegen sich wie Flammen.*

Und führe uns	*Gewicht wieder auf beide Beine in die Mitte zurückbringen, dabei jedoch rechten und linken Arm noch ausgestreckt nach rechts beibehalten, die linke Hand wird langsam nach links über die Brust und das Herz »geführt«, bis auch der linke Arm nach links wieder ganz ausgebreitet ist (Handflächen nach oben offen).*
[doch] nicht in Versuchung,	*Die Arme werden so gedreht, dass die Handflächen nach unten weisen.*
sondern	*Beide Hände werden mit den Handflächen nach unten vor der Brust zusammengeführt (links über rechts).*
erlöse uns	*Beide Hände werden umgedreht, sodass die Handflächen nach oben offen sind, die Arme mit den Händen (nach oben offen) nach vorn ausstrecken und danach zur Seite ausbreiten.*
von dem Bösen.	*Arme werden gedreht, sodass die Handflächen nach unten weisen. Die Arme absenken.*
Denn dein ist das Reich	*Beide Arme über die linke Seite in einem Halbkreis bis nach oben führen.*
und die Kraft	*Arme absenken, die Handflächen sind einander zugewandt (gegebenenfalls mit der Vorstellung, dem himmlischen »Kraftstrom« zwischen den Händen zu folgen).*

und die Herrlichkeit	*Beide Arme über die rechte Seite in einem Halbkreis bis nach oben führen.*
in Ewigkeit.	*Arme absenken, die Handflächen sind einander zugewandt (gegebenenfalls mit der Vorstellung, sich eine »kleine oder größere Ewigkeit« Zeit nehmen zu dürfen). Gewicht zurück auf die Mitte der Ferse (Sitzbeinhöcker) bringen. Hände übereinander auf das untere Dantian (feinenergetischer Schwerpunkt des Menschen unterhalb des Nabels) legen.*

Persönliche Embodied Prayers zu den acht Bedürfnistypen

Im Kapitel »Bedürfnistyp und Test« werden Sie unterstützt, Ihren persönlichen Bedürfnistyp über einen Test oder eine spontane Auswahl herauszufinden (siehe den Abschnitt »Spontane Direktauswahl eines Verses«). An dieser Stelle gebe ich Ihnen nun noch einmal einen Überblick über die acht Embodied Prayers mit ihrer Zuordnung zu den jeweiligen Bedürfnistypen. Auch hier stehen Ihnen für sämtliche der nachfolgenden Körpergebete Anleitungsvideos zur Verfügung (siehe Link Seite 321), mit deren Hilfe Sie die einzelnen Bewegungsabläufe nachvollziehen können.

Die Zuordnung der acht EPs zu den Bedürfnistypen

EP	Bedürfnistyp	Spezifika
1. Kindlein	warmherzig (W)	*Bedürfnis nach Nähe, Bindung, Zugehörigkeit* *»Geborgenheit in sich und Gott finden«*
2. Engel	warmherzig/ korrekt (W/K)	*Bedürfnis nach Bindung, Sicherheit* *»Einen heiligen Horizont öffnen«*
3. Berg	korrekt (K)	*Bedürfnis nach Sicherheit, Dauer* *»Sich mit Sorgfalt schützen«*
4. Schemel Gottes	korrekt/ sachlich (K/S)	*Bedürfnis nach Sicherheit, Autonomie* *»Sich vor Gott orten und ordnen«*
5. Baum	sachlich (S)	*Bedürfnis nach Autonomie* *»Neue Kraft schöpfen«*
6. Weite	sachlich/unkonventionell (S/U)	*Bedürfnis nach Autonomie, Wechsel* *»Lust an Spannung und Lösung«*
7. Flügel	unkonventionell (U)	*Bedürfnis nach Abwechslung, Lust* *»Gehalten werden im Fliegen«*
8. Friedensstrom	unkonventionell/ warmherzig (U/W)	*Bedürfnis nach Abwechslung und Bindung* *»Auf den grünen Zweig kommen«*

1. Kindlein (W) – Geborgenheit in sich und Gott finden

Das Bedürfnis nach einer tragenden Bindung und Geborgenheit ist elementar. Doch manche haben keine so guten Erinnerungen an ihre eigene Mutter. Menschen, die mit ihrer realen Mutter wenig Wohltuendes verbinden, möchte ich ermutigen, eine immer konkretere Vorstellung zu entwickeln, wie eine ideale Mutter ist: Was für eine Ausstrahlung hat sie? Was bietet sie an? Was tut sie und lässt sie? Wie lächelt sie?

Dieser Vers steht am Ende eines kurzen Psalms, in dem es um Geborgenheit geht. Bemerkenswert ist, wie dieser Psalm beginnt: »Herr, mein Herz ist nicht hochmütig, und meine Augen sind nicht stolz. Ich gehe nicht um mit großen Dingen, die mir zu wunderbar sind« (Ps 131, 1). Die Erkenntnis des Tages kann sein: Nach »großen Dingen« zu streben ist nicht das, was Geborgenheit schenkt, sondern eher verhindert.

»Kindlein« (Ps 131, 2f.)

Gebet	Bewegungsablauf
Meine Seele ist still	*In der Grundhaltung (siehe den Abschnitt »Stehen«) das Gewicht von der Mitte der Ferse (Sitzbeinhöcker) nach vorn verlagern, die Knie leicht beugen und dabei beide Arme bis auf Schulterhöhe anheben. Diese Bewegung wird von den Handgelenken angeführt (Hand/Finger folgen nach).*
und ruhig geworden.	*Beide Arme (Handflächen nach unten offen) zum Körper heranziehen, Ellbogen dabei entspannt nach unten, Arme und Hände absenken (dabei die Handflächen abwinkeln, sodass sie weiterhin zum Boden zeigen). Gewicht zurück auf die Fersenmitte (Sitzbeinhöcker) bringen.*

Wie ein kleines Kind bei seiner Mutter.	*Wiederholung dieser Bewegung: Gewicht wieder nach vorn verlagern, aus den Knien die Arme bis auf Schulterhöhe anheben und wieder absenken.*
Wie ein kleines Kind bei seiner Mutter – so ist meine Seele in dir.	*Weitere Wiederholung.*

Je nach Bedarf schweigend den Bewegungsablauf wiederholen und/oder absenken. Nachspüren (ein, zwei Atemzüge genügen).

Die Bewegungen vom Brustbein beim Atmen wahrzunehmen und körperliche Weite im Brustraum zu spüren ist besonders für Menschen mit warmherzigem Bedürfnistyp ein Embodiment-Zugang, der auch spirituell ist: für Gott die innere Kathedrale zu öffnen.

2. Engel (W/K) – Einen heiligen Horizont öffnen

Von Engeln umgeben zu sein, behütet und getragen, ist eine ganz besondere Unterstützung. Manche kennen diesen Vers aus Felix Mendelssohn-Bartholdys Elias-Oratorium. Es lohnt sich, Psalm 91 im Ganzen zu lesen, denn das Thema der »Ruhe, Sicherheit und Bewahrung« bei allen Bedrohungen zieht sich durch den ganzen Text. Als junges Mädchen habe ich in meiner ersten Bibel über diesen Psalm gekritzelt: »Wirkt ganz arg beruhigend«. Später, als ich Mutter wurde, betete ich den ersten Vers dieses Psalms vor dem Einschlafen unseres Sohnes: »Wer unter dem Schirm des Höchsten sitzt …«

»Die Hände sind der ›geistigste Teil‹ des menschlichen Körpers, ein Meisterwerk des Schöpfers. Mit ihnen können wir unsere Seele am besten ausdrücken.«[87] Auch die Hände der Engel kommen in diesem Psalm »zum Tragen«.

»Engel« (Ps 91, 11 f.)

Gebet	Bewegungsablauf
Denn du hast deinen	*In der Grundhaltung (siehe den Abschnitt »Stehen«) Gewicht nach vorn bringen, mit den Handflächen nach innen beide Arme bis auf Schulterhöhe anheben.*
Engeln befohlen über mir,	*Auf Schulterhöhe die Handflächen nach oben öffnen und die Arme ausbreiten.*
dass sie mich behüten auf allen meinen Wegen,	*Handflächen nach unten drehen (»mich behüten«) und die Arme wieder vor dem Körper zusammenführen.*
dass sie mich auf Händen tragen	*Handflächen wieder nach oben drehen (»auf Händen tragen«) und dann die Arme wieder ausbreiten.*
und ich meinen Fuß nicht an einen Stein stoße.	*Handflächen nach unten drehen und die Arme wieder zusammenführen.*

Je nach Bedarf schweigend das Öffnen und Schließen der Arme wiederholen. Die Arme absenken. Gewicht zurück auf die Mitte der Ferse (Sitzbeinhöcker) bringen.

Die Bewegungen entsprechen in fernöstlichen Traditionen der Übungsreihe der Organ-Funktionskreise für Darm/Lunge und Haut.

3. Berg (K) – Sich mit Sorgfalt schützen

Die beiden Verse stammen aus einem Psalm Mosis und rahmen ihn als Anfangs- und Schlussvers ein. Moses führte das Volk Israel im »Exodus« aus der Knechtschaft Ägyptens durch die Wüste in das verheißene Land, in dem »Milch und Honig fließen«. Milch mit Honig ist ein wunderbares Getränk zur Beruhigung und Entspannung.

Auch dieser Psalm vermittelt eine tiefe Ruhe vor dem Hintergrund der Ewigkeit in Gottes Händen. Die Vorstellung, bei Gott Zuflucht zu finden, sich in seinen schützenden Grenzen »wie in einer zweiten Haut« wohl zu fühlen und zugleich die Mitte zu finden, ist für »korrekte« Menschen ein wertvoller körperlicher Zugang. Ein »Fels in der Brandung« ist bereits ein starkes Bild für Stabilität, noch stabiler sind Berge und Erde. Bei Gott Zuflucht zu suchen toppt diese Sicherheit noch: Er ist und war da, »... ehe denn die Berge wurden«.

In dieser Übung kommt zum ersten Mal auch körperlich die Vertikale ins Spiel, indem die Arme über den Kopf geführt werden.

Das Element Metall, das auch in Verbindung mit Planen und Antizipation, strategischem Denken und Schutz steht, findet einen Ausdruck in diesem Körpergebet. Der Beter fragt nach Sicherheiten, die nachhaltiger sind als Metallschätze wie Gold und Silber und tiefer gegründet sind als Berge – und findet sie beim Höchsten.

EP »Berg« (Ps 90, 1–2, 14)

Gebet	Bewegungsablauf
Herr, du bist meine Zuflucht für und für.	*In der Grundhaltung (siehe den Abschnitt »Stehen«) die Handflächen zum Körper drehen. Sich die innere Achse bewusst machen. Mit dem Gewicht und beiden Armen nach vorn kommen, die Arme vor dem Körper bis ganz nach oben führen (gegebenenfalls mit dem Einatmen).*
Ehe denn die Berge wurden	*Gewicht auf die Fersenmitte (Sitzbeinhöcker) zurückbringen und dabei die Arme seitlich weit ausbreiten (ausatmen).*
und die Erde geschaffen wurde,	*Arme ausgebreitet halten, beide Handflächen nach unten drehen und zu beiden Seiten ausdehnen.*
bist du, Gott,	*Arme wieder nach oben öffnen und über dem Kopf zusammenführen (einatmen).*
von Ewigkeit zu Ewigkeit.	*Beide Arme in handbreitem Abstand zueinander mit Handflächen nach innen langsam vor dem Körper herabführen (ausatmen).*

Gegebenenfalls zweiter Teil:

Fülle mich frühe	*Wiederholung wie oben: Arme vor dem Körper nach oben führen (einatmen).*

mit deiner Gnade,	*Gewicht auf Fersenmitte (Sitzbeinhöcker) und die Arme seitlich öffnen (ausatmen).*
so will ich dich rühmen	*Arme nach oben schließen (einatmen).*
und fröhlich sein mein Leben lang.	*Arme vor dem Körper nach unten führen.*

Die Übung gehört durch die Dehnung des Brustkorbs und die Aktivierung der Handgelenke zu den Übungen für den Lungen-Meridian.

4. Schemel Gottes (K/S) – Sich vor Gott orten und ordnen

In diesem Vers steht die Anbetung Gottes im Vordergrund. Der Beter streckt sich nach dem Heiligen aus. Bibelverse, in denen das »Heilige« auftaucht, wurden in der Umfrage signifikant häufig von sachlicheren und korrekteren Bedürfnistypen präferiert.

In diesem Embodied Prayer streckt sich der Körper in seiner vertikalen Achse ganz nach oben, und erst nach der »höchsten Anspannung« löst sich die Spannung, und er sinkt mit dem Gewicht auf die Fersen (beziehungsweise Sitzbeinhöcker) zurück, wodurch sich auch die Schultern lösen können. Mit dieser Lösung lässt sich auch der persönliche Ort vor Gott finden: dass nur Gott wie Gott ist, während ich Mensch sein darf. Erst recht in seiner Gegenwart.

Ebenfalls stellt sich die Frage nach Haltung und Gehaltenwerden: Wie viel halte ich (mich) selbst, und wie viel *werde* ich gehalten? Wie spannt sich die innere Achse zwischen Himmel und Erde auf? Und wie ändert sich das im Ablauf dieser Übung? Beim Zurücksinken auf die Ferse nach der Streckung kann das Gewicht wieder an die Erde zurückgegeben werden, und man kann sich entspannen.

Solange der menschliche Körper lebendig ist, entspannt er nie komplett – es sind immer auch Haltemuskeln involviert, die ein feines Zusammenspiel von Körperschema und Wahrnehmung des eigenen Körpers (Propriozeption) ermöglichen.[88] Doch bei der Dosierung darf ich mit entscheiden.

»Schemel Gottes« (Ps 99, 5, 9)

Gebet	Bewegungsablauf
Ich erhebe dich, mein Herr, denn du bist heilig.	*In der Grundhaltung (siehe den Abschnitt »Stehen«) die innere Körperachse von unten nach oben erspüren, das Gewicht von der Mitte der Ferse (Sitzbeinhöcker) nach vorn verlagern, den linken Arm (das Handgelenk führt) vor dem Körper nach oben führen und in die Dehnung nach oben ausstrecken, bis der Mittelfinger »den Himmel berührt«.*
Und ich bete an vor dem Schemel des Herrn.	*Gewicht auf die Mitte der Ferse (Sitzbeinhöcker) zurückbringen, Schultern lösen und erst dann den Arm seitlich (Handfläche nach vorn) hinter dem Ohr vorbei nach unten führen.* *Pause.*
Ich erhebe dich, mein Herr, denn du bist heilig.	*Den rechten Arm (in gleicher Weise wie zuvor den linken) vor dem Körper nach oben führen und in die Dehnung nach oben ausstrecken.*

Und ich bete an auf deinem heiligen Berg.	*Auf die Fersen (Sitzbeinhöcker) zurücksinken, Schultern lösen und den Arm seitlich am Ohr vorbei nach unten führen.* *Diese Übung kann auch durch eine Gebetsgebärde der Verneigung (Oberkörper nach vorn neigen) oder durch Niederknien abgeschlossen werden.*

Die Übung lehnt sich an die erste Übung der sogenannten »Drachenherz«-Reihe an.

5. Baum (S) – Neue Kraft schöpfen

Der Vers aus Psalm 1 steht in Verbindung mit dem Bedürfnis nach Autonomie, Selbstwahrnehmung und Grenzensetzen. Und in der Tat: Wer – im wörtlichen wie im übertragenen Sinne – an einer Quelle gepflanzt ist, kann als Solitärpflanze »für sich stehen« und ist auch in Dürrezeiten versorgt, unabhängig und autonom. Er ist im besten Sinne verwurzelt und entwurzelt nicht. Und die »Verwurzelung«, so Simone Weil, »ist wohl das wichtigste und am meisten verkannte Bedürfnis der menschlichen Seele«.[89]

Durch diese Körperübung vermittelt sich auch wieder die Grundhaltung (siehe den Abschnitt »Stehen«): unten fest verwurzelt – oben frei und leicht. Das hängt miteinander zusammen, denn weil ich unten fest und bewusst stehe (»geerdet« bin), kann ich oben frei und leicht (»kreativ«) werden. Allein schon das Spüren der Atmung im unteren Leib ist für sachliche Menschen eine wertvolle körperliche Ressource.

»Baum« (Ps 1, 2f.)

Gebet	Bewegungsablauf
Wer Freude hat am Gesetz des Herrn,	*In der Grundhaltung (siehe den Abschnitt »Stehen«) aus den Knien die Arme mit Schwung vor dem Körper nach oben führen (Handflächen nach innen einander zugedreht).*
ist wie ein Baum,	*Arme seitlich öffnen und ausbreiten.*
der gepflanzt ist am Bach,	*Arme oben zusammenführen, den Rücken lang werden lassen, die Arme wieder nach unten hinten zurückschwingen lassen.*
der seine Frucht bringt	*Arme wieder nach oben bringen.*
zu seiner Zeit […],	*Arme wieder seitlich öffnen und ausbreiten.*
und was er macht,	*Arme wieder nach oben bringen, Rücken lang werden lassen.*
gerät ihm wohl.	*Arme nach unten fallen lassen und mit dem Restschwung nach vorn die Hände über dem Bauch zusammenlegen (oder bei Bedarf schweigend wiederholen).*

In dieser nach östlicher Tradition »Yang« (»männliches« Prinzip) zugeordneten Übung wird die Lebenskraft Chi mit dem Himmel verbunden.

6. Weite (S/U) – Lust an Spannung und Lösung

Die Worte aus Psalm 18 stecken voller Aufbruch. Gott unterstützt den Betenden hier mit der Energie, die in manchen Situationen und Systemen nötig ist, um aus- und aufzubrechen. Die Lust wird wach – ein wichtiges Thema für den unkonventionellen Bedürfnistyp. In der Übung liegt das Augenmerk auf dem Spiel zwischen »aktiv« und »passiv«, »anspannen« und »lösen«, »initiieren« und »geschehen lassen«.

EP *»Weite« (Ps 18, 19f.)*

Gebet	Bewegungsablauf
Herr, du bist meine Zuversicht.	*In der Grundhaltung (siehe den Abschnitt »Stehen«) vor dem Körper beide Hände mit nach oben geschlossenen Fäusten zu sich ziehen und in der Taille ablegen.*
Du [Pause] führst mich ins Weite.	*Einatmen, Spannung aufbauen – und die linke Hand aktiv vor den Körper stoßen (die Handfläche wie einen Spaten flach machen), wieder entspannen und die Hand (wie von allein, wie passiv) mit lockerer Faust ihren Platz wiederfinden lassen.*
Du [Pause] reißt mich heraus,	*Einatmen, Spannung aufbauen und mit der rechten Hand aktiv vorstoßen.*
denn du hast Lust zu mir.	*Spannung lösen, Hand wieder passiv werden und ihren Platz an der Taille finden lassen. Gewicht zurück auf die Mitte der Ferse (Sitzbeinhöcker) bringen.*

Dies ist eine Übung aus der Reihe der Funktionskreisübungen für den Funktionskreis der Leber und des Elements Holz.

7. Flügel (U) – Gehalten werden im Fliegen

In dem Vers drückt sich das Bedürfnis aus, über Grenzen zu gehen und hinter den Horizont zu sehen, ja, bis zum »äußersten Meer« zu fliegen. Das ist wirklich eine Abwechslung, ein Abenteuer ins Unbekannte und in große Weite hinein. Es besteht also eine hohe Korrelation mit dem unkonventionellen Bedürfnistyp. Vor allem wenn der Horizont begrenzt wird von einem »Eisernen Vorhang«, wächst die Sehnsucht – und so gehörte eine Vertonung dieses Psalmtextes in der ehemaligen DDR auch zu den meistgesungenen Liedern. Darin kam der Wunsch nach Freiheit zum Ausdruck und die Idee, wenigstens im Glauben über die Grenzen zu fliegen. Für unkonventionelle Menschen ist sowohl das Erspüren körperlicher Anspannung besonders im Kieferbereich und Mundraum als auch die Erfahrung, diese Spannung mehr und mehr lösen zu können, ein wertvoller körperlicher Zugang.

EP *»Flügel« (Ps 139, 9)*

Gebet	Bewegungsablauf
Nähme ich	*Aus der Grundhaltung (siehe den Abschnitt »Stehen«) einen Ausfallschritt (kleiner Schritt, etwa 45 Grad nach links) machen, das Gewicht auf den vorderen linken Fuß legen, dabei beide Arme vor dem Körper zu einem Kreis schließen (als »nähme man etwas«).*

Flügel der Morgenröte,	*Gewicht auf den hinteren Fuß verlegen, dabei die Hände zur Brust führen und danach weit seitlich ausbreiten (die »Flügel öffnen«).*
und bliebe am äußersten Meer,	*Das Gewicht wieder auf den vorderen Fuß verlegen und in weitem Bogen die Arme nach vorn führen und fast zum Kreis schließen.*
so würde auch dort deine Hand mich führen	*Gewicht wieder auf den hinteren Fuß verlegen, Hände zur Brust und die Arme wieder weit ausbreiten.*
und deine Rechte mich halten.	*Dritte Wiederholung der Vor- und Rückwärtsbewegung.*

Übung mit Händen auf dem Unterbauch schließen oder einen Seitenwechsel mit Ausfallschritt nach rechts anschließen und auch nach rechts »die Flügel öffnen« (falls die Formulierung erfreut, hier mit »Flügeln der Abendröte«).

Dies ist die Nummer 13 der »Taiji-Qigong-Shibashi«-Übungen (»Achtzehner-Reihe«), der Übungsreihe zu den achtzehn Figuren der Harmonie: »Die Flügel öffnen«.

8. Friedensstrom (U/W) – Auf den grünen Zweig kommen

In dem Jesaja-Wort geht es um befriedigende Erfahrungen, und zwar im wahrsten Sinne des Wortes. Immer wieder hört man ein verordnetes »Jetzt sei doch endlich einmal zufrieden!«, oder man spricht vom »Zufriedensein« in Zusammenhang mit dem Aufgeben von Wünschen im Sinne einer Kapitulation – das ist hier nicht gemeint.

Anders klingt jedoch »mit sich *in Friede* sein«. Dieser Vers drückt einen lebendigen Frieden aus: Die »Kinder«, die auf den Armen getragen werden, dürfen auch »innere Kinder« sein. Gerade wenn sich innere Bedürftigkeiten wie kleine Kinder in uns melden (und schon das ist nicht selbstverständlich, da wir eher gewohnt sind, die »Störer« vor die Tür zu stellen), möchte ich sehr dazu ermutigen, diese zu würdigen und in das Körpergebet aufzunehmen. Dann bekommt das Gebet auch Kraft und Saft an einer Stelle, wo es »not-wendig« (im Sinne von »die Not wendend«) wird.

Der Vers wurde von Menschen mit hohen Werten für den warmherzigen und unkonventionellen Bedürfnistyp gewählt; das heißt, er berührt Bedürfnisse nach Nähe, Verbundenheit und zugleich nach Bewegung, Wechsel, Lebendigkeit …

EP »Friedensstrom« (Jes 66, 12 ff.)

Gebet	Bewegungsablauf
Herr, du breitest deinen Frieden aus wie einen Strom […]	*In der Grundhaltung (siehe den Abschnitt »Stehen«) beide Arme seitlich weit ausbreiten, die Handflächen sind dabei nach vorn geöffnet.*
Du wirst meine Kinder auf Armen tragen	*Mit dem rechten Arm über den Horizont zum linken Arm wandern, um dort mit dem linken Arm einen Armkreis zu schließen (Rumpf dabei ab der Taille mit nach links drehen).*
und auf Knien liebkosen.	*Den Armkreis auf Herzhöhe mitsamt Rumpf auf die rechte Seite hinübertragen.*

Du willst mich trösten, wie einen seine Mutter tröstet [...]	*Armkreis wieder nach links tragen.*
und mein Herz wird sich freuen,	*Armkreis wieder nach rechts tragen.*
und meine Gelenke werden grünen wie Gras.	*Beide Arme vorn schließen und vor dem Körper absenken.*

Dies ist die vierte Übung der Drachenherz-Reihe: »Das Herz von rechts nach links tragen«.

Hinweise zum Üben der persönlichen Embodied Prayers

Die individuellen Embodied Prayers können nach den entsprechenden Bedürfnistypen einzeln, aber auch im Zusammenhang, sozusagen als ganze »Spirale« geübt werden.

Einzelne Übung zum eigenen Bedürfnistyp

Hier geht es darum, über vier bis sechs Wochen etwa ein bis drei Minuten täglich eine einzelne Übung zu wiederholen, die dem persönlichen Bedürfnistyp entspricht. Der Zeitaufwand für dieses »Übungshäppchen« hält sich in Grenzen, doch die Wiederholung hilft dem Wort, in den Körper zu sinken. Wort und Körperübung können nun beginnen zu wirken und »in Fleisch und Blut« übergehen. Irgendwann gehören sie dann »von selbst« zu mir.

Da es um etwas geht, wonach die Persönlichkeit ein Bedürfnis hat, also einen Mangel empfindet, kann dieses Gebet wie ein bisher fehlendes Puzzlestück die innere Balance ausgleichen und stärken. Über den Körper, über ein Embodiment, wird ein sanfter Zugang zu dem persönlichen Bedürfnistyp ermöglicht – garantiert ohne Risiken und Nebenwirkungen (jedenfalls was man landläufig darunter versteht).

Die weitere Dimension der »Heilung«, die sich durch maßgeschneiderte Embodied Prayers eröffnet, haben Anselm Grün und Michael Reepen in ihrem Bändchen »Gebetsgebärden« so beschrieben:

> *»Es wäre gut, wenn wir eine Gebetsgebärde einmal über eine längere Zeit hindurch Tag für Tag üben. Wir werden dann erfahren, wie uns eine treu geübte Gebärde verändert, wie sie etwas in uns bewirkt, wie sie uns zu einer neuen Selbsterfahrung führt und wie sie uns an Leib und Seele heilt […] Sie richtet uns auf, sie bringt unser ganzes Sein in Beziehung zu Gott und bringt uns so in die rechte Form. Sie macht uns richtig, ganz, heil.«*[90]

Dabei geht es letztlich um eine dauerhafte, nachhaltige Wandlung:

> *»In den Gebetsgebärden nehmen wir die Fleischwerdung Gottes ernst. Und wir beten selbst als ganze Menschen, wie es unserem Wesen entspricht. Und nur so kann Gottes Heil uns bis in die Wurzel unseres Seins erfassen. Wenn wir nur mit dem Kopf beten, entsteht in uns ein Zwiespalt […] die Gedanken im Kopf verfliegen schnell wieder, sie erzielen keine dauernde Wirkung. Wenn unsere religiösen Gedanken jedoch leibhaftig ausgedrückt werden, dann prägen sie sich tief in unser Bewusstsein ein, ja, sie beeinflussen auch noch unser Unbewusstes. So bewirken die Gebetsgebärden eine dauerhafte Wandlung.«*[91]

Neben dem Üben des Körpergebets, das dem eigenen Bedürfnis zugeordnet werden kann, bietet sich die ungewohntere, erweiterte Alternative an, über die entgegengesetzte Seite zu arbeiten; das heißt, die gegenüberliegenden Bedürfnismuster aufzunehmen und das »Alter Ego« (das »andere Ich«) anzuregen.

Um ein Beispiel zu nennen: Warmherzige Menschen können leichter die Bedürfnisse ihrer Umgebung wahrnehmen, haben aber weniger Selbstwahrnehmung für eigene Bedürfnisse. Für sie kann es daher eine Anregung sein, Selbstwahrnehmung zu üben. Bei unseren Versen wäre das auf der gegenüberliegenden Seite ein Wort aus Psalm 1, das sie ermutigt, selbstständig für sich einzustehen »wie ein Baum«.

Umgekehrt kann für sachliche Menschen das »warmherzige Wort« aus Psalm 131 mit der »Seele als Kindlein bei seiner Mutter« eine selbstbestimmte und neue Beziehung zu mehr Nähe und Hingabe vermitteln.

Entwicklungsspirale durch alle acht Bedürfnistypen

Die acht Bedürfnistypen können auch in ihrer Gesamtheit entlang einer »Entwicklungsspirale« geübt werden. Der Zeitaufwand liegt bei mindestens zehn Minuten pro Tag. Dabei wird wie auch im Lebenslauf mit der Geburt beim Bedürfnis eines Neugeborenen nach Bindung (also der W-Achse) begonnen. Über das folgende Bedürfnis nach Sicherheit (K-Achse) geht die Entwicklung weiter bis zum Bedürfnis nach Autonomie/Selbstwerterhöhung (S-Achse) und zum Bedürfnis nach Lust und Abwechslung (U-Achse). Diese Entwicklungsspirale soll jedoch nicht suggerieren, dass »unkonventionelle« Bedürfnistypen weiter entwickelt sind als »warmherzige«, da Entwicklung immer wieder in neuen Runden und Spiralen stattfindet.

In unserer Spirale wird also nicht eine, sondern werden alle acht Übungen in der beschriebenen Abfolge (siehe den Abschnitt »Persönliche Embodied Prayers zu den acht Bedürfnistypen«) durchgeführt. Die Wirkung entwickelt sich in dieser Abfolge nicht nur durch die einzelnen Übungen, sondern durch die Übergänge von Übung zu Übung und den regulierenden Verlauf der Gesamtheit der Körperübungen.

Macht man die acht Übungen im Sinne einer Entwicklungsspirale, kann eine Atempause (ein bis zwei Atemzüge nachspüren) und eine sogenannte »Zwischenregulation« mit einem »Kyrie eleison« (»Herr, erbarme dich!«) zwischen den einzelnen Bedürfnistyp-Übungen eingebaut werden. Den Abschluss bildet ein »Amen«.

Ein bis zwei Atemzüge nachspüren

Die Atempause nach einer Übung ist eine Zeit, die man sich gönnen sollte. Vieles geschieht unsichtbar, wenn eine Bewegung nachwirken kann: Der Körper »verdaut« die ihm angebotenen neuen Bewegungsmuster und kann auf diese Weise die für ihn aktuell notwendigen »Nährstoffe« aus dem Angebot ziehen, sie integrieren und daraus einen regulierten Tonus entwickeln. Insgesamt gilt dabei: Es ist organischer, mehrere kleinere Pausen zu machen als eine lange, große Pause. Musikalisch mit piano und forte ausgedrückt: Lieber »pfpfpfpf« statt »ffffpppp«.

Zwischenregulation: Kyrie eleison

Das »Kyrie eleison« findet sich im sogenannten »Herzensgebet« als Wiederholungsgebet der ostkirchlichen Tradition mit der Bedeutung »Herr Jesus Christus, erbarme dich meiner«. Im Atemrhythmus kann beim Einatmen »Herr [Jesus Christus]« und beim Ausatmen »erbarme dich unser/meiner« gesprochen werden. Über den Tag verteilt ist das einige tausende Male möglich. In der konzentrierten Form des Herzens- oder Jesusgebets, wie der ungarische Priester Franz Jalics es lehrt, besteht das Gebet aus dem Namen »Jesus«, der innerlich beim Ausatmen gesprochen wird, während man beim Einatmen den Namen »Christus« spricht.[92]

Durch die Wiederholung dieser Geste als körperliche Zwischenregulation zwischen den acht individuellen Körpergebeten verwurzelt sich der Betende mehr und mehr in dieser Barmherzigkeit. Er macht die Christus-Erfahrung, wie sie Paulus formulierte: »Ich lebe, doch nun nicht ich, sondern Christus lebt in mir« (Gal 2, 20).

EP Zwischenregulation

Gebet	Bewegungsablauf
Kyrie (Herr [Jesus Christus])	*Arme über die beiden Seiten rechts und links bis ganz nach oben führen, wobei die Handgelenke die Bewegung anführen.*
eleison (erbarme dich unser/meiner).	*Die Handflächen einander zuwenden und beide Hände langsam (das heißt im eigenen Tempo) vor dem Körper nach unten führen – entlang eines (vorgestellten) »Stromes«, der von oben herabfließt.*

Die Vorstellung kann mich begleiten, dass dieses Erbarmen (gr. *eleeĩn* [sich erbarmen]) des *kýrios* heilend und reinigend wie ein im Griechischen phonetisch ähnliches (Oliven)öl *(élaion)* wohltuend durch alle meine Organe fließt.

In der Regulationsbewegung werden die Arme zunächst seitlich nach oben geführt, bis sie oben »zu Gott erhoben« sind. In der Tat war Beten in der frühen Kirche identisch mit »seine Hände zu Gott erheben«. Die jungen Christen verbanden diese Gebärde mit der Kreuzigung Jesu. Sie wollten Jesus am Kreuz nachahmen, der sich mit ausgestreckten Armen Gott ganz übergibt.[93] Tertullian schreibt: »Wir aber, wir erheben die Hände nicht nur, wir breiten sie sogar aus, und dem Leiden unseres Herrn uns nachbildend, bekennen wir Christus auch im Gebet.«[94] Der christliche Gelehrte Origines (ca. 185–254) hielt die Gebärde der ausgestreckten Hände für die dem Gebet angemessenste: »Man darf nicht daran zweifeln, dass von den zahllosen Stellungen des Körpers die Stellung mit den ausgestreckten Händen und emporgerichteten Augen allen vorzuziehen ist, da man dann gleichsam das Abbild der besonderen Beschaffenheit, die der Seele während des Gebets ziemt, auch am Körper trägt.«[95]

Amen

Mit einem »Amen« beenden Sie nun die Übungsreihe, indem Sie den linken Fuß näher an den rechten stellen und dann nach rechts aus der Übung heraustreten.

Das hebräische *amēn* hängt mit dem Wort *häämin* zusammen, was »Vertrauen und Glauben an etwas Tragendes« bedeutet. Von dem Wortstamm *aman,* was »das Tragen eines Kindes in der Ausbiegung des Gewandes an der Brust oder an der Wölbung der Hüfte« meint, leitet sich der Begriff *omänät* ab: Das beschreibt die Frau, die »ein Kind trägt« – es kann auch die »Amme« sein, die ein Kind behütet.[96]

»Amen« assoziiert somit das Urvertrauen, das aus dem Getragenwerden als Kind erwächst. Ein Gebetswort in sich zu tragen und sich von ihm auch tragen zu lassen – das ist doch eine Haltung, mit der man getrost wieder in die Welt hinausgehen kann.

2.

Der Gregorianische Choral – Eine Erlebnisreise des »Abenteuers Stimme«

Stefan Klöckner

Die Gesänge »an sich geschehen lassen«

Mit den folgenden Beispielen möchte ich es Ihnen, liebe Leserinnen und Leser, ermöglichen, sich mithilfe der Stimme an die Quelle Ihrer inneren Kraft zu begeben. Dazu will ich Ihnen einen oft unterschätzten kulturellen Fundus näherbringen: die gregorianischen Gesänge. Dieses musikalische Repertoire gehört zur gottesdienstlichen »Erstausstattung« der christlichen Kirche im Abendland, hat aber darüber hinaus das große Potenzial, alle existenziellen Lebenssituationen zum Ausdruck zu bringen. Über das Hören und über die Stimme, die im Körper ihre Resonanz findet und ihn so in Bewegung bringt, werden wir Singenden uns unserer Existenz bewusst und stellen uns zugleich in die Reihe der Ahnen, die diese Gesänge gepflegt und uns überliefert haben. Schon die Gewissheit, dass das, was wir gerade als krisenhaft, schmerzlich oder ängstigend, aber auch frohmachend und befreiend erleben, bereits vielen anderen Menschen vor uns ein existenzielles Anliegen war, löst uns als singende Individuen heute aus dem Druck der Vereinsamung und vermittelt Gelassenheit.

Ein Mensch, der singt, muss dazu den ganzen Körper benutzen. Das ist harte Arbeit. Ja, ich wage zu behaupten, dass das Singen den Körper mindestens so ergreift wie manche kräfteraubende Sportart. Jeder, der schon einmal in einem Chor mitgesungen hat oder Gesangsunterricht hatte, kann davon im wahrsten Sinne des Wortes ein Liedlein singen. Nach einer Stunde Singen ist man auf der mentalen Ebene erfüllt, aber körperlich ausgepowert. Körper und Geist sind in hohem Maße gefordert.

Maja Storch schreibt über Zugänge, die mit Bildern arbeiten. Bei Eva Maria Jäger erleben wir den Weg nach innen über Körperübungen und Psalmtexte. Ich erzähle hier von Gesängen und ihren Möglichkeiten und möchte mich mit Ihnen auf eine Erlebnisreise des »Abenteuers Stimme« begeben – gerade dann, wenn man bisher mit Gregorianik nicht viel oder gar keinen Kontakt hatte.

Einer der großen Gregorianiker unserer Tage, der ehemalige Benediktinerpater Godehard Joppich, fasste das Wesentliche dieser Musik einmal zusammen mit dem Satz: »Man muss diese Gesänge zuerst an sich geschehen lassen.« So kann ich versichern: Auch Sie werden diese Wirkung spüren – körperlich, geistig und nicht zuletzt auch geistlich!

»Heiliger Bimbam ...« – Mein Kinderglaube

Unsere Heimatpfarrkirche in Duisburg war wochentags nur durch einen Seiteneingang zu betreten. Man öffnete die massive Holztür und befand sich in einem kleinen Vorraum, der durch einen schweren zweiteiligen Stoffvorhang vom eigentlichen Kirchenraum getrennt war. Ein Kind konnte diese Barriere kaum durchbrechen – zu gewichtig waren die samtenen Portieren, als dass Kinderhände sie hätten teilen können.

Im Kirchenraum empfing einen dann jene Mischung von abgestandenem Weihrauch und frischem Bohnerwachs, die unverwechselbar zur Atmosphäre unserer Kirche gehörte. Meine Mutter, die Schauspielerin war und in der ein unerschöpfliches Reservoire an Zitaten aus der deutschen Literaturwelt schlummerte, pflegte dann gerne Annette von Droste-Hülshoffs Gedicht »Die junge Mutter« zu zitieren: »›Du duftest Weihrauch, Mann!‹ – ›Ich war im Dom [...].‹«

Mein Kinderglaube war zutiefst geprägt von synästhetischen Eindrücken – von einer sinnlichen Sinfonie, die aus den Klängen der Glocken (dem »heiligen Bimbam«, wie man in unserer Familie zu sagen pflegte) und der Orgel, den Gerüchen des Weihrauchs sowie den Gesten und ritualisierten Handlungen der katholischen Liturgie zusammengefügt war und sich als solche tief in meine Seele eingegraben hat.

Diese Sinfonie ist im Laufe meines Lebens um viele Aspekte bereichert worden; vor allem mein Theologiestudium hat mir eine schier unüberschaubare Masse an Wissen und Erkenntnis erschlossen. Dass mein Glaube jedoch durch alle Krisen hindurch bis heute in mir lebendig blieb, ist hauptsächlich auf die sinnlichen Erfahrungen meiner Kindheit zurückzuführen. Das Singen war hierbei das prägendste Element von allen. Die Kirchenlieder gehörten dazu – mit ihren oftmals unverwechselbaren Tongebungen für »Advent«, »Weihnachten« oder »Ostern«, aber auch der Gregorianische Choral, der zwar merkwürdig emotionslos klang, mich aber schon als Kind tief anrührte und seelische Bewegungen auslöste, die ich sonst bei mir nicht kannte. Da waren außerdem das Kreuzzeichen mit geweihtem Wasser und die Kniebeuge – Gesten, mit denen man sich bewusst machte, in einem geweihten und doch vertrauten Raum zu sein, der mich ehrfürchtig hat werden lassen, aber niemals ängstlich.

Mit diesen Gedanken über die nachhaltige Wirksamkeit von Sinneseindrücken begann auch meine Auseinandersetzung mit dem Thema »Embodiment und Spiritualität«. In meinem Studium hatte ich gelernt, dass das Christentum im Gegensatz zu vielen anderen Religionen kein Zentralheiligtum hat und auch keines braucht. Es hieß, dass Gott für seine Begegnung mit uns – seinen Kindern – nicht auf exklusive sakrale Räume, Gesten, Beschwörungsformeln oder Gesänge angewiesen ist. Was sich wie ein kultkritischer und aufklärerischer Bildersturm durch meine Studienzeit zog, wandelte sich für mich in den letzten Jahren in eine Offenbarung, die in eine ganz andere Richtung geht: Nicht *Gott* braucht diese Dinge – aber die *Menschen* brauchen sie. Menschen sind darauf angewiesen, den Glauben mit allen Sinnen, mit Leib und Seele zu erfahren und auszudrücken. Zu diesem Glauben gehören Lob und Dank im Übrigen genauso wie Angst, Zorn, Verzweiflung und Zaudern, die fragende Geste, der beruhigende Zuspruch, die ängstliche Verkrümmung in sich selbst und das weite Ausbreiten der Arme und Erheben des Kopfes zu wahrer »Auf-Richtigkeit«. So sind wir Menschen geschaffen und von Gott gewollt.

Diese Gedanken haben mir geholfen, mein Leben zu »kultivieren«. Ich begann damit, leiblich-sinnliche Ausdrucksmöglichkeiten zu finden, um Stück für Stück das zu entfalten, was Gott als mein »wahres Selbst« in mich hineingesenkt hat. Heilige Räume, Gesten, Texte und Lieder – sie sind bis heute für mich ein wesentlicher Bestandteil meiner spirituellen Praxis.

Aus der Sicht eines christlichen Theologen und Kirchenmusikers möchte ich die Leserinnen und Leser in diesem Kapitel in die Welt der geistlichen Gesänge einführen und zeigen, wie die Stimme und das Singen als Verbindung zum Heiligen dienen können.

Das Singen – und der Kampf um die Leiblichkeit

Embodiment und Spiritualität: Die christliche Antike tut sich nicht leicht mit der sinnlichen Erfahrungswelt der Menschen: Der Leib und die Sinnlichkeit gelten als Einfallstor der sündhaften Genüsse. Schließlich aber setzt sich der Gedanke durch: Der Leib ist gut – er ist Tempel des Geistes; und der Mensch ist berufen, mit Geist *und* Leib Gott zu loben.

Vier Säulen und ein Fundament

In meiner Messdienerzeit – es war in den Sechzigerjahren – machten wir zusammen mit unserem Kaplan einen Jahresausflug nach Köln, ins »hillige Kölle«, wie meine Mutter unsere mentale Hauptstadt am Rhein zu nennen pflegte. »Hillisch« (heilig) war und ist Köln vor allem wegen seiner schönen und zahlreichen Kirchen. Die Stadt atmete für mich immer schon den Katholizismus geradezu in Reinform – nicht zuletzt durch den schlitzohrigen Humor, der mir aufgrund meiner rheinischen Herkunft nicht fremd war und der bis heute dazu beiträgt, dass das lehrhaft-strenge Christentum für mich lebenswert, ja liebenswert bleibt. Unser Kaplan, ein waschechter Kölner, beließ es denn auch beim Besuch einiger weniger Kirchbauten. Er tat dies, um – wie er es ausdrückte – dem kölschen Katholizismus zu entsprechen, dem zufolge man das Heilige nicht durch allzu üppigen Gebrauch überstrapazieren soll, um vorzeitiges Abnützen oder seelische Materialermüdung zu vermeiden: »Damit ihr keine ›Gnadenvergiftung‹ bekommt.«

Eine Kirche, die der Kaplan uns gezeigt hat, ist mir immer in besonderer Erinnerung geblieben, obwohl es schon damals gar keine Kirche mehr war, sondern ein Museum: In den Räumen des früheren Damenstiftes St. Cäcilien (eine der bedeutenden romanischen Kirchen Kölns) ist seit 1956 das Museum Schnütgen untergebracht, um die Sammlung mittelalterlicher Kirchenkunst angemessen präsentieren zu können. Da konnte man nah am Eingang vier mächtige Plastiken bestaunen, zwei rechts vom Betrachter und zwei links von ihm, die auf mich einen nachhaltigen Eindruck machten. Es waren Steinfiguren, die mir kleinem Jungen den Eindruck von Wächtern oder geistlichen Grenzbeamten vermittelten: »An uns kommst du nicht vorbei!«, schienen sie mir mit steinerner Autorität zuzurufen. Eine freundliche Dame – sie gehörte wohl zum Museumspersonal – kam zu mir und klärte mich auf: »Das sind die vier Kirchenväter …« Hui, dachte ich, gleich *vier* Väter für *eine* Mutter Kirche! »… auf ihren Schriften ruht die Kirche wie auf vier starken Säulen.« Dann gab sie mir einen freundlichen Schubs. Mutig passierte ich die strengen Herren und marschierte los, hinein ins Museum.

Um wen handelt es sich bei diesen wichtigen Figuren der Kirchengeschichte? Die vier Heiligen, die den kleinen Jungen so beeindruckt hatten, waren Augustinus und Hieronymus zur Linken sowie Gregor der Große und Ambrosius zur Rechten. Heute, aus der Distanz eines erwachsenen Mannes, muss ich ein bisschen schmunzeln über diese topografische Anordnung der Säulenheiligen, denn sie spiegelt einen innerkirchlichen Konflikt, der für das Thema des spirituellen Embodiments von höchster Bedeutung ist. Darum wollen wir uns mit dieser Thematik ein wenig tiefer befassen.

Meine Ansicht ist, dass das Gegenüber, das seinerzeit im Schnütgen-Museum gleichsam in Stein gemeißelt zu betrachten war, sich als Konflikt bis in die heutige Zeit hinein erhalten hat. Das Interessante an der Anordnung der Figuren im Museum ist nämlich folgende Aufteilung: Es stehen sich hier gegenüber die Befürworter geistlicher Gesänge und diejenigen, die dem Singen in der Kirche skeptisch oder ablehnend begegneten. Wir können also ein figurativ verkörpertes Pro und Contra bestaunen: Welchen Stellenwert hat das Singen, wenn es darum geht, Gott zu loben und zu preisen und dabei Heil und Glück zu erfahren? Unterstützt das Singen die lebendige Begegnung mit Gott, oder lenkt es nur ab? Zu den Befürwortern geistlicher Gesänge zählt man Ambrosius von Mailand, der von 339 bis 397 gelebt hat und Bischof der norditalienischen Stadt war. Man sieht an diesen Jahreszahlen: Die Auseinandersetzung über das Singen in der Kirche geht wirklich weit zurück. Ambrosius war ein großer Hymnendichter – Hymnen sind gleichsam die Urahnen unserer Kirchenlieder, die wir heute im Gottesdienst singen. Ebenfalls auf der Befürworterseite steht Gregor der Große, Papst von 590 bis 604.

Ihnen gegenüber sehen wir einen Skeptiker und klaren Gegner des geistlichen Singens in der Kirche: Hieronymus (347–420) hat hier seinen Platz. Er gilt als radikaler Asket und war der Übersetzer der Heiligen Schrift ins Lateinische. Diese Mammutaufgabe kann man vermutlich nur leisten, wenn man der Außenwelt komplett entsagt. Außerdem finden wir hier Augustinus. Er lebte von 354 bis 430, war ein Theologe mit ausgesprochen bunter Vergangenheit und wirkte lange als Bischof in Nordafrika. Musisch-sinnliche Natürlichkeit stand also zur Rechten, die strenge leibfeindliche Zucht zur Linken – wobei man das nur *wissen*, aber nicht *sehen* konnte, denn alle vier Figuren schauten im Schnütgen-Museum gleichermaßen unerlöst und ernst, ja, fast griesgrämig drein.

Die Frage des Singens in der Kirche gehört erstaunlicherweise zu den in frühester Zeit bereits heftig umkämpften Themen. Wie kann man sich dieses Phänomen erklären? Das hat vor allem damit zu tun, dass es sich beim Singen um eine der elementarsten kulturellen Äußerungen handelt, zu denen der Mensch fähig ist und die ihn ganzheitlich betreffen:

- Der Verstand und das betende Herz formen Gedanken und Anliegen zum Inhalt des Gesangs.
- Die Kehle (biologisch und biblisch der »Sitz des Lebens«) produziert den Ton.
- Der Lebensatem transportiert den Klang.
- Die Resonanzräume (Schädelkuppe, Nasenrachenraum, Brust, Knocheninnenräume) verstärken den Klang und machen ihn vernehmbar.
- Gesang definiert sich über seinen an Sprache gebundenen Inhalt, der sich wiederum im Gebrauch musikalischer Mittel wie Melodie, Rhythmus oder Harmonie konkretisiert.

Diese musikalischen Mittel aber verbinden sich direkt mit seelischen und körperlichen Bewegungen, mit denen der Mensch Empfindungen und Emotionen ausdrückt: Gesang ist Dynamik, Ausdruck der Kraft und Vitalität von Leib und Seele. Im Wort »Emotion« ist das bereits abzulesen. Das Wort stammt aus dem Lateinischen und heißt wörtlich übersetzt so viel wie »heraus-bewegen«, »fort-bewegen«. Wir kennen den lateinischen Wortstamm *motio* auch von den Wörtern »Motor« oder »Motivation«. Ihnen allen liegt Körpergeschehen zugrunde, nämlich die »Bewegung«. Sie zielen auf bewegtes Embodiment.

Die im wörtlichen Sinne emotionalen, das heißt bewegenden und körperbezogenen Eigenschaften der Musik fanden in der Kirche nicht nur Freunde. Weil auch heute noch nicht wenige Menschen (unter anderem auch in den christlichen Kirchen) unter dem Einfluss dieser allgemeinen uralten Skepsis gegenüber natürlicher, körperlicher Spontaneität und Sinnlichkeit stehen und vielen anderen dadurch Leid zufügen, lohnt es sich, in Ruhe zu rekapitulieren, was vor langer Zeit die Grundargumente von Pro und Contra waren. Ob man es glaubt oder nicht, ob es bewusst wahrgenommen wird oder nicht: Die alte Debatte der genannten vier Kirchenväter hat sich bei ganz vielen Menschen in die tiefsten Schichten ihrer Seele gelegt und beeinflusst von da aus permanent die tägliche Stimmungslage und das Verhältnis zur eigenen Sinnlichkeit und zum Körper. Zugang zum Heiligen gerade über den Körper zu finden, und das speziell im Medium der Gregorianik, ist oft einfacher gesagt als getan. Nehmen wir uns also Zeit, um tiefer zu verstehen, wo die Vorbehalte gegen die Sinnlichkeit in der Kirche ihren Ursprung haben.

Verführerische Sinnlichkeit – Augustinus und Hieronymus

Im Jahr 384 betrat ein damals dreißigjähriger Mann wohl zum ersten Mal in seinem Leben die Stadt Mailand. Er hatte durch gute Beziehungen eine Stelle als Philosoph und Rhetor erhalten, war also für feierliche Reden auf die politische Hautevolee der Metropole zuständig. Der junge Mann war Augustinus, der schon damals eine in jeder Beziehung bewegte Vergangenheit hinter sich hatte: Geistig und geistlich war er durch verschiedenste Schulen gegangen und hatte den unterschiedlichsten Lehren angehangen. Sein persönlicher Lebenswandel war bis dahin ausgesprochen sinnen- und lebensfroh. Wir würden heute vielleicht sagen: ein Mensch, der nichts ausgelassen hat. Später wird er in seinen Lebenserinnerungen diese wilden Zeiten ausführlich beschreiben. Diese Lebenserinnerungen fasste er wie eine Beichte zusammen und nannte sie »Confessiones«, das heißt aus dem Lateinischen übersetzt »Bekenntnisse«. Er erzählt darin aber auch, wie er in Mailand zunehmend mit dem christlichen Gedankengut in Kontakt kam. Seine Bekehrung zum Christentum verlief beinah filmreif: Während eines Aufenthalts im Garten – man kann das Ereignis genau datieren, und zwar auf den 1. August 386 – hört er spielende Kinder. Eines ruft in lateinischer Sprache: »Tolle – lege! Tolle – lege!« Übersetzt heißt dies: »Nimm – lies! Nimm – lies!«

Augustinus ergreift die neben ihm liegende Heilige Schrift, schlägt sie nach dem Zufallsprinzip auf und stößt auf einen Satz aus dem Römerbrief des Paulus: »Lasst uns also ehrenhaft leben wie am Tage, ohne Völlerei und Trinkgelage, ohne Unzucht und sexuelle Ausschweifung, ohne Streit und Eifersüchteleien! Vielmehr zieht Jesus Christus, unseren Herren, wie ein Gewand an, und achtet so auf euren Körper, dass die Begierden und Lüste nicht wach werden« (Röm 13, 13f.). Dieser Satz von Paulus wurde zum Motor der Bekehrung des Augustinus. Er wandte sich endgültig von seinem alten Leben ab und ließ sich vom damaligen Mailänder Bischof Ambrosius taufen.

Kaum ein christliches Lebensschicksal steht so sehr für die konflikthafte Spannung in der Wahrnehmung der Leiblichkeit, die seit der christlichen Antike das Christentum durchzieht, wie das des Augustinus. Bei keinem anderen Theologen schwankt die Beurteilung des Sinnlichen, Körperlichen und Emotionalen derart wie bei ihm. Auf der einen Seite erfährt er seine Sinne als hilfreich und notwendig, um in vitalen Kontakt mit Gottes Lebensatem zu kommen. Auf der anderen

Seite erlebt er alles, was mit Körper, Bewegung und Gefühl zu tun hat, auch als gefährlich, weil gefährdend, täuschend und zum vordergründigen Genuss verführend. Aus jedem Buchstaben, den er schreibt, wird klar, dass er aus eigener Erfahrung weiß, wovon er redet, wenn er sinnliche Phänomene schildert. Das kann ihn uns heute besonders sympathisch machen: Der Mann war weiß Gott kein blasser theologischer Bücherwurm!

Es war durchaus die Musik, die ihm den Glauben so nahe gebracht hat, wie nichts anderes es bisher vermocht hatte. So beschreibt er zum Beispiel die Hymnen des Ambrosius, mit denen dieser seinen Gläubigen Mut, Kraft und Glaubensstärke »zu-singen« wollte, mit eindringlichen und lebendigen Sprachbildern, die von einer tief angerührten Gefühlswelt zeugen:

> *»In jenen Tagen konnte ich nicht satt werden in der wunderbaren Süßigkeit, die Höhe deines Ratschlusses über das Heil des Menschengeschlechtes zu betrachten. Wie habe ich geweint unter deinen Hymnen und Gesängen, tief bewegt von dem Wohllaut der Stimmen deiner Kirche. Jene Stimmen, sie fluteten in mein Ohr, und durch sie ward die Wahrheit in mein Herz eingeflößt, und fromme Gefühle wallten in ihm auf, die Tränen strömten, und mir war so selig in ihnen zumute.«*[97]

Die ambrosianischen Lieder hatten durch das Ohr als sinnliches Medium direkt sein Herz erreicht. Die Spiritualität war durch das Singen in seinen Körper aufgenommen worden, sie war einverleibt. Die Wahrheit, von der Augustinus hier schreibt, ist also keine theologisch abstrakte oder vom Verstand als solche reflektierte Wahrheit. Sein Erlebnis beruht nicht auf intellektueller Erkenntnis, sondern Augustinus durfte die tiefe Wahrheit erfahren, die sich über die sinnliche Wahrnehmung des Leibes vermittelt und die vom fühlenden Herzen als solche erkannt wird.

Heutzutage weiß man wissenschaftlich viel mehr über diese Vorgänge als zu Augustinus' Zeiten. Die Unterschiede zwischen Verstandeserkenntnis und Herzensglauben sind gut erforscht, und in diesem Buch ist davon auch aus psychologischer Sicht oft die Rede. Für Augustinus, hochgebildet und von den Wissenschaften seiner Zeit geprägt, war der kognitive Weg der Glaubenserkenntnis offensichtlich vorerst ausgereizt. Die neue Glaubenserfahrung der christlichen Wahrheit erreichte ihn über seine Sinne.

Augustinus lebte jedoch in einem Zwiespalt, der offen zutage trat, wenn er mit dem Verstand seine sinnliche Empfindungsfähigkeit reflektierte. Wenige Absätze später äußerte er nämlich folgende Bedenken:

> *»Mitunter will mir scheinen, ich gäbe den Melodien doch mehr Ehre, als ihnen gebührt. Wohl fühle ich, dass die heiligen Worte selber, so gesungen, unser Gemüt inniger und lebhafter in der Flamme der Andacht bewegen, als wenn sie nicht so gesungen würden. […] Aber meine Sinnesfreude […] hintergeht mich oft: Statt dass der empfindende Geist sich der Vernunft als Begleiter anschlösse, um geruhig ihr zu folgen, da er doch nur ihretwegen verdient dabei zu sein, nimmt er sich heraus, ihr voranzugehen und sie auf seinen Weg zu bringen. So sündige ich hierin ohne Gefühl der Sünde, danach aber fühl ich es: Sünde!«*[98]

Dieser Text zeigt den inneren Konflikt, in dem Augustinus steckte: Wenn die sinnliche Wahrnehmung sich nicht der Vernunft unterordnet, besteht die Gefahr der Sünde. Dann nämlich sucht der Mensch das Sinnliche um des puren Genusses wegen und benutzt es nicht mehr als bloßes Instrument, als untergeordnetes »Transportmittel«, um geistige Botschaften wahrzunehmen, die eigentlich für den Verstand bestimmt sind. Das leibliche Genießen des Singens und des Hörens, das sinnliche Ergötzen an Melodie, Harmonie, Rhythmus und Bewegung ist Augustinus daher zutiefst suspekt. Dies ist vielleicht so, weil zu seiner Zeit das antike Theater mit seinen sinnenfrohen Kulten ein abschreckendes Beispiel für überbordende Ekstase lieferte. So bewegt das Singen als solches die Seele mehr als der Text, um den es geht. »Die Sinnlichkeit des Fleisches wird mehr erregt als der Verstand«, so Augustinus an anderer Stelle. Und das ist für ihn eine alarmierende Problemanzeige.

In Gedanken stehe ich wieder vor den »vier Säulen« im Kölner Schnütgen-Museum. Neben Augustinus war da die Statue eines anderen Mannes mit einem abweisenden und fast bitteren Gesichtsausdruck. Er trug einen großen Hut mit breiter Krempe – einen Kardinalshut. Angeblich hatte der Papst den heiligen Asketen zum Kardinal ernannt, was dieser jedoch aus Demut abgelehnt haben soll. Es handelt sich bei dem Herrn mit Hut um Hieronymus, den Übersetzer der Bibel aus dem Hebräischen und Griechischen ins Lateinische. Er war ein Mann von großer Bildung und noch größerer Strenge. Immer wieder polemisierte er in seinen Schriften gegen den Gesang in der Kirche. Besonders singende Frauen waren ihm ein Gräuel. Seine Kritik bezog sich vor allem auf die Nähe zum heidnischen Theater und den nach seiner Meinung zu kunstvoll-selbstverliebten Gesang der hauptberuflichen römischen Kantoren. Wahrer Lobpreis Gottes war für ihn daher eine rein geistige Angelegenheit und nicht eine kultische Äußerung mit Leib und Stimme:

> *»Singen, psallieren und lobpreisen müssen wir Gott mehr mit dem Geiste als mit der Stimme. Mögen dies die jungen Leute und die, denen die Pflicht des Psallierens in der Kirche obliegt, hören, dass man Gott nicht mit der Stimme, sondern mit dem Herzen singen muss, dass sie nicht nach Art der Tragödien Kehle und Schlund mit süßen Mitteln schmieren dürfen, sodass in der Kirche theatralisch gedrechselte und verschnörkelte Melodien ertönen, sondern dass sie Gott durch Gottesfurcht, gute Werke und Kenntnis der Heiligen Schrift zu preisen haben.«*[99]

Der Lebensatem Gottes

Es ist einfach ein wunderbares Bild, das die Heilige Schrift in der Schöpfungsgeschichte für die Beseelung des Menschen wählt: »Da nahm Gott, der Herr, etwas Staub von der Erde, formte daraus den Menschen und blies ihm den Lebensatem in die Nase. So wurde der Mensch ein lebendiges Wesen« (Gen 2, 7). In einem meiner theologischen Seminare an der Universität verglich ein Student diesen Text mit einer »Wiederbelebungsmaßnahme nach einem Unfall«. In der Tat, der Atem hat etwas mit elementarer Belebung zu tun. Der stockende Atem ist ein Bild großen Erschreckens, der flacher werdende Atem womöglich Vorbote des nahenden Todes.

Die Schöpfungsgeschichte beschreibt aber etwas anderes: Es handelt sich bei der eingangs dargestellten Szene nicht um eine Wieder-Belebung, sondern um eine Erst-Belebung. Und es ist Gottes Atem, der uns belebt. Wir atmen das aus, was er in uns hineingeatmet hat. Gottes Atem ist sein Geist, der von nun an in uns seufzt, wenn uns die Worte zum Beten und Singen fehlen. Gott hat uns zuerst materiell geformt, dann hat er uns im wahrsten Sinn des Wortes »be-geistert«. Die grundpositive Sicht auf die Kreatürlichkeit des Menschen, die in der Bibel steht, war auch manchen der frühkirchlichen Theologen nicht fremd. Jedoch ergab sich genau hier eine Spannung zu den skeptischen Positionen, die Augustinus und Hieronymus geäußert hatten.

In Gedanken stehe ich nun wieder als kleiner Junge im Kölner Schnütgen-Museum und sehe die beiden Figuren zur Rechten an: Gregor der Große und Ambrosius, beide ebenfalls mit großer Mitra und strengem Gesicht. Papst Gregor der Große gilt zwar zu Unrecht als der Schöpfer des nach ihm benannten Gregorianischen Chorals. Diese Gesänge sind erst gute 140 Jahre nach seinem Tod entstanden. Aber es gibt gute Gründe, ihm den Ehrenprimat über die christliche Musik des Abendlandes nicht zu nehmen: Liturgie und Gesang waren ihm während seiner Zeit als Papst ein Herzensanliegen, und er hat nachweislich viel dafür getan.

Neben ihm steht Ambrosius, der große Hymnendichter. Für ihn war das Singen in der Kirche eines der wichtigsten Mittel zur Verbreitung und Vertiefung des Glaubens. Wie der Apostel Paulus war er der Meinung, dass der Geist Gottes den Menschen zutiefst beseelt hat und dass die Stimmen der singenden Christen mit ihren »Resonanz«-Körpern lebendiger Ausdruck dieses Heiligen Geistes sind. Da hatte die Skepsis gegenüber der sinnlichen Freude beim Musizieren genauso wenig Platz wie die Ablehnung des Körpers als lebendigen Instruments des Singens. Es ist nämlich (so sagt Ambrosius) Gott selbst, der mit seinem Atem den Menschen den Gesang eingehaucht hat und der darum auch im menschlichen Singen wirkt. In diesem Sinne konnte ein anderer Theologe, Ignatius von Antiochien, bereits im Jahr 107 der Gemeinde in Ephesus die Aufforderung zurufen: »Nehmt Gottes Melodie in euch auf!«

Ambrosius drückte das klingende Ergebnis in einem wunderbaren Bild aus, indem er in seinem Psalmenkommentar die singende Gemeinde mit einer Zither vergleicht, auf der der Geist Gottes spielt:

> *»Der Kirchengesang ist wirklich ein festes Band der Einheit: Die Schar des ganzen Volkes kommt in einem einzigen Chor zusammen. […] Es gibt verschiedene Saiten auf der Zither, aber es gibt nur eine einzige Harmonie. Auch wenn das Instrument nur wenige Saiten hat, greifen die Finger des Spielers oft daneben. Beim Volk Gottes aber ist der Heilige Geist selbst der Spieler, und der geht niemals fehl!«*[100]

Einige Gedanken zu den konkreten Praxisbeispielen

Maja Storch und Stefan Klöckner

Sie sind nun sicher gespannt darauf, wie sich denn die Gesänge anhören, über die in alten Zeiten so heftig diskutiert wurde. Rufen Sie sich das eindrucksvolle Bild in Erinnerung, das Augustinus uns hinterlassen hat: Er saß tränenüberströmt in der Kirchenbank und war zutiefst ergriffen von den Gesängen, die Ambrosius mit seinen Gläubigen anstimmte. Wir steigen nun selbst in die Welt der Gregorianik ein, indem wir der Musik unsere Ohren leihen und genau so, wie Augustinus es tat, unser Herz davon erfüllen lassen.

Die einzelnen Kapitel folgen einem bestimmten Muster, dem man sich einfach anvertrauen sollte. Zu jedem Stück finden Sie ein paar grundsätzliche Überlegungen, die der inhaltlichen Gliederung folgen und aufs Ganze gesehen einen (Lebens)weg beschreiben. Wenn Ihnen eine Textpassage für den Moment zu sehr zu denken gibt, dann halten Sie entweder an – oder lesen Sie einfach weiter und überlassen sich ruhig dem Fluss des geschriebenen Wortes. Dann folgen zu allen Themen passende gregorianische Gesänge (siehe Link Seite 321), deren Text und musikalische Stimmung das Geschriebene vertiefen und Raum für Meditation und körperliche Erfahrung schaffen wollen.

Manches an den Texten ist dicht und kompakt formuliert: Lassen Sie sich Zeit! Die Tonbeispiele werden Ihnen helfen, das Gelesene zu vertiefen – hören Sie sie mehrfach. Es ist wie mit einer Scheibe Schwarzbrot, die man länger und intensiver kauen muss, damit der Nährwert entsprechend ist. Gute Musik entfaltet ihre volle Schönheit erst für den, der sich mit der Komposition eine Zeit lang beschäftigt hat. Dies gilt für das »Requiem« von Mozart wie auch für Gregorianik! Im übertragenen Sinn stimmt der Satz des Theologen Eberhard Jüngel: »Geduld ist der lange Atem der Leidenschaft!«[101]

Wenn Sie jetzt also beginnen, sich in die Welt der Gregorianik zu begeben, dann empfehle ich für das Hören der einzelnen Stücke folgendes Vorgehen.

Nehmen Sie sich Zeit.

Und dann nehmen Sie sich – noch mehr Zeit.

Und sorgen Sie dafür, dass Sie für mindestens dreißig Minuten völlig ungestört sind.

Beschäftigen Sie sich in diesen dreißig Minuten nur mit einem einzigen Stück. Der nächste Gesang kommt dann am nächsten Tag dran. Die empfohlene tägliche Dosis: ein Gesang, mehr nicht! Gregorianischer Choral entfaltet eine starke Wirkung; er ist weder als Fast Food noch als Überdosis bekömmlich.

Zu Beginn oder im Verlauf jedes Kapitels finden Sie den lateinischen Text und die deutsche Übersetzung. Lesen Sie den Text aufmerksam durch, und lassen Sie bitte auch das Latein auf sich wirken – vielleicht versuchen Sie sogar einmal, den lateinischen Text zu sprechen. Auch wer Latein in der Schule nicht gelernt hat, kann hören und erleben, welche Wirkung es ausübt. Die uralte Sprache der Rituale, der Liturgie in Klöstern und großen Bischofskirchen entfaltet bereits als Klangereignis eine ganz eigene Kraft. Die deutsche Übersetzung hilft dann zusätzlich beim Verständnis des Inhalts.

Wenn Sie den Text verinnerlicht haben, halten Sie kurz Rast und machen sich persönliche Notizen: Bei welchen Passagen bleibt meine Aufmerksamkeit hängen? Welche Worte berühren mich? Welche Sprachbilder faszinieren mich, sodass ich es mit Worten gar nicht erklären kann?

Mit diesen Notizen, die Ihre Erlebniswelt bewusst gemacht und festgehalten haben, sind Sie bereit für einen ersten Hörkontakt. Ich empfehle mehrmaliges Hören. Beim ersten Mal lassen Sie die Stimme einfach auf sich wirken. Ganz bewusst werden die Gesänge von einem Solisten vorgetragen, der Ihnen persönlich das Stück »zu-singt«. Möglicherweise stellen Sie fest, dass eine bestimmte Passage oder eine bestimmte Tonfolge Sie besonders anspricht, Ihnen nahegeht oder Sie in Bann schlägt. Vergleichen Sie diese Passage mit dem Text, und finden Sie heraus, was der innere Gehalt der Stelle ist, die für Sie persönlich als bedeutsam herausragt und Sie besonders anspricht.

Dann hören Sie den Gesang ein zweites Mal. Beim zweiten Mal achten Sie auf die Stellen, die Sie in Ihren Notizen herausgehoben haben. Notieren Sie sich wieder: Habe ich Hypothesen, warum in meiner momentanen Lebenssituation gerade diese Stelle so wichtig ist?

Jetzt haben Sie schon viele Einsichten und Einfühlung in den Gesang entwickelt, Sie können den nächsten Schritt tun: das Embodiment. Es gilt, die uralten Melodien auch körperlich, mit Ihrer eigenen Stimme, zu erleben. Am besten eignet sich dafür zu Beginn das Mitsummen der Melodie. Wer mag, kann auch aufstehen und im Stehen damit beginnen, sich zum Gesang zu bewegen. Wichtig hierbei ist: Überlassen Sie die Dosierung des Bewegens Ihrem Körper; was Sie tun, soll nicht aufgesetzt oder übertrieben sein, sondern Ihrer Verfassung und Ihrer Persönlichkeit entsprechen. Erzwingen Sie nichts!

Für manche wird es schon ein Embodiment-Erlebnis sein, einen solchen Gesang bewusst aufrecht stehend zu hören, die Hände dabei vielleicht zu einer Gebetsgeste erhoben. Versuchen Sie für diesen Teil der Übung, die »Herrschaft« Ihres Verstandes hintanzustellen. Sie werden ihn noch genug benötigen; darum ist es gut, wenn der Verstand jetzt eine kleine Verschnaufpause einlegt.

Wer immer noch mag, kann nun auch den lateinischen Text mitsingen. Vielleicht spüren Sie während des Singens, wie die Tonfolgen in den verschiedenen Höhenlagen, aber auch der Klang der Vokale und Konsonanten im Körper und in der Psyche Resonanzen auslösen. Ihr ganzer Körper wird zum Instrument, und der Geist schwingt mit. Je freier Sie Stimme und Körper jetzt einzusetzen wagen, desto mehr Gelegenheit geben Sie dem Gesang, seine Kraft in Ihnen zu entfalten.

Denken Sie daran: Sie sind ungestört, und niemand kann Sie dabei beobachten. Beim Singen benotet keiner Ihre Intonation, und keiner macht sich über Sie lustig. Es geht nicht um eine bühnenreife Aufführung, sondern darum, die Stimme als Zugang zum Selbst zu benutzen.

Nur Mut, es lohnt sich!

Nach dem Embodiment ist der Gesang in Ihrem Körper schon sehr lebendig geworden. Der Verstand konnte sich etwas ausruhen und ist jetzt fit für einen theoretischen Input. Sie können sich nun (noch einmal) die Einführung zum jeweiligen Stück zu Gemüte führen. Für diese historischen, biblischen und theoretischen Passagen gilt: Lassen Sie Ihre Augen wandern, lesen Sie aufmerksam – aber ohne Druck, alles sofort auf Anhieb erfassen und verstehen zu müssen. In die Darlegungen sind deshalb immer wieder narrative Momente biografischer, historischer und biblischer Art eingeflochten. Wenn Sie an einem Gedanken hängenbleiben, lassen Sie sich Zeit beim Be-Denken, und notieren Sie sich gegebenenfalls eigene Überlegungen zu den einzelnen Aspekten.

Übersicht

Hier noch mal stichwortartig zusammengefasst:

- Notizen zum Text,
- Audiodatei hören (siehe Link Seite 321),
- Notizen zur Audiodatei,
- Audiodatei zum zweiten Mal hören,
- Selbstreflexion,
- Audiodatei zum dritten Mal hören, dabei mitsummen, mitsingen und/oder bewegen.

Gregorianischer Choral I: Der Hymnus »Splendor paternae gloriae«

Hymnen sind die Vorläufer unserer Kirchenlieder. Der Text dieses Gesangs stammt von Ambrosius. Er ist über 1600 Jahre alt, gehört damit zu den ältesten Elementen des Gregorianischen Chorals und wird noch heute regelmäßig im Gottesdienst gesungen. Die Melodie entstand wahrscheinlich im 8. oder 9. Jahrhundert.

Es ist ein Morgenhymnus, mit dem zu Tagesbeginn Christus als das Licht der Welt begrüßt und gepriesen wird: In der deutschen Übersetzung taucht das Wort »Licht« gleich fünfmal auf; dazu ist einmal vom »(Ab-)Glanz« und einmal vom »Erhellen« die Rede. Wir wollen uns diesem Licht mit Leib und Seele entgegenstrecken, damit der klare Strahl der leuchtenden Sonne den Körper weckt und wärmt und die Sinne wie auch den Verstand bis in die tiefsten Dimensionen hinein durchleuchten kann.

Es ist eigentlich ein »Wir«-Lied, kein Solostück. Singen in Gemeinschaft ist von jeher ein wesentliches Merkmal der christlichen Gemeinde und ihrer Liturgie gewesen. Gemeinsames Singen steht auch am Anfang der Entstehung ambrosianischer Hymnen, geradezu ein Lehrstück christlicher Spiritualität »mit Leib und Seele«.

Ein historisches Detail kann verdeutlichen, mit welchen Emotionen die ambrosianischen Hymnen (so auch dieser Hymnus) verbunden sind. Mailand war zur Zeit des Bischofs Ambrosius Sitz eines der vier Herrscherhöfe des Römischen Reichs. Der Herrscherhof hing einer christlichen Irrlehre – dem Arianismus – an, was Ambrosius dazu veranlasste, der kaiserlichen Familie keinen Kirchenraum für die Feier der Ostertage zur Verfügung zu stellen. Heftige Konflikte waren programmiert. Während der Auseinandersetzung, die nun folgte und in deren Verlauf sogar Gewaltaktionen zu befürchten waren, war Ausdauer gefragt. Um diese innere Haltung bei seinen Gläubigen zu unterstützen, ließ Bischof Ambrosius die Gemeinde seine selbstgedichteten Hymnen und auch die Psalmen singen, um sie zum Durchhalten zu ermutigen. Er wusste also genau, welche Stimmungslage er treffen musste.

Augustinus berichtet in seinen schon erwähnten Bekenntnissen über diese Vorgänge und schildert mit plastischen Begriffen, wie die Lage der Gemeinde war und wie die Gesänge auf die Menschen wirkten:

> *»Es war nicht lange her, dass die Kirche von Mailand diese Art von Tröstung und Ermunterung übernommen hatte. In heiligem Eifer sangen die Stimmen und Herzen zusammen. […] Wir […] waren doch aufgewühlt vom Schreck und der Erregung der Stadt. Damals wurde das Singen von Psalmen und Hymnen nach Art der Ostkirche eingeführt, um die Ermattung des Volkes in Trauer und Überdruss zu verhindern. Seither hat sich der Brauch bis heute erhalten und wurde von vielen, ja den meisten Kirchengemeinden der Welt übernommen.«*[102]

Vergegenwärtigen Sie sich die Stichworte, die hier von Augustinus über psychische Bewegungen genannt werden: Tröstung, Ermunterung, Glut des göttlichen Geistes und heiliger Eifer als Mittel gegen Schreck, Erregung, Trauer und Überdruss. Wer von uns war in seinem Leben noch nie in einer Krise, wo er Schreck, Trauer und Überdruss erfahren hat und sich nach Tröstung, Ermunterung und einer guten Dosis heiliger Glut gesehnt hat, die müde und gebeugte Glieder mit Vitalität, Energie und lichtvoller Kraft erfüllt? Dieser Morgenhymnus des Ambrosius ist im Prinzip eine Art natürliches Antidepressivum. Gönnen Sie sich davon eine ordentliche Dosis, wenn Ihnen jämmerlich zumute ist. Vor Ihnen haben das schon viele andere Menschen getan!

Die vorletzte Strophe des Hymnus bringt die intensivste Form der leib-seelischen Verdichtung im ganzen Text: Christus und der Glaube an ihn sind den Gläubigen Speise und Trank. Sie erhalten sozusagen den spirituellen Stoffwechsel und damit den Menschen, der glaubt, am Leben. Diese Ernährung berauscht den Geist, beflügelt ihn und führt ihn zu ungeahnten ekstatischen Zuständen. Wohlgemerkt: Ekstase ist zwar angestrebt, aber nicht in einem primitiven Rauschzustand des Leibes. Ambrosius, der Meister der Metaphorik, erfindet ein Sprachbild, das an Eindrücklichkeit nicht zu überbieten ist: *Sobria ebrietas* – nüchterne Trunkenheit – ist das Ziel.

Splendor paternae gloriae

Lateinischer Originaltext	**Übersetzung**[103]
Splendor paternae gloriae, De luce lucem proferens, Lux lucis et fons luminis, Diem dies illuminans.	*Du Abglanz von des Vaters Pracht, du bringst aus Licht das Licht hervor, du Licht vom Licht, des Lichtes Quell, du Tag, der unsern Tag erhellt.*
Verusque sol, illabere Micans nitore perpeti Iubarque sancti spiritus Infunde nostris sensibus.	*Du wahre Sonne, brich herein, du Sonne, die nicht untergeht, und mit des Geistes lichtem Strahl dring tief in unsrer Sinne Grund.*
Votis vocemus et patrem, Patrem perennis gloriae, Patrem potentis gratiae Culpam releget lubricam.	*Wir rufen auch den Vater an, den Vater ew'ger Herrlichkeit, den Vater, reich an mächt'ger Huld: Er halte fern, was uns versucht.*
Mentem gubernet et regat Casto, fideli corpore, Fides calore ferveat, Fraudis venena nesciat.	*Er stärke uns zum guten Werk, er leite machtvoll unser Tun, er sei uns Kraft in harter Fron und lenke unsren schwachen Geist.*
Christusque noster sit cibus, Potusque noster sit fides, Laeti bibamus sobriam Ebrietatem spiritus.	*Und Christus werde unser Brot, und unser Glaube sei uns Trank, in Freude werde uns zuteil des Geistes klare Trunkenheit.*

Aurora cursus provehat,	*Das Morgenrot steigt höher schon,*
Aurora totus prodeat,	*wie Morgenrot geh er uns auf:*
In patre totus filius	*in seinem Vater ganz der Sohn*
Et totus in verbo pater.	*und ganz der Vater in dem Wort.*
Amen.	

Trauern, klagen, fluchen: »Nieder geschlagen« sein

Embodiment und Spiritualität: Unausweichlich kommen in jedem Leben die Situationen, in denen Schicksalsschläge, Krankheit, Depression oder schwere Sinnkrisen den Menschen »nieder schlagen«. Besonders die Psalmen haben dies oft zum Thema und geben Leib und Seele weiten Raum zum Trauern, Klagen, Fluchen. Die dunkle Nacht will ausgehalten sein – auch wenn sie kein Ort zum Verweilen ist.

Das Buch der Psalmen in der Bibel, der sogenannte Psalter, besteht aus insgesamt 150 Liedern. Vielen Menschen sind daraus eigentlich nur ganz wenige bekannt. Wenn man überhaupt Psalmen kennt, dann sind es meistens die »schönen«, »lieblichen«, vertrauensvollen und optimistischen Psalmen, die Hoffnung, Zuversicht und Geborgenheit in Gott zum Thema haben (so zum Beispiel das idyllische Bild vom »guten Hirten« im Psalm 23). Was kaum jemand weiß: Es gibt zahlreiche Texte, die nicht im Allergeringsten lieblich sind. In diesen Liedern werden alle menschlichen Erfahrungen und Abgründe thematisiert, und das zum Teil in wirklich nachtschwarzen Farben. Diesen Facetten wollen wir uns im Folgenden zuwenden.

Warum ist es so sehr wichtig, sich ausführlich dem Thema Trauern,

Klagen, Fluchen und dem Hadern mit Gott zu widmen? Wer ein Gottesbild in sich trägt, in dem nur Platz für Helles und Freudiges ist, wird hieran unweigerlich scheitern müssen, weil ein wichtiger Teil seines Lebens vor Gott ausgeblendet wird. Die Psalmen aber lehren uns: Gerade die dunklen Seiten und die tiefen Abgründe haben ihren Platz im spirituellen Wachsen eines Menschen. Auch sie werden im Körper erfahren, und zwar oftmals mehr, als einem lieb ist. Wer mit dieser Dunkelheit in Kontakt war und sich ihr gestellt hat, dem wird es vielleicht etwas leichter fallen, mit Gott auch dann im Gespräch zu bleiben, wenn dieser seine unbegreiflichen Seiten zeigt und wenn es scheint, als habe er sich aus dem Leben der Menschen zurückgezogen und überließe sie sich selbst. Auch die grausame (weil nicht beantwortbare) Frage, wie Gott dies alles zulassen kann und weshalb er sich dem betenden Menschen entzieht, hat in den Psalmen Platz.

Ich finde es beeindruckend, dass das Buch der Psalmen in Gänze mit »Loblieder« übertitelt ist. Martin Buber (1878–1965), der große jüdische Religionsphilosoph, nennt seine Übersetzung *Das Buch der Preisungen.* Alle Gesänge heißen und sind Preisungen, auch wenn es sich nur bei circa einem Drittel um wirkliche Lob- und Danklieder handelt. Der Rest thematisiert die Meditation des Gesetzes, die Geschichte des Volkes Israel und die Weisheit der Gebote Gottes, aber ebenso die Trauer und die Klage und das Verfluchen der Feinde. Auch diese dunklen Seiten finden im Dialog mit Gott ihren Platz.

»Und es geschah, nachdem Israel als Gefangener weggeführt und Jerusalem verwüstet war, da setzte sich Jeremia weinend hin und wehklagte diese Tränen über Jerusalem.«[104] Diese Worte wurden einer der traurigsten und düstersten Schriften des Alten Testaments vorangestellt, den Klageliedern, die dem Propheten Jeremia als Autor zugeschrieben werden. Weit über die konkrete historisch-biblische Figur des Propheten hinaus ist Jeremia nicht zuletzt durch diese Texte zu einem Symbol für Trauer und Klage geworden. Der Anblick Jerusalems, das von den Eroberern völlig zerstört war, lähmt ihn, schlägt ihn im wahrsten Wortsinne nieder. So setzt er sich in tiefer Trauer hin und vergießt bittere Tränen.

Die ersten Verse seiner Klagelieder sind überaus bekannt geworden, unter anderem weil sie in neuerer Zeit aufgegriffen wurden. Der Komponist und Kantor Rudolf Mauersberger (1889–1971) hat sie im März 1945 als Trauermotette vertont, wenige Wochen nach den verheerenden Luftangriffen auf Dresden, durch die diese Stadt völlig zerstört wurde. Geschätzt 25 000 Menschen kamen zu Tode: »Wie liegt die Stadt so wüst, die voll Volks war. Alle ihre Tore stehen öde. Wie liegen die Steine des Heiligtums vorn auf allen Gassen zerstreut. Er hat ein Feuer aus der Höhe in meine Gebeine gesandt und es lassen walten.«[105]

Es sind ganz verschiedene Erlebnisse, die Menschen dazu bringen können, auf der Stelle niederzusinken und sich nicht mehr zu rühren. Da ist eine Leiderfahrung wie die oben geschilderte oder eine tiefe Depression. Da ist das Begreifen einer eigenen Schuld, eine erlittene Kränkung oder eine tiefe Lebenskrise, verursacht durch berufliche, private und partnerschaftliche oder glaubensbezogene Fragestellungen. Wer solche Erfahrungen gemacht hat, weiß um die lähmende Kraft einer heftigen, ja existenzbedrohenden Krise. Gerade zu Beginn versteht man oft zunächst nur eines: So wie es war, geht es nicht mehr weiter. Aber wie es denn werden soll, steht in den Sternen. Und die Kraft, eine Vision zu entwickeln, die weiterhilft, ist momentan nicht vorhanden. Der Mensch ist jetzt ganz auf sich zurückgeworfen und erstarrt, bewegungslos.

In den Psalmen, die wie kein anderes Buch der Bibel alle Lebenssituationen poetisch und zugleich lebensnah reflektieren, finden sich eindrückliche Schilderungen der Selbstwahrnehmung in derartigen Situationen: »Denn meine Tage sind vergangen wie ein Rauch, und meine Gebeine sind verbrannt wie von Feuer. Mein Herz ist geschlagen und verdorrt wie Gras, so dass ich vergesse, mein Brot zu essen. Mein Gebein klebt an meiner Haut vor Heulen und Seufzen« (Ps 102, 4 ff.). Oder: »Meine Seele ist übervoll an Leiden, und mein Leben ist nahe dem Totenreich. Ich bin denen gleich geachtet, die in die Grube fahren, ich bin wie ein Mann, der keine Kraft mehr hat. Ich liege unter den Toten verlassen wie die Erschlagenen, die im Grabe liegen« (Ps 88, 4 ff.).

Für den Zorn, aber auch für die alles lähmende Angst und Trauer finden die Verfasser der Psalmen drastische Worte. Dies sind zumeist Bilder einer körperlichen Bedrohung oder Einschränkung; die Grundlage der ganzen Existenz ist bedroht. Aber auch diese Sprachbilder werden gesungen, in einem Lied vor Gott getragen. Singend streckt der Beter seine Hände aus zu Gott (vgl. Ps 143, 6) – ein klingendes Embodiment.

Es ist ja nicht nur so, dass der Mensch durch diese schweren Zeiten von Gott »auf Herz und Nieren« geprüft wird (Jer 11, 20 und P 7, 10). In den Klageliedern des Propheten Jeremia ist zu lesen: »Ich habe mir fast die Augen ausgeweint, mein Leib tut mir weh, mein Inneres ist auf die Erde ausgeschüttet über dem Jammer der Tochter meines Volks, weil die Säuglinge und Unmündigen auf den Gassen in der Stadt verschmachten« (Klgl 2, 11). Nicht etwa das Herz ist ausgeschüttet (was gleichbedeutend mit »zu Tode getroffen« ist), sondern die Leber, deren »Ausschüttung« gleichbedeutend ist mit dem Erleiden größter Qualen. Das kann man nachlesen bei den Sprüchen Salomons: »[...] bis ein Pfeil ihm die Leber zerreißt; wie ein Vogel, der in das Netz fliegt und nicht merkt, dass es um sein Leben geht« (Spr 7, 23).

Die Kehle – der zentrale Ort, an dem der Atem zur Lautbildung führt – ist vor Angst zugeschnürt (Ps 55, 5), das Wasser steht bis zur Kehle (Ps 69, 2 und 4). Die Redewendung »Mir steht das Wasser bis zum Hals« ist von hier abgeleitet. Wie die Kehle kann auch das Herz mit Schnüren gefesselt und eingeengt sein (Ps 25, 17); und wenn die »Zunge am Gaumen klebt« (Ps 22, 15), so ist dies ein intensives körperliches Zeichen für Ermattung und ungestillten (Lebens)Durst. Eigentlich kann jemand, dem die Zunge im Mund den Dienst versagt, nicht mehr sprechen oder singen. Zumindest kann er sich nicht mehr artikulieren.

Aus diesen Texten wird die Wucht deutlich, mit der das Leben einen Menschen niederzuschlagen und ihm alle Vitalität zu rauben vermag.

Das kann dem gläubigsten Menschen passieren, niemand ist davor gefeit! Auch wer sich – vor allem in den großen monotheistischen Religionen Judentum, Christentum und Islam – bis zum schrecklichen Absturz stets von seinem Gott begleitet wusste, fällt nun auf einmal in Zweifel: Er verdächtigt Gott, sich seinem Leiden gegenüber gleichgültig zu verhalten: »Wie kannst du es zulassen, dass ich in solche Bedrängnis gerate? Hast du mich denn vergessen?« (vgl. Ps 42, 9). Je nachdem, was für eine Persönlichkeitsstruktur der gläubige Mensch hat, stellt sich dann aufgrund dieser Glaubenskrise auch noch ein schlechtes Gewissen ein, weil er mit Gott hadert, anstatt ihm blind zu vertrauen. All dies ist in den Psalmen schon lange niedergeschrieben.

Niemand, der in dieser Verzweiflung steckt, dem der Glaube abhandengekommen ist und dessen Spiritualität zusammenzubrechen droht, ist damit allein. Diese menschliche Grundverfassung haben schon viele Menschen vor ihm erlebt, und die Psalmen zeigen, wie man in dieser schlimmen Zeit mithilfe alter und bewährter Lieder das Wort an Gott richten kann. Man kann Gott nämlich einfach die Wahrheit sagen, man kann ihm mitteilen, wie einem zumute ist. Das ist die Botschaft der Psalmen, und darum sind sie solch ein großer Schatz.

Die folgenden Zeilen stammen vom deutschen Mystiker und Dominikaner Johannes Tauler (1300–1361), auf den auch eines unserer bekanntesten Adventslieder zurückgeht: »Es kommt ein Schiff, geladen bis an sein' höchsten Bord«. Tauler schreibt seine mystischen Erfahrungen der Gottesferne nieder und lässt hieraus ein Lebensbild entstehen:

> *»Wenn Gott den Menschen so sehr aus allen irdischen Dingen herausgezogen hat und er kein Kind mehr ist und wenn Gott ihn mit der Labung seiner Lieblichkeit gestärkt hat, dann, wahrlich, gibt man ihm gutes hartes Roggenbrot, denn er ist erwachsen geworden und zu Tagen gekommen. Dem erwachsenen Menschen ist harte, kräftige Speise nützlich und gut; er braucht keine Milch und kein weiches Brot mehr. Nun zeigt sich ihm ein gar wilder Weg, ganz finster und einsam; und diesen wird er geführt. Und auf diesem Weg nimmt Gott*

ihm alles wieder ab, was er ihm je gegeben hat. Und da wird der Mensch sich so sehr selbst überlassen, dass er von Gott gar nichts mehr weiß. Und er gerät in solche Drangsal, dass er nicht weiß, ob er je auf dem rechten Weg gewesen ist, ob es einen Gott für ihn gebe oder nicht, ob er selbst lebe oder nicht, und darum wird ihm so seltsam wehe – so wehe, dass ihm die ganze Welt zu enge wird. Er hat weder irgendein Empfinden noch ein Wissen mehr von Gott, und alles andere ist ihm zuwider. Und ihm ist, als hänge er zwischen zwei Wänden, und ein Schwert bedrohe ihn von rückwärts und ein scharfer Speer von vorne. Was soll er dann tun? Er kann weder nach rückwärts noch nach vorwärts ausweichen. Er kann sich nur niedersetzen und sprechen: ›Gott grüße dich, bittere Bitterkeit, voll der Gnaden!‹«[106]

Es braucht sicherlich etwas Zeit, bis man diesen Text verstanden und auch in seinen tiefen Dimensionen nachvollzogen hat. Tauler greift zu sehr plastischen Bildern, die verstörend und bedrückend sind. Der spirituell erwachsene Mensch muss für sich jetzt selbst die Verantwortung auf seinem Lebensweg tragen. Wenn ihn auch der Kinderglaube – das weiche Brot und die Milch der frühen Jahre – mit einem Vertrauensvorschuss ausgestattet hat, so tritt er mit diesem Glauben nun in eine Metamorphose ein. Das kann bedeuten, dass ihm alles genommen wird, was er an Glauben jemals besessen zu haben meinte. Gott verbirgt sich und nimmt alle Gewissheit mit sich.

Der Psalmenbeter kennt diese Erfahrung auch: »Denn, Herr, durch dein Wohlgefallen hattest du mich auf einen starken Fels gestellt. Aber als du dein Antlitz verbargest, erschrak ich. Zu dir, Herr, rief ich und flehte zu meinem Gott. Was nützt dir mein Blut, wenn ich zur Grube fahre? Wird dir auch der Staub danken und deine Treue verkündigen? Herr, höre und sei mir gnädig! Herr, sei mein Helfer!« (Ps 30, 8–11).

Der 88. Psalm, der als einziger ohne einen Hoffnungsschimmer endet, hat als letzten Vers diese bittere Bilanz: »Meine Freunde und Nächsten hast du mir entfremdet, und mein Vertrauter ist nur noch die Finsternis« (Ps 88, 19).

Die Gottesferne, die »dunkle Nacht der Seele«, wie sie die Mystiker zu allen Zeiten beschreiben – so Johannes vom Kreuz und Teresa von Ávila –, führt zu absoluter Auswegs- und Bewegungslosigkeit: links und rechts eine Wand, hinten ein Schwert und vorn ein Speer: »Gott grüße dich, bittere Bitterkeit, voll der Gnaden.«[107]

Wenn Gott so ferne scheint

Wäre die große gesellschaftliche pandemische Krise des Jahres 2020 nicht gewesen, so hätte es mich vielleicht viel mehr Mühe gekostet, Worte zu finden, die das Niederdrückende und Lähmende dieser Bewegungslosigkeit verdeutlichen. Als ich jedoch im Frühjahr 2020 diese Zeilen schrieb, war unsere Gesellschaft paralysiert, das gemeinsame öffentliche Leben auf null gesetzt. Die soziale Bewegungsfreiheit war auf ein Minimum heruntergefahren, und wir wussten alle nicht, wann und wie das enden und vor allem was geschähe, wenn das Gemeinwesen sukzessive wieder angeschoben würde. Ich gehörte damals nicht zu den Begnadeten, die das unfreiwillige »heimische Exil« als willkommenen Freiraum für Kreativität nutzen konnten, denn eine tiefe Niedergeschlagenheit hatte mich erfasst, und Angst lähmte mich. Das Schlimmste für mich aber war die Aussichtslosigkeit unserer Lage: Wie sollten wir herauskommen aus dieser Situation? Ein räumliches Ausweichen war nicht möglich, Ausstiegsszenarien gab es lange Zeit gar keine.

Von Tag zu Tag wiederholte sich das Starren auf die Zahlen: Infizierte, Schwerkranke, Tote. Vielleicht gab es in meinem Leben bedrohlichere Situationen, in denen ich gebetet habe: »Bitte, Gott, steh mir bei, ich weiß und kann nicht weiter! Hilf mir!« Aber das waren zumeist kurze Krisen. Hier jedoch trat meine Seele eine lange Reise durch die dunkle Nacht an, zu der der äußere Sonnenschein fast wie eine Karikatur wirkte – man erinnere sich an die wunderbaren Tage im März und

April. Noch nie in meinem Leben habe ich mein Gebet so innig und oft unter Tränen gesprochen wie in jenen Tagen. Meine Seele gierte geradezu täglich nach den Psalmen, in denen sich so viele Lebenserfahrungen der Menschen niedergeschlagen hatten. Hier waren Worte, die der Wucht meiner tiefen Traurigkeit standhielten, weil diese Texte ausgehärtet waren im Feuerofen des Lebens.

Auf einmal begriff ich, warum Psalmen den verzweifelten Menschen, die sie in der tiefsten Seelennacht beteten, so viel bedeutet hatten. Ich dachte an einen Brief von Dietrich Bonhoeffer, den er am 18. November 1943 an seinen Freund Eberhard Bethge geschrieben hatte. Er, der zwischen gefesselten Todeskandidaten seine Zelle hatte, berichtete seinem Freund davon, dass es neben den Liedern von Paul Gerhardt vor allem die Psalmen und die Offenbarung des Johannes waren, die ihm Trost und Halt gegeben hatten: »Ich bin in diesen Tagen vor allen schweren Anfechtungen bewahrt worden.« Von Bonhoeffers Hand ist ein Zettel überliefert – er stammt vermutlich aus dem Mai 1943 –, auf dem zu lesen ist, dass er an Selbstmord dachte; Stichworte standen darauf, die das Hin-und-her-geworfen-Sein seiner Seele schildern und aus denen zugleich abzulesen ist, wie sehr Leib und Seele zusammengespannt sind und aufeinander oder miteinander reagieren: »Unzufriedenheit – Gespanntheit – Ungeduld – Sehnsucht – krank sein, tief einsam – Gleichgültigkeit – Beschäftigungsdrang, Abwechslung, Neuigkeit – Stumpfheit, Müdigkeit, schlafen – dagegen Ordnung, das Fantasieren, Verzerrung der Vergangenheit und Zukunft. Selbstmord, nicht aus Schuldbewusstsein, sondern weil ich im Grunde schon tot bin, Schlussstrich.«[108] Diese letzten Worte sind eingerahmt – und dann mit einem großen »X« durchgestrichen; und darunter dann, als letzter Gedanke: »Überwindung im Gebet!« Gott grüße dich, bittere Bitterkeit, voll der Gnaden.

Als dann die Welt um mich herum Ostern 2020 feierte, als sich der Mailpostkasten füllte mit Sätzen wie »Frohe Ostern« und »Christus ist wahrhaft auferstanden!«, da konnte ich überhaupt nicht mit einstimmen in diese Freude; mein Ostern 2020 fasste ich zusammen in einigen kurzen Zeilen:

»Die Natur ist aufgebrochen
ohne mich …
aufstehen zur Auferstehung?
Ich bleibe zurück
in meinem Karsamstag,
sitzend in Finsternis und im Schatten des Todes:
Wann endlich kommst du
und rollst den Stein weg von der Tür meines Herzens?«

Kann man in einem solchen Augenblick wirklich singen? Schauen wir uns die Herkunft des Wortes »Psalm« an, so hilft uns das dabei, eine Antwort zu finden. Der Begriff »Psalm« leitet sich vom griechischen *psalmós* ab, was »zum Saitenspiel vorgetragenes Lied« heißt. Psalmen sind also zur Gänze Gesänge! Mit diesem Wissen im Hinterkopf dürfte es leichter sein, sich vorzustellen, dass man auch in Zeiten größter Not anfängt zu singen. Während der Pandemie vermissten die Menschen im Gottesdienst am meisten das gemeinsame Singen von Liedern, die Trauer ermöglichen und Trost hätten geben können.

Die Sammlung der 150 Psalmlieder spiegeln alle menschlichen Stimmungen wider. Auf diese Weise wird nichts im Gebet an Gott ausgeblendet. Das kann mitunter so drastisch sein, dass man meint, diese Texte heute nicht mehr beten zu dürfen. So sind einige der sogenannten Fluchverse für den Gottesdienst gestrichen worden. Das ist ein nicht unproblematisches Vorgehen, werden auf diese Weise doch Aspekte ausgeblendet, die wesentlich zum Dialog zwischen Gott und Mensch gehören. Ein Satz von Rainer Maria Rilke (1875–1926) kommt mir in den Sinn: »Ich habe die Nacht einsam hingebracht […] und habe schließlich [...] die Psalmen gelesen, eines der wenigen Bücher, in dem [sic] man sich restlos unterbringt, mag man noch so zerstreut und ungeordnet und angefochten sein.«[109]

Seien wir ehrlich: Es dürfte weniger die Rücksicht auf Gott als eher die Scham vor dem Rest der Gemeinde sein, vielleicht als »schlechter Christ« zu gelten, wenn man die mit heftigen Emotionen aufgeladenen Tiefenschichten seiner Seele allzu gründlich ausleuchtet. Davon, dass man die »schlimmen Dinge« vor Gott und den Menschen aus falsch verstandener Frömmigkeit nicht zur Sprache bringt, sind sie jedoch nicht aus dem Herzen verschwunden – im Gegenteil. Der Schweizer Psychiater C.G. Jung (1875–1961) spricht in diesem Zusammenhang vom »Schatten«, einem Teil der menschlichen Psyche, der aus unbewussten Inhalten besteht, die den bewussten Werten und Normen nicht entsprechen. Der Schatten ruht jedoch nicht im Unbewussten. Im Gegenteil: Er ist höchst lebendig und nimmt munter Einfluss auf das menschliche Wahrnehmen und Handeln. Man wird ihn also durch Verdrängen und Ignorieren genauso wenig los wie eine unliebsame Krankheit. Um eine auch religiös entwickelte Persönlichkeit zu werden, ist es unabdingbar, sich mit dem Schatten auseinanderzusetzen. Man muss einen Weg finden, die Inhalte, die dort gehört und ausgedrückt werden wollen, im eigenen Leben angemessen umzusetzen. Sonst entwickeln sich unter Umständen gravierende Fehlstellungen: »Der Mensch ist weder Engel noch Bestie, und sein Unglück ist, dass er umso bestialischer wird, je mehr er ein Engel sein will.«[110] So schrieb im 17. Jahrhundert der französische Religionsphilosoph Blaise Pascal (1623–1662).

Die eben besprochene Verdrängungssymptomatik ist ein psychologisches Argument, warum wir uns nicht scheuen sollten, auch abgründige Strebungen in uns zur Kenntnis zu nehmen. Hierfür finden wir jedoch auch ein theologisches Argument: Wenn die Heilige Schrift als Gottes Wort in Menschensprache gesehen wird, dann muss Gott selbst als der Urheber dieses Textes verstanden werden. Das gilt dann natürlich auch für die Fluchverse der Psalmen. Und in der Apostelgeschichte steht unzweideutig: »Was Gott für rein erklärt, das behandle du nicht, als wäre es unrein!« (Apg 10, 15).

In diesem Zusammenhang hat mir persönlich der pragmatisch erdverbundene Hinweis einer Benediktinerin sehr geholfen, die vor Jahren anlässlich von Exerzitien zu diesem Thema sagte: »Auch wenn wir im Gebet gewaltige Blähungen loslassen, so dürfen wir doch darauf vertrauen, dass sie sich auf dem Weg nach oben in ein Rauchopfer verwandelt haben.« Sie hatte bei ihrer Aussage den Psalm 141, 2 im Blick: »Mein Gebet möge vor dir gelten als ein Räucheropfer.« Wohlgemerkt: Was die weise Schwester sagen wollte und was mir bis heute lebendig geblieben ist, legt den Schwerpunkt auf die Frage, welche Gebete »gute« Gebete sind und ob im Gebet alles erlaubt sei. Die Antwort der Benediktinerin spricht eine klare Sprache: *Alle* unsere Gebete sind ein Rauchopfer vor Gott, und manche Sätze dürfen ihm ruhig in der Nase stinken.

Gregorianischer Choral II: Der Introitus »Reminiscere«

Auch der Gregorianische Choral kennt Vertonungen solcher dramatischen Seelenzustände. Wenn wir uns jetzt in den zweiten Gesang vertiefen, möchte ich Ihnen vorab gerne eine kleine Einführung geben, die den Zusammenhang von Text und Musik betrifft und helfen kann, die Interpretation nachzuvollziehen. Ein und derselbe Text nämlich kann durch musikalische Parameter in völlig unterschiedlichen Stimmungen beleuchtet werden. Solche musikalischen Mittel sind zum Beispiel die Wahl der Tonart und die Melodieführung, aber auch der »Rhythmus«, der sich aus Beschleunigung oder Verlangsamung bestimmter Satzteile und Wörter ergibt. Darum kommen immer zwei Komponenten zusammen: Herkunft und inhaltliche Ausrichtung des Textes einerseits, Art und Charakter seiner Vertonung andererseits. So kann ein »Hoffnungstext« durch eine sehr zurückhaltende und introvertierte

Vertonung einen eher fragenden und zweifelnden Ausdruck vermitteln, sozusagen wie ein komponiertes Fragezeichen. Ein zweifelnder Text wiederum klingt im passenden melodischen Gewand vielleicht wie eine Zusage von Heil und Rettung. Diese Aspekte gehören zum Verständnis gregorianischer Gesänge unbedingt dazu.

Der Introitus »Reminiscere miserationum tuarum« eröffnete früher den Gottesdienst am zweiten Fastensonntag. Deshalb heißt dieser Sonntag in der evangelischen Kirche bis heute »Sonntag Reminiscere«. Diesem Gesang liegen Textelemente des Psalms 25 zugrunde. Die Texte des Gregorianischen Chorals zeugen von einem sehr souveränen Umgang mit der Heiligen Schrift: Des Öfteren folgt man nicht der genauen Reihenfolge der Verse in der Bibel, sondern stellt sich den Text frei zusammen, kürzt und stellt um – und gestaltet damit eine eigene Aussage, die nicht immer dem Original des Schrifttextes folgen muss. So ist es auch hier: Es wurden die Verse 6, 3 und 22 des Psalms zu einer neuen Aussage aneinandergereiht.

Reminiscere

Lateinischer Originaltext	**Übersetzung**
Reminiscere miserationum tuarum,	*Erinnere dich deiner Erbarmungen,*
Domine,	*Herr,*
et misericordiae tuae,	*und deiner Barmherzigkeit,*
quae a saeculo sunt:	*die von Ewigkeit her ist,*
ne unquam dominentur nobis	*damit uns niemals beherrschen*
inimici nostri:	*unsere Feinde.*
libera nos Deus Israel	*Befreie uns, Gott Israels,*
ex omnibus angustiis nostris.	*aus all unseren Bedrängnissen.*

»Erinnere dich« – ein Hilfesuchender wendet sich an jemanden, der ihm in guten Zeiten versprochen hat: »Wenn du etwas brauchst oder wenn es dir nicht gut geht – ich werde für dich da sein!« Zu Beginn des zweiten Buches der Heiligen Schrift (Ex 3) nimmt Gott den Hirten Moses in seinen Dienst. Auf hartnäckiges Fragen hin nennt er ihm seinen Namen: Jahwe! Es handelt sich hierbei um ein schwer zu übersetzendes hebräisches Wortspiel: ungefähr »Ich bin, der ich bin« oder »Ich bin der ICH-BIN-DA«. Ich möchte es übersetzen: »Ich bin der, der für euch da sein wird!« Bei diesem Namen, der ein Versprechen zum Inhalt hat, lässt Gott sich rufen. An diesen Namen lässt er sich auch von den Menschen erinnern, wenn sie in Not sind, denn sein Name ist sein Programm. In diesem Rahmen sehe ich auch den gregorianischen Gesang, der mit den Worten »Erinnere dich« beginnt.

Das Auffälligste beim Hören ist der melodische Verlauf: Die Melodie bewegt sich fast die ganze erste Hälfte des Stückes in einem sehr kleinen Tonumfang. Im Prinzip kreist sie immer um einen Halbtonschritt herum. Wer singt so? Wessen Stimme hat so wenig Ausdrucksmöglichkeiten, wer ist innerlich so eingeschrumpft, dass nur noch ganz wenige Töne von seiner Stimme geformt werden können? Ist das jemand, der mit dem Fuß aufstampft und die Forderung aufstellt: »Erinnere dich gefälligst«? Nein, sicher nicht. Die musikalische Umsetzung des Textes weist in eine völlig andere Richtung. Da singt jemand, der eine flehentliche Bitte flüstert. Der Tonfall ist sehr zurückgenommen, der betende Mensch liegt im Staub und kann sich fast nicht aufrichten.

Allein schon vom Körpergeschehen her ist dies eine im wahrsten Wortsinn »beklemmende« Vorstellung: Der Mensch ist in sich zusammengesunken – das Zwerchfell eingeklemmt, kein Atem, kein Fundament für eine innere Luftsäule, die den Ton tragen und nach außen hin verstärken könnte; das Erheben der Stimme ist unmöglich. Diesem Menschen klebt (und das ist beinah auch hörbar in der Melodie) gewissermaßen die Zunge am Gaumen. Ein deutlich vernehmbares Sprechen sinnvoller Sätze kann unter diesen Umständen nicht stattfinden. Die starken Ausdrucksmöglichkeiten, die dieser Gesang aufweist, sind für uns heute sehr beeindruckend. Wenn man ein wenig mehr über die Hintergründe der textlichen und musikalischen Gestaltung weiß, dann bekommen solche Stücke aus dem gregorianischen Repertoire doch noch einmal eine ganz neue, tiefergehende Bedeutung.

Erst bei *ne unquam dominentur nobis inimici nostri* (»damit uns niemals beherrschen unsere Feinde«) wird der Tonfall nachdrücklicher: Die Melodie steigt an, die Stimme hebt sich. Jetzt geht es um die Mobilisierung von Kräften, bei der Gott helfen soll. Der Beter und seine Feinde – ein ganz zentrales Thema der Psalmen. Feinde des Beters können äußere Bedrohungen sein, wie zum Beispiel andere Menschen, Unglücke, Katastrophen. Ein Feind kann aber eben auch der berühmte »innere Schweinehund« sein, eine charakterliche Schwachheit oder möglicherweise auch eine tiefe Niedergeschlagenheit, eine Depression, die der Beter nicht mehr aus sich heraus überwinden kann. Diese bedrohlichen Gefahren sollen und dürfen nicht über den Menschen siegen. Deswegen bäumt er sich auf und ruft zu Gott: »Erinnere dich an das, was du uns damals versprochen hast – an deinen Namen, den du uns genannt hast: DER-FÜR-UNS-DA-IST! Lass mich nicht untergehen, und befreie mich aus all meinen Ängsten!«

Und nun ist es wieder an Ihnen, liebe Leserin, lieber Leser. Eingangs hatte ich beschrieben, wie man mithilfe von Notizen, sorgfältigem Lesen und achtsamem Hören das Musikgeschehen im eigenen Körper zum Leben erwecken kann. Faszinierend an diesem Gesang ist die musikalische Entwicklung aus der völligen Schwäche der Niedergeschlagenheit hin zu einer mit Vitalisierung verbundenen Tatkraft.

Ich wünsche Ihnen, dass Sie sich hieran erinnern, wenn Sie in eine Lebenslage kommen, in der es notwendig ist, sich aufzurichten.

Der Antrieb ist die Sehnsucht und der Treibstoff die Hoffnung

Embodiment und Spiritualität: Wer eine Krise durchlebt, sieht bereits einen Lichtstrahl am Horizont. Oftmals ist dies ein Aufbruchssignal, um wieder neue Energie und Bewegungsfreiheit zu erlangen. Dabei kann es helfen, gleichsam einen Blickwinkel aus der Zukunft einzunehmen und aus der Vision der Überwindung des dunklen Tals auf die momentane schwere Zeit zu schauen: Die Hoffnung gibt Kraft, tief Luft zu holen, sich aufzurichten und das Haupt zu erheben!

Kann spirituelles Embodiment dabei helfen, dieses dunkle Tal zu verlassen? Eine klare Antwort: Ja! Jedoch muss man dabei aktiv werden und Eigenes dazu beitragen. Wie die Gregorianik hierbei helfen kann, ist Thema dieses Kapitels.

Machen wir uns klar, wie sich die Lage für einen spirituell erwachsenen Menschen entwickelt hat: Die einfachen Bilder und unkomplizierten religiösen Mechanismen der ersten Lebensjahre sind verschwunden; die Milchzähne des frommen Kinderglaubens sind ausgefallen. Möglicherweise ist allein das lange eingeübte Grundgefühl des Vertrauens in Gott übriggeblieben und hat sich dann doch als tragfähig erwiesen – zumindest ein wenig. Der religiöse Gesang der klaren Kinderstimme ist verklungen; der Mensch wird erwachsen und muss immer wieder neu lernen, sich zu orientieren, sich zu bewegen, in Krisen Resilienz zu entwickeln.

In den dramatischen Corona-Monaten des Frühjahrs und Sommers 2020 war es das tägliche Glockenläuten der Pfarrkirche abends um halb acht, das diese Widerstandskraft bei mir neu geweckt und schließlich gestärkt hat. Der »heilige Bimbam« meiner frühen Kindheit kam mir wieder ins Gedächtnis, und ich erinnerte mich an die Stimme Gottes in meiner damaligen kleinen Kinderwelt: Es waren die Glocken, die den Tag gliederten, zum Gottesdienst riefen und sich über die Sorgen des Alltags erhoben – als Mahnung, Erinnerung und Trost und zugleich ein Versprechen, dass Gott uns nicht vergessen hatte. Lange bevor ich im Theologiestudium die Bedeutung des Gottesnamens Jahwe (»Ich bin der, der für euch da ist«) kennengelernt hatte, war mir der Inhalt dieses Satzes im Geläut der heimatlichen Glocken präsent.

An diese Erinnerung knüpfte die Situation im Frühjahr 2020 an. Das Glockenläuten hat in mir etwas in Bewegung gebracht, nein, es hat *mich* in Bewegung gebracht und dabei geholfen, die Lähmung zu beenden, die mich zeitweise befallen hatte. Das Erste, was sich löste, war die Spannung, in der Leib und Seele sich gegenseitig festhielten und die maßgeblich zum Gefühl dieser Lähmung beigetragen hatte. Hilflosigkeit und Verzweiflung kamen zu Bewusstsein, und ich erinnere mich genau an die Erleichterung, die das Weinen in dieser Situation ausgelöst hat. Die Krise begann mit dem Realisieren der eigenen Hilflosigkeit angesichts der Situation, in der wir alle uns befanden. Zugleich war da der Klang der Glocken, der so etwas wie eine Perspektive schuf: Du bist dieser Gegenwart nicht ausgeliefert. Da ist eine Verheißung, die in die Zukunft weist. Nimm diese Perspektive wahr – und begreife, dass du die Krise bestehen kannst.

Hier ist vielleicht der richtige Moment, um über den tieferen Sinn des Wortes »Krise« zu sprechen. Das griechische Wort *krísis* meint »Entscheidung, Wendepunkt«. Es schwingt hier also nicht zuerst die allgemeine Bedeutung von »Krise« mit, die landläufig mit »Unsicherheit« und »bedrohliche Situation« konnotiert ist. Das Verb *krínein* (wie auch das lateinische Wort *cernere*, das etymologisch hiervon abzuleiten ist) hat das Bedeutungsfeld »sehen, unterscheiden, entscheiden«. Wenn ein

Mensch also in eine Krise gerät, steht er vor Entscheidungen – und damit fällt ihm eine aktive Rolle zu:

- sehen: seine Situation erkennen,
- beurteilen: unterscheiden,
- den Weg wählen: entscheiden
- und dann den Weg gehen!

Auch für diesen existenziellen Prozess gibt es seit alters beeindruckende Bilder. Die Göttin Hekate ist so ein Bild. Sie wurde in der heidnischen Antike als jene Gottheit verehrt, die ihren besonderen Platz an den Wegkreuzungen hatte (das sind, bildlich gesprochen, Entscheidungssituationen). Hekate wurde im Lauf der langen Geschichte ihres Kultes oftmals in Form von drei Frauengestalten dargestellt, die entweder mit dem Rücken aneinander oder um eine kleine Säule herum standen und auf diese Weise Vergangenheit, Gegenwart und Zukunft gleichzeitig im Blick hatten. Dies signalisiert eine enge Verbindung: Die Gegenwart wird durch einen Blick in die Vergangenheit und zugleich eine Vorausschau in die möglicherweise eintretende Zukunft im wahrsten Sinn des Wortes »relativiert«. Sie erscheint unter einer anderen Perspektive. Wieder einmal hilft uns der große Schatz an Weisheit und Wissen vergangener Zeiten, sei er christlicher oder auch nichtchristlicher Herkunft.

Was durch die Darstellung der Hekate-Figur metaphorisch ausgedrückt wird, hat Eingang in die moderne Psychologie gefunden. Es gilt, sich selbst auf eine Art Zeitpfeil zu versetzen. Diese Bewegung auf dem Zeitpfeil kann entweder ganz konkret körperlich erfolgen, wie es zum Beispiel im Psychodrama gemacht wird. Man kann aber auch in der Imagination arbeiten, wenn man dafür Hypnose einsetzt. Egal, welche Methode gewählt wird: Es geht immer darum, dass eine Gesamtschau der eigenen Person vorgenommen und aus einer neuen Zeitperspektive heraus Gelassenheit entwickelt werden kann, die möglicherweise sogar einen Raum für neue Kreativität eröffnet. Die Fragen, die man sich stellt, während aus der imaginierten Zukunft heraus die Vergangenheit betrachtet wird, lauten: Welche Hindernisse habe ich überwinden müssen? Welche Gefahren galt es zu vermeiden? Auf welche Stärken konnte ich zählen? Wesentlich bei dieser Technik ist die Tatsache, dass die Person nicht einfach in einer positiven Zukunftsfantasie schwelgt, denn diese Form der Imagination hat keine Effekte für die Krisenbewältigung. Was man braucht, ist eine Art Arbeitsperspektive, gepaart mit Erkenntnissen, die wiederum in der Gegenwart verwendet werden können.

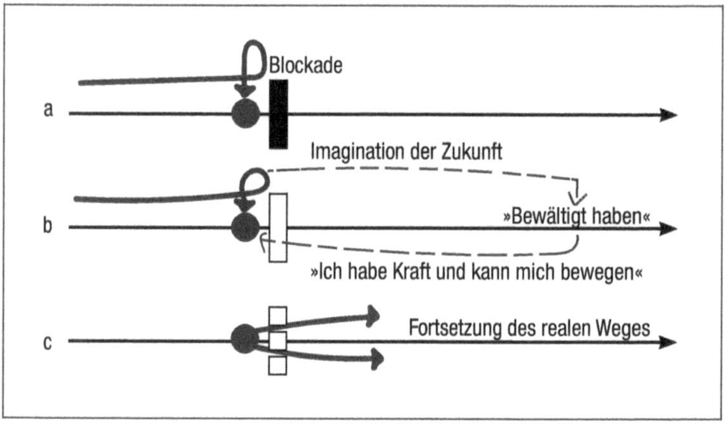

Die Imagination seiner selbst auf einem Zeitpfeil

Die imaginierte Zukunftsperspektive (b) ermöglicht einen »Rück«-Blick auf den Weg, der fiktiv hinter einem liegt, den man real aber dann noch zu gehen hat. Diese Perspektive einzunehmen hat mir in der Coronazeit geholfen. Ich versetzte mich quasi in die Zukunft und schaute von dort aus auf die dann bewältigte Vergangenheit fiktiv zurück: Was kann und wird geschehen sein, wenn ich die Krise durchlaufen haben werde und dann auf diese Zeit zurückblicke?

Dabei hat mich auch ein Artikel des Zukunfts- und Trendforschers Matthias Horx inspiriert. Er sprach in diesem Zusammenhang von einer »Re-Gnose« (im Gegensatz zur Prognose) und erläuterte den Unterschied:

> *»Warum wirkt diese Art der ›Von-Vorne-Szenarios‹ [sic] so irritierend anders als eine klassische Prognose? Das hängt mit den spezifischen Eigenschaften unseres Zukunfts-Sinns zusammen. Wenn wir ›in die Zukunft‹ schauen, sehen wir ja meistens nur die Gefahren und Probleme ›auf uns zukommen‹, die sich zu unüberwindbaren Barrieren türmen. Wie eine Lokomotive aus dem Tunnel, die uns überfährt. Diese Angst-Barriere trennt uns von der Zukunft. Deshalb sind Horror-Zukünfte immer am Einfachsten [sic] darzustellen.*
>
> *Re-Gnosen bilden hingegen eine Erkenntnis-Schleife, in der wir uns selbst, unseren* **inneren Wandel** *[Hervorhebung im Original], in die Zukunftsrechnung einbeziehen. Wir setzen uns innerlich mit der Zukunft in Verbindung, und dadurch entsteht eine Brücke zwischen Heute und Morgen. Es entsteht ein ›Future Mind‹-Zukunfts-Bewusstheit.«*[111]

Einer der wichtigsten Gedanken scheint mir hierbei zu sein, sich innerlich mit der Zukunft in Verbindung zu setzen, ihre Potenziale zu aktivieren und von da aus die Vielfalt der Chancen zu entdecken, die sich einem auf dem Weg durch die Zeit in die Zukunft bieten können. Es ist das Frei-Werden für eine Lebensdynamik, mit der der Mensch Perspektive gewinnt. Wenn wir diese Erkenntnisse auf eine theologisch-spirituelle Sichtweise umsetzen, dann kann man diese Art der Zukunftsbewusstheit auch »Hoffnung« nennen. Die christliche Hoffnung rührt daher, dass bei aller möglichen negativen Erfahrung der Gegenwart die Zukunft der Menschen schon als eine grundgute definiert und festgelegt ist.

Um dies besser nachvollziehen zu können, ist vielleicht die folgende Schriftstelle hilfreich:

»So kam er [Jesus] auch nach Nazareth, wo er aufgewachsen war, und ging, wie gewohnt, am Sabbat in die Synagoge. Als er aufstand, um vorzulesen, reichte man ihm die Buchrolle des Propheten Jesaja. Er öffnete sie und fand die Stelle, wo geschrieben steht: Der Geist des Herrn ruht auf mir; denn er hat mich gesalbt. Er hat mich gesandt, damit ich den Armen eine frohe Botschaft bringe; damit ich den Gefangenen die Entlassung verkünde und den Blinden das Augenlicht; damit ich die Zerschlagenen in Freiheit setze und ein Gnadenjahr des Herrn ausrufe. Dann schloss er die Buchrolle, gab sie dem Synagogendiener und setzte sich. Die Augen aller in der Synagoge waren auf ihn gerichtet. Da begann er, ihnen darzulegen: Heute hat sich das Schriftwort, das ihr eben gehört habt, erfüllt« (Lk 4, 16–21).

Diese Bibelstelle schildert den Beginn des öffentlichen Wirkens Jesu. Eine Kontinuität zwischen dem Alten und dem Neuen Testament wird sichtbar: Die Prophezeiung des Jesaja wirkt wie eine »Re-Gnose«, und Jesus nimmt sie auf und verkündet, dass sie nun endgültig Realität geworden ist. Er ruft die Gnadenjahre des Herrn aus. Und damit bringt er die Hoffnung zu den Menschen.

Theologisch sprechen wir vom Anbruch der »Gottesherrschaft« oder auch des »Reiches Gottes« mit dem Wirken Jesu von Nazareth. Natürlich wird dadurch nicht die konkrete Realität der Menschen mit ihren Problemen wie mit einem Fingerschnipsen verändert. Die Botschaft Jesu jedoch – »heute hat sich [alles] erfüllt« – soll verdeutlichen, dass alles, aber auch wirklich alles, zu einem guten Ende bestimmt ist; und der Mensch wird befreit, selbst zu handeln, so viele Blockaden sich ihm auch in den Weg stellen. Gefangenschaft ist in Freiheit, Krankheit in Gesundheit und Unterdrückung in freie Entfaltung verwandelt. Auch wenn auf der Erde gegenwärtig noch so unglaublich viel Elend, Unterdrückung und Ungerechtigkeit anzutreffen sind: Sie werden letztlich nicht siegen, denn sie widersprechen dem Plan, den Gott mit uns Menschen hat. Von dieser Hoffnung leben die Menschen. Poetisch ausgedrückt: »Hoffnung ist die Fähigkeit, die Musik der Zukunft zu hören. Glaube ist der Mut, in der Gegenwart dazu zu tanzen«, wie es in einem inzwischen schon fast sprichwörtlichen Zitat des slowenisch-kroatischen Theologen Peter Kuzmič heißt.

Perspektivenwechsel

Ich hatte das Glück, in meinen theologischen Studien hervorragende akademische Lehrer erlebt zu haben. Zu ihnen gehörte der langjährige Professor für alttestamentliche Exegese in Münster, Erich Zenger (1939–2010): ein Psalmenkenner, wie mir kein anderer bekannt ist. Er verstand es, in uns jungen Leuten ein Feuer der Begeisterung zu entzünden, das dauerhaft brennt. Meine Liebe zu den Psalmen und mein bleibendes Interesse, sie zu kennen und aus ihnen zu lernen, liegt in der Begegnung mit diesem faszinierenden Theologen begründet. Nie werde ich jene Vorlesung vergessen, in der er den Psalm 126 erläuterte, dessen Textfassung wir damals nur aus dem Gesangbuch oder dem Stundenbuch kannten:

> *»Als der Herr das Los der Gefangenschaft Zion wendete, da waren wir alle wie Träumende. Da war unser Mund voll Lachen und unsere Zunge voll Jubel. Da sagte man unter den Völkern: ›Der Herr hat an ihnen Großes getan.‹ Ja, Großes hat der Herr an uns getan; da waren wir fröhlich. Wende doch, Herr, unser Geschick, wie du versiegte Bäche wieder füllst im Südland. Die mit Tränen säen, werden mit Jubel ernten. Sie tragen den Samen zur Aussaat und bringen ihre Garben heim« (Ps 126, 1–6).*

Zenger trug uns dann eine Übersetzung vor, in der er berücksichtigte, dass der erste Teil des Psalms aus dem Hebräischen auch ins deutsche

Futur übersetzt werden kann. Er wies uns freilich augenzwinkernd darauf hin, dass dies in der Lutherbibel bereits der Fall war. Nicht nur Erinnerung, sondern Vision und Hoffnung leuchten auf, der Psalm macht »Geschmack« auf die Zukunft: »Wenn der Herr das Los der Gefangenschaft Zions wenden wird – wir werden sein wie Träumende –, dann wird unser Mund voll Lachen und unsere Zunge voll Jubel sein.« So singen Menschen, deren Antrieb die Sehnsucht und deren Treibstoff die Hoffnung ist. Denn »Hoffnung sieht das Unsichtbare, fühlt das Unfassbare und erzielt das Unerklärbare« (dem in Auschwitz ermordeten polnischen Franziskaner-Minoriten Maximilian Maria Kolbe [1894–1941] zugeschrieben).

Gregorianischer Choral III: Die Communio »Memento verbi tui«

Finden wir dieses Prinzip Hoffnung auch im gregorianischen Repertoire? Ich habe einen Gesang ausgewählt, der in der katholischen Messliturgie während der Kommunionausteilung gesungen wird. Dieser Moment in der Feier der Eucharistie bezeichnet wohl die intensivste sinnlich-leibliche Begegnung und ist daher auch aus der Sicht des Embodiments besonders markant. Man verleibt sich im wahrsten Sinne des Wortes das Heilige ein. Und während dieses Geschehens ertönt ein Gesang, der die Hoffnung zum Thema hat, ja, der Hoffnung erwecken kann. Ohr und Zunge verkosten das Heilige zugleich.

Memento verbi tui

Lateinischer Originaltext	**Übersetzung**
Memento verbi tui servo tuo, Domine,	*Gedenke deines Wortes an deinen Knecht, o Herr,*
in quo mihi spem dedisti:	*mit dem du mir Hoffnung gabst:*
haec me consolata est	*Dies(e) hat mich getröstet*
in humilitate mea.	*in meiner Erniedrigung.*

Der Inhalt dieses Gesangs ist dem des vorher besprochenen Stücks – »Reminiscere miserationum tuarum« – nicht unähnlich: »Erinnere dich … Gedenke.« Der Charakter der Vertonung ist jetzt aber erheblich extravertierter. Das fachmännisch geschulte Ohr erkennt, dass es sich um dieselbe Grundtonart wie beim »Reminiscere« handelt – und doch, was für Unterschiede: Die Melodie erhebt sich in größeren Intervallen, und der Text wird zu Beginn erheblich geschwinder vorgetragen. So verraten es dem Interpreten die ersten handschriftlichen Fixierungen des Stückes, die aus der ersten Hälfte des 10. Jahrhunderts stammen und ausschließlich der Gestaltung des Tempos von diesem Gesang gewidmet sind.

Auf welche Weise wird »Hoffnung« zum Thema dieses Gesangs? Sie erinnern sich: Zwei Komponenten gilt es in den Blick zu nehmen – zum einen den Text, zum anderen seine musikalische Ausgestaltung. Machen wir uns also gemeinsam mit der Art und Weise vertraut, wie in der Gregorianik Text und Musik auf einzigartige Weise zusammenwirken. Möglicherweise ist dieser Zugang für Sie zunächst ungewohnt, aber der Weg lohnt sich. Denn das Verstehen dieser Musik setzt voraus, dass man sich nicht nur dem Klang hingibt, sondern die musikalischen und textlichen Mittel detailliert zur Kenntnis nimmt, mit denen die einzigartige Wirkung der Gesänge erzielt wird.

Text und Musik wirken in der Gregorianik auf einzigartige Weise zusammen[112]

Schauen wir uns den Kommuniongesang unter diesen Voraussetzungen einmal genauer an: Die erste Gliederung in Form eines ersten Abbremsens kommt bei »Domine«, der direkten Ansprache an Gott. Das Wort »Domine« steht übrigens nicht in der lateinischen Fassung des Psalms, sondern ist durch die Textgestalter beziehungsweise Komponisten dieses gregorianischen Gesangs zusätzlich eingefügt worden. Was wird durch diesen Zusatz erreicht? Der Beter verstärkt durch die Anrufung seine persönliche Beteiligung am Text, denn er nennt seinen Adressaten: »Herr, Gott, mein Helfer!«

Die Vertonung des Wortes *Domine* gliedert die Melodie mit einer Tonfolge, die musikalisch für Abschlüsse typisch ist. Zugleich ist diese Tonfolge aber so gehalten, dass der melodische Fluss nicht unterbrochen wird. Hinter diesem Kunstgriff steckt wiederum eine Botschaft, diese lautet: »Es geht weiter!« Mit der Zusage des dauernden Beistands, die Gott dem Menschen gab, als er ihnen seinen Namen nannte, entzündete er im Menschen Hoffnung. Die Vertonung macht dies ebenfalls sehr deutlich: Das Wort *spem* (Akkusativ von lat. *spes* [Hoffnung]) wird verlangsamt vorgetragen und erklingt damit intensiver als die bis dato gesungenen Worte: Hier ist ein wichtiger inhaltlicher Punkt erreicht. Der Beter hat Hoffnung und lässt diese Verfassung ausdrücklich auf sich wirken; das teilt uns die Verlangsamung dieses Wortes mit.

Nach einer weiteren Gliederung setzt der Gesang nun neu an: »Haec me consolata est.« Das lateinische Verb *consolare* heißt »trösten«. Der Beter spricht davon, was ihn in seiner schlimmen Lage tröstet. *Haec* ist grammatikalisch doppeldeutig: Es kann sich auf den ganzen ersten Satz beziehen: »*Dies* alles ist mir Trost ...«; genauso ist es aber auch möglich, das *haec* auf *spem* zu fokussieren: »*Sie* – diese Hoffnung – ist mir Trost.« Für diese zweite Variante der Übersetzung spricht in meinen Augen sehr viel. Beim Anhören wird dann noch deutlich, dass im zweiten Satzteil das *me* besonders herausgehoben wird. »Die Hoffnung – sie ist *mein* Trost in meiner Erniedrigung.«

Es gehört zu den wirklich aufschlussreichen Besonderheiten gregorianischer Vertonungen, dass die Personalpronomina, insbesondere die der ersten und zweiten Person Singular und Plural (ich, du, wir, ihr), sehr oft herausgehoben werden. Hier ist Raum für Interpretation. Für mich liegt es nahe, dass mit der melodisch wie rhythmisch bemerkenswerten Vertonung des *me* eine besondere persönliche Aneignung beabsichtigt ist. Der Beter des Psalms steht zusammen mit den betenden Vertonern der Texte im 8. und 9. Jahrhundert – und mit uns Betenden heute.

Ein weiter Bogen über alle Zeiten spannt sich auf, das ist das Herrliche an der Gregorianik. Wer das Stück singt oder hört, dem wird auf diese Weise durch die Musik Raum gegeben, seinen persönlichen Zuspruch Gottes als Zündfunken für die eigene Hoffnung zu erfahren. Es ist die Hoffnung auf diesen menschenfreundlichen Gott und auf das endgültige Heil, das im Wirken Jesu Christi schon angebrochen ist und das die Möglichkeit gibt, eine Relation herzustellen zwischen der momentanen Bedrängnis und dem verheißenen guten Ende.

Wenn Sie nun das Stück (noch mal) hören, dann achten Sie bitte auf den Charakter der einzelnen Worte und Melodieelemente, die wir eben angeschaut haben: Das Wort *Domine* ist wichtig, denn es sorgt für die persönliche Ansprache. Das Wort *spem* lässt die Hoffnung zum Klingen kommen, indem es verlangsamt und damit ausgekostet wird. »Mein« Trost in »meiner« Erniedrigung: Die Personalpronomina tragen ihren Teil dazu bei, dass der Betende sich mit Haut und Haar, mit Leib und Seele – mit Embodiment eben – jener göttlichen Kraftquelle anvertrauen und sie »anzapfen« kann, die jederzeit und immer für alle Menschen zur Verfügung steht, weil Gott sein Wort gegeben hat: »Ich bin der, der für euch da ist!«

Wandle dich vor mir, und werde ganz heil!

Embodiment und Spiritualität: Der Mensch ist auf seinem irdischen Weg begleitet von Gott – auch wenn er es nicht weiß oder nicht wissen will. Gott geht mit den Menschen, seitdem es Menschen gibt; er ist ein Gott der Geschichte. Der Mensch hat auf seinem Weg die Chance, sich zu wandeln oder, besser, verwandeln zu lassen; die Heilungsgeschichten, von denen die Bibel berichtet, sind ein Heil-Werden an Leib *und* Seele: sehen, hören, sprechen, glauben!

Zwei der wichtigsten Lobtexte aus dem Neuen Testament – das »Benedictus« des Zacharias und das »Magnificat« der Maria (beide im ersten Kapitel des Lukasevangeliums) – werden im Stundengebet der Kirche täglich gesungen. In beiden Gesängen wird an ein Versprechen erinnert, das Gott zu Beginn der Menschheitsgeschichte dem Urvater Abraham gegeben hat: »Er hat das Erbarmen mit den Vätern an uns vollendet und an seinen heiligen Bund gedacht – an den Eid, den er unserem Vater Abraham geschworen hat« (Lk 1, 72 f.). Und: »Er nimmt sich seines Knechtes Israel an und denkt an sein Erbarmen, das er unseren Vätern verheißen hat: Abraham und seinen Nachkommen auf ewig« (Lk 1, 54 f.).

Die Abraham-Erzählung gehört zu den zentralen Narrativen der Heiligen Schrift. Sie steht für den Bundesschluss zwischen Gott und den Menschen schlechthin und bezeichnet den für den Menschen wahrnehmbaren Anfang eines gemeinsamen Weges: Gott verheißt dem Abram (so heißt er ursprünglich) zahlreiche Nachkommen und ändert sogar dessen Namen in »Abraham«, was »Vater der Menge« bedeutet. Er verheißt ihm und seinen Erben Land und Besitz. Von Generation zu Generation will er diesen Bund neu mit Leben füllen, und er fordert ihn auf, sein Leben als treuer Bundesgenosse im Angesicht Gottes zu führen: »Wandle vor mir – und sei ganz!« Dieses »Ganz-Sein« hat im Sinne des Embodiments viele Facetten: heil und vollständig/ganzheitlich (Martin Luther übersetzt es mit »fromm«).

Da Gott ein Gott der Geschichte ist, der die kurvenreichen Lebenswege der Menschen durch alle Zeit hindurch mitgeht, klingt im »Wandle vor mir« zugleich auch immer der Satz mit: »Wandle dich vor meinem Angesicht – und du wirst heil, gesund und ganz sein!« Der Mensch ist in seinem Sichwandeln also nie allein, auch wenn er sich so fühlt.

Gregorianischer Choral IV: Die Communio »Illumina faciem tuam«

Illumina faciem tuam

Lateinischer Originaltext	**Übersetzung**
Illumina faciem tuam	*Lass leuchten dein Antlitz*
super servum tuum,	*über deinem Knecht,*
et salvum me fac	*und mach mich heil*
in tua misericordia:	*in deiner Barmherzigkeit.*
Domine, non confundar,	*Herr, ich werde (lass mich) nicht zuschanden werden,*
quoniam invocavi te.	*denn ich rufe zu dir!*

Wenn man in einem gregorianischen Gesang auf die Suche geht nach den wichtigsten Worten, nach der Sinnspitze der Aussage, so begegnet man sehr oft schlichten Vertonungen, manchmal nur ein bis zwei Töne pro Silbe. Dafür sind die entsprechenden Worte nicht selten rhythmisch verlangsamt und werden intensiver gesungen. So ist es auch bei diesem Stück: Bei *faciem* (Akkusativ von lat. *facies* [Antlitz]) haben wir eine erste Verlangsamung. Das Angesicht Gottes anzuschauen war den Vätern und Propheten des Alten Bundes unmöglich. Es hätte sie verzehrt und verbrannt. So musste Moses in eine Felsspalte treten und sein Gesicht vor dem Antlitz Gottes verbergen. »Das Antlitz zeigen« und »das Antlitz verbergen« ist in den Psalmen wiederum ein Synonym dafür, dass Gott sich dem Menschen zuwendet – oder sich von ihm abkehrt und ihn scheinbar sich selbst überlässt, was der Mensch als schlimmste Form der Gottesferne erfährt und beklagt. Wendet Gott sein Antlitz zu, ist der Mensch im Licht und in der Wärme, die ihm Lebenskraft und Heil verheißen. Es ist der Bund mit Abraham, der hier noch zum Tragen kommt – »Wandle vor mir«. Gott sagt zum Menschen: »Ich schaue auf dich und sehe dich an, du bist mein Augapfel« (»Der Stern meines Auges behütet dich« [nach Ps 17, 8]).

Das nächste wichtige Wort kann wohl die Sinnspitze des ganzen Stückes sein: »et *salvum* me fac« – »und mach mich *heil*«. Die Melodie steigt auf und ist von großer rhythmischer Intensität, obwohl *salvum* nur vier Töne trägt. Das Wort wird besonders nachdrücklich empfunden und entsprechend sorgfältig ausgesprochen beziehungsweise gesungen. Dabei entsteht auch noch eine enge Verbindung zum nachfolgenden Personalpronomen *me*: »Mach *mich* heil«. Wieder ist Raum gegeben für die Identifikation aller Betenden zu allen Zeiten mit dieser Aussage.

Als Nächstes lässt die Vertonung des Wortes *misericordia* aufhorchen. Es handelt sich um ein zusammengesetztes Wort, in diesem Fall aus zwei Elementen. Darin steckt *miser* (elend) und *cor* (Herz), und die Vertonung gibt beiden Wortteilen Raum zur Entfaltung. Was wir manchmal etwas leichtfertig mit dem deutschen Wort »Barmherzigkeit« übersetzen, ist kein den Empfänger erniedrigender Akt der Spende eines Gönners, der sich gleichermaßen würdig wie wohltätig von oben herunterneigt, sich »herablässt«. Hier geht es um ein elendes Herz – Gott wird an sein Mit-Leiden erinnert, an seine »Sym-Pathie« für den Menschen und sein Geschick. Er ist der, der auf die Knie gesunken ist, um dem Menschen auf Augenhöhe zu begegnen. Er macht sich um des Menschen willen ein »elendes Herz« – ein Phänomen, das jedem Liebenden vertraut ist, der um ein geliebtes Geschöpf große Sorge trägt. Der Dichter-Theologe Gerhard Tersteegen (1697–1769) findet in seinem Weihnachtslied »Jauchzet, ihr Himmel, frohlocket« wunderbare Verse dafür: »Sehet dies Wunder, wie tief sich der Höchste hier beuget;/ sehet die Liebe, die endlich als Liebe sich zeiget.«

Das Stück schließt mit einer Wendung, die sowohl als Bitte wie auch als feste Willensbekundung verstanden werden kann: *Non confundar* ist grammatikalisch doppeldeutig. Entweder kann man es als Konjunktiv (»möge ich nicht zuschanden werden« im Sinne von »lass mich nicht untergehen«) oder als Futur (»ich werde nicht zuschanden werden« im Sinne von »da ich dich anrufe, wirst du mich erhören – und mich nicht untergehen lassen«) auffassen.

Es ist sicherlich kein Zufall, dass der große, auf den heiligen Ambrosius zurückgehende Lobgesang des »Te Deum« mit genau diesen Worten endet: »Non confundar in aeternum.« – »In Ewigkeit werde ich nicht zuschanden werden/untergehen.«

Ich habe mich oft gefragt, wie die Mönche und Nonnen der frühen Zeit – bis auf wenige Ausnahmen oftmals des Lesens und Schreibens nicht kundig – all diese Texte so gelernt haben, dass sie nicht nur für die Feier der Liturgie präsent waren, sondern zugleich auch zum spirituellen Rückgrat ihres Lebens wurden. Sie lernten sie auswendig, allein schon aus ökonomischen Gründen, denn in einem Kloster des 9. oder 10. Jahrhunderts konnte unmöglich jeder Mönch und jede Nonne ein eigenes »Gesangbuch« haben. So mussten die Texte der Psalmen und die Gesänge für das Stundengebet in- und auswendig beherrscht sein. Die Texte und auch die Gesänge wurden in oraler Tradition weitergegeben – als klingendes Wort. Die Lernenden werden sicher nicht immer alles verstanden, aber wohl den besonderen Klang eines Wortes *(salvum … misericordia … non confundar)* verinnerlicht haben. Das Wort wurde Fleisch und Blut in ihnen, es wurde ihnen einverleibt, und da sie es zumindest bei den Gesängen als »be-tontes« Wort in einer bestimmten Interpretation hörten und aufnahmen, kamen ihnen die Texte nah und senkten sich schließlich ins betende *Herz*. Die französische Sprache (wie die englische auch) bewahrt diese Dimension von »auswendig [lernen]« durch die Wahl der Vokabel auf: *par cœur – by heart.*

Heilungsgeschichten

Das Neue Testament ist voller Heilungsgeschichten: Blinde bekommen Einblicke, Lahme stehen auf und machen sich auf ihren Weg, den Tauben wird Gehör geschenkt, und die Stummen erhalten das Stimmrecht. So gesehen sind die Geheilten handlungs- beziehungsweise wandlungsfähig. Der Kinderglaube hat sich in das stützende Glaubensgerüst eines mündigen Christenmenschen gewandelt, der nun – nach der Heilung – neu seinen Weg vor Gottes Angesicht gehen kann. Daher steht sehr oft am Ende einer Heilungsgeschichte: »Geh!«

Die Heilung der gekrümmten Frau gehört zu den wichtigen Erzählungen, die viel über den Charakter von Heilungsgeschichten in der Heiligen Schrift erklären: Das körperliche Symptom ist symbolhafter Natur und steht für den ganzen Menschen, der auf seinem Lebens- und Glaubensweg schwer eingeschränkt ist:

> *»Am Sabbat lehrte Jesus in einer Synagoge. Und siehe, da war eine Frau, die seit achtzehn Jahren krank war, weil sie von einem Geist geplagt wurde. Sie war ganz verkrümmt und konnte nicht mehr aufrecht gehen. Als Jesus sie sah, rief*

er sie zu sich und sagte: Frau, du bist von deinem Leiden erlöst. Und er legte ihr die Hände auf. Im gleichen Augenblick richtete sie sich auf und pries Gott. Der Synagogenvorsteher aber war empört darüber, dass Jesus am Sabbat heilte, und sagte zu den Leuten: Sechs Tage sind zum Arbeiten da. Kommt also an diesen Tagen und lasst euch heilen, nicht am Sabbat! Der Herr erwiderte ihm: Ihr Heuchler! Bindet nicht jeder von euch am Sabbat seinen Ochsen oder Esel von der Krippe los und führt ihn zur Tränke? Diese Frau aber, die eine Tochter Abrahams ist und die der Satan schon seit achtzehn Jahren gefesselt hielt, sollte am Sabbat nicht davon befreit werden dürfen? Durch diese Worte wurden alle seine Gegner beschämt; das ganze Volk aber freute sich über all die großen Taten, die er vollbrachte« (Lk 13, 10–17).

Achtzehn Jahre lang gebeugt und niedergedrückt zu sein, das ist ein hartes Schicksal. War es eine Schuld, die diese Frau niedergedrückt hatte – oder nur ein Schuldgefühl? War es Leid, Unterdrückung oder ein äußerer körperlicher Einfluss? Lukas berichtet nichts darüber, und es ist letztlich auch nicht erheblich. Wir erfahren nur: Ein Dämon hat von der Frau Besitz ergriffen – das kann so ziemlich alles sein. Die Frau hält sich im Gotteshaus auf, vielleicht dem einzigen Ort, von dem sie sich noch etwas verspricht. Was wird ihr Gebet gewesen sein? »Gott, heile mich von dem, was mich zu Boden drückt – richte mich wieder auf«? Und dann geschieht das eben Gelesene.

Mir kommt der theologische Begriff des *homo incurvatus in se* (des in sich selbst verkrümmten Menschen) in den Sinn. Ein Mensch ist derart gebeugt und verdreht, dass er nur noch sich selbst und seine momentane Situation sehen kann. Für mich ist das immer schon vor allem ein Bild des »existenziellen Hilfeschreis« gewesen, eine Metapher für die elementare Hilfsbedürftigkeit der menschlichen Kreatur. Hat sich die Frau selbst so verbogen, dass sie nur noch sich sehen konnte – oder wurde sie gebeugt, gedemütigt, erniedrigt? War es eine Krankheit, die ihr bis dahin nicht erlaubte, sich aufzurichten und mit ihrer Umwelt Kontakt aufzunehmen – physisch oder psychisch?

Die Gründe scheinen völlig egal zu sein – es zählt hier nur eines: Jesus richtet den Menschen auf. Er gibt der Frau ihre Würde zurück, denn der sprichwörtliche »aufrechte Gang« ist ein Merkmal, ja, ein Symbol für die Menschenwürde. Jesus befreit die Frau von der bösen Kraft, die sie so lange lähmte und zu Boden drückte. Derart »therapiert«, kann sie nun das Joch (ihrer Schuld, ihrer Selbstbezogenheit, ihrer äußeren Zwänge, ihrer inneren Niedergeschlagenheit) abwerfen. Sie kann wieder selbst handeln.

Hierdurch wurde mir etwas klar: Jesus straft nicht, Jesus heilt die Menschen und setzt sie frei zum eigenen Handeln. Sie können diese Heilung suchen und annehmen – oder sie können sie ignorieren. Das bleibt ihre freie Entscheidung. Nur in den Gärten der Freiheit geschehen Wunder.

Heilungsgeschichte I: Der Glaube kommt vom Hören

Der Evangelist Markus berichtet im siebten Kapitel seines Evangeliums (Mk 7, 31–37) von der Heilung eines Gehörlosen: »Er war taub und stammelte« – es war also jemand, der wahrscheinlich von Geburt an nicht hören und deswegen das Sprechen auch nicht lernen konnte. Jesus geht mit dem Kranken ein wenig beiseite. Die Heilung vollzieht sich sozusagen nicht im öffentlichen Raum, wozu auch passt, dass Jesus seinen Jüngern befiehlt, niemandem davon zu erzählen. Er berührt den Kranken, indem er die Finger in dessen Ohren legt und sich so dem Zentrum der Krankheit nähert – die physische Nähe steht also am Beginn des Heilungsprozesses. Die Geste, dass mit dem Speichel die Zunge des Kranken benetzt wird, ist wohl auf einen israelitischen beziehungsweise orientalischen Brauch zurückzuführen: Zur Praxis eines Wunderheilers gehörte es damals, das kranke Körperglied anzuspucken und einen beschwörenden magischen Satz zu sprechen. Jesus spricht das aramäische Wort »Effata« – »Tu dich auf, öffne dich«.

Damit ist natürlich nur vordergründig das organische Gehör des Kranken gemeint; das »Ohr« steht hier für die Fähigkeit und die Bereitschaft, die Botschaft Jesu aufzunehmen und bestimmend für das ganze Leben werden zu lassen. Aus diesem Grund wurde in die Feier der katholischen Kindertaufe der sogenannte Effata-Ritus eingefügt, bei dem der Taufende dem Täufling die Ohren und den Mund mit einem Kreuz bezeichnete und dabei spricht: »Der Herr lasse dich heranwachsen, und wie er mit dem Ruf ›Effata‹ dem Taubstummen die Ohren und den Mund geöffnet hat, öffne er auch dir Ohren und Mund, dass du sein Wort vernimmst und den Glauben bekennst zum Heil der Menschen und zum Lobe Gottes.«

Der Segenswunsch zielt darauf, dass dieser Mensch sein Leben *open minded* gestaltet, dass er seine Umwelt mit wachen Sinnen und aufgeschlossenem Herzen wahr- und ernst nimmt und sie in dieser Haltung mitgestaltet.

Gregorianischer Choral V: Die Antiphon »Bene omnia fecit«

Ein kurzer Gesang soll nun betrachtet werden: Er stammt aus dem Stundengebet, zu dem man sich mehrfach am Tag versammelt(e), und hat dort die Funktion eines einleitenden Verses zum Gesang eines Psalms (der Fachbegriff hierfür ist das griechische Wort »Antiphon«). Es handelt sich um ein sehr einfach gehaltenes Stück, das in schlichter Form einen Satz aus dem Evangelium zum Erklingen bringt, gleichsam eine Zusammenfassung der Erzählung (Mk 7, 37). Die Jünger sind über das Wirken Jesu maßlos erstaunt, und sie rufen aus: »Gut hat er alles gemacht.«

Bene omnia fecit

Lateinischer Originaltext	**Übersetzung**
Bene omnia fecit	*Gut hat er alles gemacht:*
surdos fecit audire,	*Die Tauben machte er hörend*
et mutos loqui.	*und die Stummen redend.*

Die Silben ***be***_ne,_ ***om***_nia,_ ***fe***_cit_ und _au_***di***_re_ werden bei diesem Stück gegenüber den anderen Textelementen hervorgehoben. Der betende Sänger betont die ersten drei Worte auf der Akzentsilbe besonders – was dem Vortrag des Textes eine intensive Nachdrücklichkeit verleiht und der Bedeutung der biblischen Situation durchaus entspricht: »*Gut* hat er *alles gemacht.*« Gott will das Heil des Menschen – und der Gehörlose erfährt deswegen *Hei*lung durch den *Hei*land.

Wenn Sie diesen kurzen Gesang hören, dann sprechen Sie doch als Erstes einmal den lateinischen Text und seine deutsche Übersetzung mehrmals hintereinander. Lesen Sie den Text nicht ab, sondern versuchen Sie, ihn auswendig *(par cœur)* zu rezitieren, vielleicht sogar mit geschlossenen Augen. Mir hilft das stets dabei, mich auf das Wesentliche einer Aussage zu konzentrieren. Was der frühromantische Maler Caspar David Friedrich über den Umgang mit Gemälden sagte, gilt im übertragenen Sinn auch für unser Verinnerlichen von Text und Musik: »Schließe dein leibliches Auge, damit du mit dem geistigen Auge siehest dein Bild. Dann fördere zutage, was du im Dunkeln gesehen, daß es zurückwirke auf andere von außen nach innen.«[113]

Heilungsgeschichte II: Erkenne und glaube!

Was für die Heilung des Gehörlosen gilt, ist auch zutreffend für die Blindenheilungen, von denen das Neue Testament berichtet: Sie stehen diesmal symbolhaft für das Öffnen der Augen als Prozess des Erkennens und als Vorstufe des Bekennens. Im 9. Kapitel des Johannesevangeliums ist sehr ausführlich eine solche Heilung beschrieben. Es handelt sich um einen Blindgeborenen, dessen sich Jesus erbarmt. Der Text beschreibt verschiedene Aspekte, von denen uns hier nur die eigentliche Heilungsgeschichte beschäftigen soll. Jesus sieht einen Blindgeborenen, und er heilt ihn, indem er auf die Erde spuckt, aus dem Speichel und dem Erdboden einen Teig macht und die Augen des Blinden damit bestreicht. Dann schickt er ihn zum Teich Schiloach. Dort soll der Blinde sich waschen. Dieser folgt dem und kann wieder sehen.

Die Verbindung von Speichel und Erde zu deuten stellt die Theologen immer wieder vor große Herausforderungen. Über das Ausspeien im Kontext von Krankenheilungen wurde schon gesprochen. Es mag zum Habitus des orientalischen Heilers gehören und vielleicht den göttlichen Teil der Mischung bezeichnen, die nun entsteht. Der Mensch ist von der Erde genommen, und wie in dem Teig, den Jesus auf die Augen streicht, das heilende göttliche und das geschöpflich-irdische Element zusammenkommen, so wird deutlich, dass Jesus nicht gegen die menschliche Natur oder über sie hinweg heilen will, sondern sie mit einbezieht. Das Entscheidende in diesem Abschnitt aus dem Evangelium steht am Schluss: Der Geheilte bekennt nach der Frage Jesu »Glaubst du an den Menschensohn?«: »Herr, ich glaube!«.

Gregorianischer Choral VI: Die Communio »Lutum fecit«

Dieser gregorianische Kommuniongesang ist dem vierten Fastensonntag zugeordnet. Er fasst wie in einem Brennglas das ganze Geschehen zusammen, und zwar aus der Sicht des Geheilten.

Lutum fecit

Lateinischer Originaltext	**Übersetzung**
Lutum fecit ex sputo Dominus,	*Der Herr machte einen Lehmteig aus Speichel*
et linivit oculos meos:	*und bestrich damit meine Augen;*
et abii, et lavi, et vidi,	*und ich ging weg, und ich wusch mich, und ich sah,*
et credidi Deo.	*und ich glaubte (an) Gott.*

Die gregorianische Komposition ist bemerkenswert in ihrer Schlichtheit. Die einzelnen Satzteile sind gut voneinander abgegrenzt und ohne großen Aufwand gesetzt. Deutliche Einschnitte gibt es im zweiten Teil, in dem die vier Handlungsschritte (vertreten durch »ich ging weg«, »ich wusch mich«, »ich sah« und »ich glaubte«) voneinander abgesetzt sind. Ganz am Schluss gibt es eine kleine, aber doch auffällige Besonderheit. Sie steht in den zwei Handschriften, die das Stück zuerst überliefern (geschrieben etwa 900 beziehungsweise 960). Über der letzten Silbe von *credi**di*** schreiben beide ein besonderes Zeichen, um ein Signal zu geben: Das Wichtige folgt nun! Wer also das Stück aus der Handschrift memoriert, wird darauf hingewiesen, dass das Wort *Deo* von inhaltlicher Bedeutung ist. Hier haben die Textkompilatoren mit großer theologischer Souveränität gehandelt: Wo im lateinischen Text des Johannesevangeliums »Credo, Domine« steht (Joh 9, 38) – also »ich glaube, Herr« –, wird in der gregorianischen Vertonung der Schluss umformuliert: »et credidi → Deo« – »und ich glaubte (an) → Gott«; aus der Anrede wird ein Glaubensbekenntnis.

Heilungsgeschichte III: Das stinkt zum Himmel!

Die Insel Reichenau im Bodensee gehört (wie die Bodenseeregion als Ganzes) zu den christlichen und kulturellen Keimzellen des süddeutschen, nordschweizerischen und westösterreichischen Bereichs. Hier ließ sich im Jahre 724 der heilige Missionar Pirmin nieder und gründete ein Kloster, das für die Kultur und die Bildung weit über den genannten Raum hinaus nachhaltigen Einfluss entfaltete und Maßstäbe setzte. Berühmt wurde die Reichenau für ihre Buchmalerei des 10. und 11. Jahrhunderts, in der Figuren und Bildprogramme von bis dahin nicht gesehener Lebendigkeit und Expressivität geschaffen wurden – so zum Beispiel im zu Beginn des 11. Jahrhunderts hergestellten Evangeliar Kaiser Heinrichs II., das heute in der Bayerischen Staatsbibliothek München liegt.

Auf der Reichenau befinden sich drei sehr beeindruckende Kirchen. Direkt am Anfang, wenn man auf die Insel kommt, steht in Oberzell die kleine Pfarrkirche St. Georg, die am Ende des 9. Jahrhunderts erbaut wurde und weltberühmte Wandmalereien aus ottonischer Zeit beherbergt. Diese Gemälde sind eine Art *biblia pauperum* (Armenbibel), also eine Ausgabe der Heiligen Schrift für die, die nicht lesen können. Sie stellen Wundererzählungen aus dem Neuen Testament dar und sind von der Schule der Reichenauer Buchmalerei geprägt. Unter den Wundern sticht die Auferweckung des Lazarus von den Toten (Joh 11, 1–46) heraus. Dieses Bild schließt den Zyklus ab, steht gewissermaßen als Höhepunkt am Ende der Heilungserzählungen: die »Heilung« vom Tod. Zudem erweckt Jesus nur in dieser Perikope einen Menschen, den er nicht nur kennt, sondern mit dem er eng befreundet war.

Die Darstellung auf der Reichenau zeigt eine Besonderheit: Jesus steht mit den Schwestern des Lazarus vor dem Grab, eine hat sich ihm weinend zu Füßen geworfen. Jesus zeigt mit gebieterischem Gestus auf das Grab, aus dem der völlig in Tücher und Binden eingewickelte Lazarus hervorkommt. Rechts daneben stehen Menschen, die sich die Nase zuhalten, weil der Verwesungsgeruch schier unerträglich sein muss: Er ist vier Tage tot, und zieht man das Klima in Betracht, ist diese Darstellung nur zu verständlich: »Dominus, iam fetet« – »Herr, er riecht aber schon« –, heißt es dazu vornehm im Evangelium. Wer Verwesungsgestank einmal wahrgenommen hat, weiß jedoch, dass diese Umschreibung sehr diskret ist.

Theologisch ist damit die Aussage verbunden, dass dieser Lazarus wirklich tot und dass es daher eine wunderbare Zeichenhandlung ist, wenn Jesus ihn wieder zum Leben erweckt. Freilich, und das ist der gravierende Unterschied zum Herrn selbst: Er erweckt ihn zu einer Neuauflage seines irdischen Lebens, während Jesus (so der christliche Glaube) uns vorangeht in das ewige Leben, das hinter dem irdischen Tod liegt. Lazarus hingegen wird noch einmal sterben, wenn es Zeit für ihn ist. Er wird verwesen, und nach vier Tagen wird sein Leichnam genauso penetrant riechen wie jetzt. Die Todesverfallenheit des Menschen stinkt nämlich zum Himmel, und das nicht nur theologisch.

Gregorianischer Choral VII: Die Communio »Videns Dominus«

Es handelt sich hier um den Kommuniongesang am fünften Fastensonntag. Im Volksmund heißt er »Passionssonntag«, weil ab jetzt bis Ostern im Gottesdienst besonders des Leidens Jesu gedacht wird. Schon die Textauswahl wäre eine genauere Betrachtung wert. Die Kompilatoren stellen aus über vierzig Versen aus dem 11. Kapitel des Johannesevangeliums eine Auswahl zusammen, die einem in ihrer Kühnheit den Atem stocken lässt: Das ist kein »Zitieren« der Bibel, das ist eine Nacherzählung, die einen klaren inhaltlichen Fokus hat: die menschliche Seite des Jesus von Nazareth, dem das Schicksal seines Freundes so sehr zu Herzen geht, dass er vor allen anderen in Tränen ausbricht. Nur zweimal wird überhaupt in der Bibel berichtet, dass Jesus weint.

Videns Dominus

Lateinischer Originaltext	**Übersetzung**
Videns Dominus	*Als der Herr sah*
flentes sorores Lazari ad monumentum,	*die weinenden Schwestern des Lazarus am Grabe,*
lacrimatus est coram Iuedaeis,	*brach er vor den Juden in Tränen aus*
et clamabat: Lazare, veni foras!	*und schrie: Lazarus, komm heraus!*
Et prodiit,	*Und jener kam,*
ligatis manibus et pedibus,	*gebunden an Händen und Füßen,*
qui fuerat quatriduanus mortuus.	*der schon den vierten Tag tot gewesen war.*

Man hört zu Beginn des Stückes gleichsam, wie Jesus zum Grab rennt und die anderen zurücklässt: Der Text wird äußerst rasch vorgetragen, zwei Worte sind jedoch rhythmisch herausgehoben: *flentes* und *lacrimatus*. Die Schwestern weinen, Jesus aber bricht in Tränen aus, womit wirklich eine stärkere Dimension des emotionalen Ausdrucks gemeint ist. Dann – man erinnere sich an das Bild auf der Reichenau – ruft, nein, schreit er mit großem Gestus seinen verstorbenen Freund aus dem Grab heraus. Mit dieser Emotionalität, die uns bereits die handschriftlichen Bezeugungen dieses Stückes aus der ersten Hälfte des 10. Jahrhunderts als Interpretationsgrundlage nahelegen, steht die Communio relativ allein – auch die Beter aus der Frühzeit des Gregorianischen Chorals haben also bereits gewusst, was für eine außergewöhnliche Szene hier »vertont« wird.

Der exponierte Ruf Jesu in der Mitte des Stückes (»… veni foras!« – »… komm heraus!«) zielt in unser aller Leben: Komm heraus aus dem Grab deines Alltags und der tödlichen Stumpfheit, in der deine Seele gefangen ist! Werde wieder lebendig an Körper und Seele! Beweg dich, und befrei dich von den Fesseln an Händen und Füßen, die dich hindern, deinen Weg vor Gottes Angesicht zu gehen und im Hier und Jetzt zu leben!

Vielleicht ist es ja genau dieser Ruf, der auch Sie beim Hören besonders erreicht.

Das Wort wird Klang

Embodiment und Spiritualität: »Das Wort wird Fleisch«: Dieser Satz bezieht sich nicht nur auf Jesus Christus. Das Wort Gottes – dem menschlichen Wort rückhaltlos anvertraut – wird in jedem von uns Fleisch, weil unser Körper es zum Klang werden lässt: laut lesend, leise murmelnd und meditierend oder wie auch immer. Das Wort Gottes ist eine Speise, die man verkosten, ein Trank, den man schmecken kann. Über dieses Wort nachzudenken kann aber auch dazu führen, dass der Mensch auf sich zurückgeworfen und verwundet wird, sodass er ein Leben lang Narben davonträgt.

Mein Vater erzählte mir einmal von einem seiner Lehrer, der noch aus dem sogenannten Dritten Reich stammte und ihm vor allem durch zwei Sätze im Gedächtnis geblieben war. Bekam die Klasse die Aufgabe, etwas zu lesen, so hatte das leise zu geschehen. Das »Lies leise!« war ein stehender Spruch noch in meiner Schulzeit; alles andere war inakzeptabel und galt als Indikator mangelnder Disziplin und Unordnung. Wurde dagegen in der Klasse seinerzeit der Text leise lesend gemurmelt – ein Zustand, den sich mancher Pädagoge heute wünschen würde –, so brüllte jener Lehrer in den Raum: »Hier geht es ja zu wie in einer Judenschule!« Mit diesem verunglimpfenden Begriff aus düsterster Zeit meinte der Mann wohl das Bild, was man aus dem Judentum kennt: das halblaute Rezitieren heiliger Worte der Schrift oder des Gesetzes, verbunden mit nickenden Bewegungen, die den Rhythmus des Textes in einen körperlichen Impuls übersetzen – was beim Auswendiglernen hilft. Das Murmeln heiliger Texte hat das Christentum schon früh übernommen.

Ruminari, eine Embodiment-Meditation

Die lateinische Vokabel *ruminari* beschreibt eigentlich den Verdauungsvorgang bei manchen Tieren und wird reflexiv etwas unbeholfen mit »wiederkäuen« übersetzt (im Sinne von »sich an etwas erinnern«). Im 12. Jahrhundert ordnete es der Kartäuserprior Guigo (1083–1137) in den Kontext der *lectio divina* ein. Bei dieser Art der Schriftbetrachtung geht es vor allem darum, eine Verbindung zwischen den heiligen Worten und dem betenden Herzen zu schaffen. Weniger der Intellekt ist mit dieser Meditation befasst, vielmehr sind es das Ohr und der Mund. So wird das Wort im Menschen zum Klang; es verleiblicht sich.

Diese theologische Sicht auf das »Gott-Lesen« (wie man *lectio divina* am besten übersetzen könnte) ist bereits beim frühkirchlichen Theologen Origenes (ca. 185–254) zu finden. Es handelt sich also eigentlich um den Gedanken der Inkarnation, der Fleischwerdung des heiligen Wortes, so wie es Johannes zu Beginn seines Evangeliums in dem berühmten »Logos-Hymnus« beschreibt: »Und das Wort ist Fleisch geworden und hat unter uns gewohnt« (Joh 1,14). Das göttliche Wort wird in jedem Menschen Fleisch, der es aufnimmt und seinen geistlichen Nährwert in der Meditation »verdaut«. Bedenkenswert ist in diesem Zusammenhang auch die Überlegung, dass es das Gotteswort, also die Heilige Schrift, gar nicht anders gibt als im Menschenwort. So radikal ernst nimmt Gott den Menschen als seinen Partner, dass er ihm sein Wort bis zur letzten Konsequenz anvertraut.

Dass dieser Gott ein Gott der Geschichte ist, der die Menschen von Anfang an bis heute unaufhörlich begleitet, merkt man hier wohl am deutlichsten: In jeder Zeit und Generation muss das Wort Gottes neu ins Menschenwort gebracht, übersetzt, verkündet und ausgelegt werden, damit es greifbar, konkret und aktuell bleibt. Es kann einem schon den Atem verschlagen, wenn man realisiert, welches Risiko Gott mit dieser Fleischwerdung seines Wortes eingeht. Zugleich versteht man die Angst des Menschen, die Botschaft des Ewigen der Fragilität einer Übersetzung in die jeweilige Zeit anzuvertrauen. Das führt ihn oft in die Versuchung, überzeitlich gültige Formulierungen finden zu wollen, die als uralte Floskeln in einem goldenen Schrein aufbewahrt werden können und die dann nur von einem Priester wie eine Beschwörung wiederholt werden müssen, um zu »wirken«.

Aber das charakterisiert dann das allzu Menschliche an diesem Geschehen. Denn Gott vertraut dem Menschen eben doch mehr als der Mensch sich selbst. Deswegen geht er den Weg der notwendigen historischen Veränderungen mit. »Nur wer sich ändert, bleibt sich treu«, wie ein Lied von Wolf Biermann heißt.

Guigo, der Kartäuser, vergleicht dieses Verkosten der Heiligen Schrift mit einem physiologischen Ernährungsprozess: »Die Lesung führt die feste Speise gewissermaßen zum Mund, die Meditation zerkleinert und zerkaut sie, das Gebet schmeckt sie, und die Kontemplation ist der Genuss selbst, der beglückt und belebt.«[114]

Der Weg der *lectio divina* ist in vier Schritte gegliedert:

1. das laute Lesen der Schriftstelle,
2. die Meditation in Form der *ruminatio*: einzelne Elemente immer wiederholen, neu betonen, umstellen,
3. im Gebet die Meditation zusammenfassen,
4. eine Phase der Kontemplation, des Ausruhens bei Gott und des Genießens, in Gottes Gegenwart verweilen zu können.

Ist das nicht beinah eine Art »Rezept«, wie Sie mit dem nun folgenden Gesang umgehen können? Ich führe Sie zuerst wieder ein wenig in die Kerngedanken ein; so bekommen Sie vielleicht einen leichteren Zugang.

Gregorianischer Choral VIII: Die Communio »Qui meditabitur«

Dieser gregorianische Gesang ist der Messfeier des Aschermittwochs zugeordnet. Das Evangelium dieses Tages handelt von der Beachtung des Gesetzes Gottes und vom Lohn, der darin liegt. Der Text beschäftigt sich mit dem Verhältnis zwischen dem Gesetz (Almosen geben, Beten, Fasten) und seiner aufrichtigen Erfüllung. Jesus mahnt dazu, diese religiösen Übungen nicht ostentativ und plakativ zu vollziehen, um sich selbst als »frommen« Menschen zu inszenieren. Solch ein Verhalten zahlt sich nicht aus. Die so handeln, haben den Lohn im Beifall der sie Umgebenden gesucht und damit auch schon gefunden. Jesus will die Menschen dazu bringen, diese frommen Vorschriften nicht um ihres äußeren Effektes willen, sondern als Herausforderung für die Spiritualität zu erfüllen. Die Gebote Gottes sollen dem Menschen helfen, beim langen Weg zum reifen Ich sich selbst nicht dauerhaft zu verfehlen. Sie sind gewissermaßen die Leitplanken auf der persönlichen Autobahn des Lebens.

Qui meditabitur

Lateinischer Originaltext	Übersetzung
Qui meditabitur in lege Domini	*Wer nachdenkt über die Weisung des Herrn*
die ac nocte,	*Tag und Nacht,*
dabit fructum suum in tempore suo.	*der wird seine Frucht bringen zur rechten Zeit.*

Psalm 1 und 2 eröffnen den Psalter wie ein großes Tor mit zwei Flügeln – so wie die beiden letzten (149 und 150) das Buch der Preisungen wiederum mit einem zweiteiligen Tor beschließen. Im Text des ersten Psalms kann eine generelle Überschrift gesehen werden, die das Beten des gesamten Psalters zusammenfasst: Wer nachsinnt über Gottes

Weisung, ist wie ein Baum, der an einem Bach gepflanzt ist und immer das Wasser des Lebens hat. Das quirlige »Murmeln« des Baches verbildlicht seine Vitalität – so wie der Beter, der die Weisungen und Gesetze Gottes in einer *ruminatio* bedenkt, diese im gemurmelten Erklingen lebendig werden lässt. Psalm 1 gilt als poetische Grundlegung der Zwei-Wege-Lehre: Dieser Umgang mit der Weisung Gottes ist der fruchtbringende und heilsame Weg. Dem gegenüber steht der Weg des Frevlers, der eigentlich ein »Nicht-Weg« ist: Er führt nirgendwohin, verläuft im Sande; sein Handeln ist wie Spreu, die der Wind verweht.

Der gregorianische Gesang ist in zwei Halbsätze gegliedert, die jeweils mit derselben Formel enden. Melodisch und rhythmisch sind die Worte *dabit fructum* herausgehoben. Auf der Endsilbe von *da**bit*** wird die Energie in drei Tönen vernehmbar gestaut, und bei *fructum* kommt eine kleine Formel zum Einsatz, die es im gregorianischen Repertoire des Öfteren gibt: Die Melodie steigt auf und sinkt dann eine Quart hinunter. Dies ist stets ein Hinweis auf ein inhaltlich wichtiges Wort.

Der Beter wird zu einer Gewissheit geführt: Wer das Gesetz, die heilsamen Weisungen Gottes, meditiert – Tag und Nacht unablässig murmelt –, in dem wird die Quelle der Erkenntnis und der Lebensweisheit nicht versiegen. Er wird zur rechten Zeit seine Frucht bringen. Und dann mag es sein, dass ihm in einem Augenblick der Verzagtheit oder der Verzweiflung oder auch in einer Situation der Versuchung ein Wort der Weisung in den Sinn kommt, das hilft und rettet. Das rechte Wort zur rechten Zeit zu sagen oder das Richtige in einer schweren Situation zu tun ist vielleicht die Begnadung des Augenblicks, der »Kairos« – oder auch das Ernten einer geistlichen Frucht, die in langem *ruminari* reif geworden ist.

Das vollzieht sich jedoch nicht immer fromm und friedlich, sondern kann den Menschen in seiner ganzen Existenz packen und verändern:

»Es war eine sehr lebensnahe Lehre, gegründet auf eine Erkenntnis des Menschen, so wie er ist, mit Leib und Seele, Fleisch und Geist; sie ist frei von Illusionen, […] sie ist beseelt von einem gläubigen Aufblick zu Gott und einem wirklichen Vertrauen in den Menschen, dem Gott innewohnt und den er durch das Leiden umgestaltet.«[115]

Zum Schluss: »Ich lasse dich nicht …«

»Beten geht auf die Hüfte«, pflegte ein befreundeter Geistlicher des Öfteren zu sagen. Meinte er damit die zunehmend krückstockbewehrte und im Alter ergraute Beterschar in seiner Gemeinde? Er sprach angesichts der Köpfe in den Bänken oftmals von seinem »Schatz im Silbersee«. Oder meinte er die Beter (vor allem Beter*innen*), die grundsätzlich keine Gemeindeveranstaltung ausließen, bei der es Kaffee und Kuchen gab – mit dem besonders um die Hüften herum sichtbaren Erfolg, dass sie immer besser in die Gemeinde »hineinwuchsen«? Ich weiß es nicht. Ich habe ihn auch nie danach gefragt. Da er ein sehr gebildeter Theologe und guter Bibelkenner ist, vermute ich hinter dieser etwas spitzen Formulierung einen durchaus tieferen und recht ernsten Sinn.

Das Beten hinterlässt Spuren – in der Seele und auch im Körper. Auch das gehört zum »Fruchtbringen zu seiner Zeit«: Menschen verändern sich und ihre Haltung im durchaus doppeldeutigen Sinn des Wortes, wenn sie beten. Erfahrbar sind all die Zeichen des Heilwerdens an Leib und Seele, das bedeutet, befreit zu werden von Nicht-Hören, Nicht-Sehen, Nicht-Reden und Sich-nicht-aufrichten-Können. Erfahrbar ist aber auch die anspannende und anstrengende, ja, verletzende Dimension des Gebets, wenn es ein Ringen mit Gott ist, der sich abwendet oder als abwesend erfahren wird.

Romano Guardini litt zeit seines Lebens unter der schweren Düsternis seiner Seele, die ihm das Beten unglaublich erschwerte. Depressive Schübe bis hin zu Gedanken an einen Suizid trieben ihn um. Immer wieder – davon zeugen viele seiner Texte – trug er diese Gefühle der Gottesferne und Verzweiflung im Gebet vor Gott. Er fühlte dabei die Not der Vergeblichkeit und die Sehnsucht danach, im Vertrauen zu Gott Ruhe für seine Seele finden zu können. 1965, kurz vor Beginn eines Klinikaufenthalts, verfasste er das »Gebet in der währenden Stunde«, in dem deutlich wird: Das Vertrauen ist schweren Herzens erkämpft und trotz vieler dunkler Stunden der gefühlten Abwesenheit Gottes bewahrt. Das Gebet beginnt mit folgenden Worten:

»Lebendiger Gott,
wir glauben an dich.
Lehr uns die Stunde verstehen,
in der es ist, als habest du uns verlassen,
du, dessen Treue die Ewigkeit ist,
als seiest du nicht du, der uns seinen Namen genannt:
Der da ist.
Lebendiger Gott, wir glauben an dich.
Gib uns Stärke auszuharren, wenn alles wesenlos wird.«[116]

Die heute mit Gott im Gebet ringen, haben biblische Vorbilder. Ein sehr beeindruckendes Vorbild findet sich im Alten Testament mit der Schilderung des Kampfes zwischen Jakob und dem Engel Gottes am Jabbok (Gen 32). Es ist eine Nachtgeschichte: In der Nacht ringt Jakob mit einem nicht weiter bezeichneten Mann – ein Engel oder vielleicht sogar Gott selbst? Sie kämpfen die ganze Nacht über, und der Mensch erweist sich als ebenbürtiges Gegenüber, sodass der Engel/Gott ihn schließlich mit einem fiesen Trick außer Gefecht setzt: Er schlägt ihm auf die Hüfte und renkt seine Hüftpfanne aus, infolgedessen Jakob nicht nur irrsinnige Schmerzen empfinden muss, sondern von nun an hinkt.

Der Spruch Jakobs, der aufgrund seines Kampfes mit Gott einen neuen Namen bekommt – »Israel« (Gottesstreiter) –, steht paradigmatisch für die ringenden Beter aller Zeiten: »Ich lasse dich nicht los, es sei denn, du segnest mich«. Jakob/Israel bekommt seinen Segen, aber um einen Preis: Er hinkt. Er trägt eine körperliche und für den Rest seines Lebens sichtbare Wunde davon. Die Heilige Schrift berichtet nichts, was uns den Kontext dieser dunklen Geschichte weiter erschließen könnte.

So bleibt das Bild eines Menschen, dem das intensive Gebet zu Gott im wahrsten Wortsinn »auf die Hüfte geschlagen« ist und der als Verwundeter durch sein geistliches Leben hinkt. Nicht der abwesende Gott hat diese Wunde geschlagen, sondern im Gegenteil ein Gott, der sehr präsent ist und der den Menschen nach heftigem Ringen segnet – und ihn damit zugleich auf sich selbst zurückwirft.

Die so Verwundeten sind nicht die schlechtesten Ärzte – oder anders gesagt: Wer diese Dimension des *ruminari* kennengelernt hat, wer erlebt hat, dass im Gebet eine Erkenntnis wachsen kann, die lebenslange Verwundungen spürbar macht, der wird vielleicht Menschen in vergleichbaren Situationen mit dem Verstehen und der Geduld dessen begegnen, der um das dunkle Geheimnis des Hinkens aus eigener leidvoller Erfahrung weiß.

Liebe Leserin, lieber Leser, am Schluss dieses Kapitels steht eine Ambivalenz, in die hinein wir mit Körper und Geist, mit Leib und Seele ausgespannt sind. Da ist einerseits die mit dem Satz »Ich bin der, der für euch da ist« zugesagte Nähe Gottes, die ein Mensch jedoch nicht immer spürt; und da ist andererseits eine Präsenz, die für den Menschen unfassbar, im wahrsten Wortsinn unbegreiflich ist. Was er mit den Händen halten will, entwindet sich ihm, denn Nähe und Distanz werden von Gott bestimmt. Das macht es für den Menschen oft so schwierig, auf der einen Seite der Verheißung von Gottes Beistand zu glauben und auf der anderen Seite ihn nicht auf das zu reduzieren, was er fassen kann. Bei aller Offenbarung, bei aller Verstehbarkeit einzelner Aspekte bleibt doch immer ein je größerer Teil, den der Mensch nicht sehen, nicht begreifen kann. Auch hier gilt im weiteren Sinn der bekannte Satz des Augustinus: »Si cepisti, non est Deus!« – Wenn du es gefangen/ergriffen/begriffen hast, ist es nicht Gott – *kann* es nicht Gott *sein*.

Man darf sich angesichts dieser Ambivalenz durchaus an die Gedichtzeilen von Friedrich Hölderlin erinnert fühlen, mit denen er seinen Hymnus »Patmos« eröffnet: »Nah ist / Und schwer zu fassen der Gott.« Und wie trostreich geht es dann doch weiter: »Wo aber Gefahr ist, wächst / Das Rettende auch.«[117]

3.

Spirituelles Embodiment in Krisen, bei Entscheidungen und bei Identitätsfragen

Maja Storch

Spirituelles Embodiment als Krisenintervention

Immer wieder erlebt man absolut erstaunlich schnelle positive Entwicklungen, wenn man mit spirituellem Embodiment arbeitet. Was ist die Erklärung dafür? Die spirituelle, theologische Sinndeutung liegt auf der Hand: Das Heilige hat sich gemeldet, und der Klient beziehungsweise die Klientin hat es geschafft, an die stärkste Kraftquelle des Universums anzudocken. Es gibt jedoch auch wissenschaftliche Begründungen für diese erstaunlichen Effekte, die eine theologische Erklärung nicht ersetzen sollen, diese aber ergänzen können. Um nachzuvollziehen, wie man aus wissenschaftlicher Sicht erklärt, dass die Veränderungen bei einer Krisenintervention so schnell möglich sind, mache ich einen kleinen Ausflug in die Neurobiologie. Doch schauen wir uns das Ganze zunächst an einem Beispiel an.

Befreiung aus der Schockstarre

Martina, wie wir sie hier nennen wollen, ist es gelungen, sich innerhalb einer Stunde durch Körperarbeit mit einem Psalmvers aus einer psychisch-körperlichen Schockstarre wieder selbst zu beleben. Ihre Geschichte zeigt, welche Kraft spirituelles Embodiment entfalten kann, wenn ein hochreligiöser Mensch, der es gewohnt ist, seine Spiritualität zu praktizieren, unverhofft in eine schwere Lebenskrise gerät.

Martina arbeitet als Försterin in einem Friedwald und ist Mesnerin in ihrer katholischen Heimatgemeinde. Sie gestaltet regelmäßig Wortgottesdienste und Andachten und ist sowohl als Lektorin wie auch kirchenmusikalisch als Chorsängerin und Saxophonistin aktiv. Ihre beiden Söhne sind Ministranten, ihr Ehemann ist ebenfalls ehrenamtlich stark am kirchlichen Gemeindegeschehen beteiligt. Kurzum: Im Rahmen der christlich-katholischen Kirche hat sie einen ganz selbstverständlichen Ausdruck ihrer Spiritualität, der zum normalen Alltag gehört und ihr Leben auf natürliche Art durchwebt. Beten, Singen und in Verbindung mit Gott zu treten sind für sie keine Spezialaktivitäten, die man für eine Taufe, eine Beerdigung oder für die Christmette reserviert. Sie hat eine genuine Verbindung zum Heiligen, die sie auch in ihre berufliche Tätigkeit als Försterin im Friedwald einbringt.

Genau in diesem Friedwald ereignet sich die Tragödie: Ihr Lieblingskollege wird beim (fachgerechten) Fällen eines Baumes durch eine Verkettung unglücklicher Umstände von einem Baum erschlagen. Er war 42 Jahre alt und hatte gerade die Frau seines Lebens gefunden und geheiratet. Eine Stunde vor der Todesnachricht hatten sie noch miteinander telefoniert und die Aufgaben für den Tag untereinander aufgeteilt.

Martina steht unter Schock. Wer solch eine Situation schon einmal erlebt hat, der weiß, dass man in diesem Moment aus der Zeit herausfällt. Die Welt steht still, und das Geschehene ist zu mächtig, um es auch nur ansatzweise verarbeiten zu können. Viele Menschen erzählen, dass sie einfach nur funktionierten wie ein Roboter, aber dass sie im Prinzip neben sich standen. In dieser Situation meldete sich Martina bei mir, und ich bot ihr an vorbeizukommen.

Ich hatte keine Ahnung, in welcher Verfassung ich ihr begegnen würde. Ich wusste, dass ihr Arbeitgeber einen Notfallseelsorger aufgeboten hatte und dass die Mitarbeitenden des Friedwaldes auch psychotherapeutische Hilfe bei der Traumabewältigung in Anspruch nehmen konnten, von daher war Martina professionell und gut versorgt. Meine Aufgabe sah ich darin, ihr für die akute Krisensituation eine Kraftquelle zu erschließen, mit der sie die nächsten Tage besser überstehen konnte. Da ich wusste, dass Martina im katholischen Gotteslob zu Hause war, weil sie oft an der Vorbereitung von Andachten und Wortgottesdiensten mitwirkte, sagte ich zu ihr: »Komm um elf Uhr zu mir, und bring dein Gotteslob mit. Wenn du Zeit findest, such dir einen Psalm heraus, der Worte, Bilder oder Ideen enthält, die dir in deiner momentanen Verfassung guttun.«

Als Martina zum vereinbarten Zeitpunkt bei mir eintrifft, sieht man ihr den Schock deutlich an. Sie ist normalerweise eine zupackende, aktive Frau, mit fröhlichen Augen. Als Försterin, die sich viel im Freien aufhält, hat sie normalerweise eine optimale Körperspannung, sie ist ein ausgesprochenes Bewegungsnaturell. Tatkräftig, flink, lebensbejahend – mit diesen Worten ist Martina zutreffend beschrieben. Heute jedoch bietet sie ein anderes Bild. Ihr Gang ist zögerlich und zaghaft, die Augen sind verschleiert, der klare Blick ist getrübt. Die Schultern sind nach vorn eingefallen, der Muskeltonus ist verschwunden. Das ganze Gesicht wirkt versteinert, ein aschfahler Teint tut sein Übriges, um das Bild einer Frau unter Schock zu vervollständigen.

»Ich kenne mich gar nicht mehr«, erzählt sie, nachdem sie sich mit einem Becher Kräutertee auf meinem Sofa niedergelassen hat. »Ich bin völlig verlangsamt, ich verstehe nichts mehr, ich kann nicht mehr reagieren, ich kann mich zu nichts aufraffen. Ich sitze nur da und starre vor mich hin. Das macht mir große Angst, was ist mit mir los? Geht das wieder weg? Bleibe ich jetzt so?«

»Das geht wieder weg, dafür gibt es gute fachliche Methoden, dafür kannst du dir bei den Fachpersonen Hilfe holen«, kann ich sie beruhigen. »Das ist der Schock. Ich schlage vor, dass wir heute gar nicht viel über deinen Kollegen und die Umstände seines Todes sprechen, sondern dass wir jetzt einfach nur schauen, dass du irgendwie zu Kräften kommst, damit du die kommenden Tage bewältigst.«

»Ja, das wäre mir sehr recht«, erwidert sie und kämpft mit den Tränen. »Ich muss die Dienste meines Kollegen übernehmen, wir haben drei Beisetzungen morgen. Wir müssen die Trauerfeier gestalten, mit den anderen Kollegen schauen, wer eine Rede hält, und mit seiner Frau möchte ich auch sprechen. Ich brauche so viel Kraft, die ich nicht habe. Ich muss das jetzt einfach überleben, und dann habe ich Zeit für mich.«

»Dann schauen wir uns mal das Gotteslob an. Hast du dir denn einen Psalm ausgesucht, der eine Kraftquelle sein könnte?«

»Da musste ich nicht lange überlegen«, antwortet Martina sofort. »Für meine Situation im Moment ist es ganz klar der Psalm 139, das wusste ich schon, als du mir den Vorschlag gemacht hast, nach einem Psalm zu suchen.«

»Prima! Dann schauen wir uns den Psalm doch einmal an. Am besten, wir lesen ihn komplett zusammen durch, und du achtest einmal darauf, welcher Vers dir ganz besonders guttut. Ich möchte mit dir nämlich als Erste-Hilfe-Maßnahme ein spirituelles Embodiment entwickeln. Psalm 139 ist ein eher langer Psalm, und für ein Embodiment ist es einfacher, wenn man sich zunächst auf eine kleine, handliche Sequenz beschränkt. Man kann das später ausweiten, aber was du jetzt brauchst, ist ja sozusagen eine ›Notfall-Soforthilfe‹, und da nehmen wir den Vers, der bei dir das größte Kräftigungsgefühl auslöst. Am besten achtest du dabei auf deine Körperreaktion und/oder auf deine Stimmungslage. Die besondere Kraft des Verses äußert sich nicht als Gedanke, sondern sie soll für die Embodiment-Arbeit direkt körperlich wirksam sein. Das merkt man eigentlich blitzschnell, dazu muss man gar nicht lange nachdenken. Einfach den Psalm lesen und Körperreaktionen beobachten. Okay?«

»Alles klar, hab ich verstanden.«

Wir lesen in aller Ruhe zusammen den Psalm 139. Vers für Vers, Martina achtet beim Lesen auf die körperliche Resonanz, die durch die einzelnen Verse ausgelöst wird.

Der Mensch vor dem allwissenden Gott (Ps 139)

1. Herr, du hast mich erforscht und du kennst mich.
   Ob ich sitze oder stehe, du weißt von mir.
   Von fern erkennst du meine Gedanken.
2. Ob ich gehe oder ruhe, es ist dir bekannt;
   Du bist vertraut mit all meinen Wegen.
3. Noch liegt mir das Wort nicht auf der Zunge –
   Du, Herr, kennst es bereits.
4. Du umschließt mich von allen Seiten
   und legst deine Hand auf mich.
5. Zu wunderbar ist für mich dieses Wissen,
   zu hoch, ich kann es nicht begreifen.
6. Wohin könnte ich fliehen vor deinem Geist,
   wohin mich vor deinem Angesicht flüchten?

»Mir ist ganz klar, was für mich heute der wichtigste Vers ist«, äußert Martina sofort, nachdem wir geendet haben. »Fabelhaft, dass du das so deutlich merkst!«, freue ich mich. »Ja, ich bin selber erstaunt, wie klar das Gefühl ist, aber es gibt nicht den geringsten Zweifel. Es ist Vers Nummer vier: ›Du umschließt mich von allen Seiten und legst deine Hand auf mich.‹« Was für eine treffliche Wahl – ein veritables Sinnbild für die Geborgenheit in Gott. Wenn man sich klarmacht, dass Martina derzeit unter Schock steht und mit Sicherheit ihre Schutzhülle komplett verloren hat, dann stellt sich für mich der erste Teil dieses Psalmverses wie eine zweite Haut dar, die Gott zu geben vermag. Eine Gotteshaut, sozusagen. Gleichzeitig finde ich in diesem Vers etwas sehr Mütterliches. Mit diesem Vers als Hilfe kann man es sich erlauben, klein und schwach zu sein. Man muss nicht selbst Stärke an den Tag legen, sondern kann sich in Gottes freundliche Fürsorge hineinbegeben.

Im zweiten Teil des Verses ist bereits ein inneres Wachstum angedeutet: Man ist von Gott umschlossen und spürt Gottes Hand: »Du schaffst das«, könnte Gott sagen. »Ich bin bei dir und lasse dich nicht von der Hand. Ich bin ganz nah bei dir.«

Von all diesen Gedanken teile ich momentan jedoch noch nichts mit, denn ich möchte abwarten, was Martinas Körper aus Vers Nummer vier macht. Möglicherweise würden zu viele Worte das spirituelle Embodiment nur stören, weil ja über Sprache schon wieder der Verstand ins Spiel kommt. Der Verstand darf auch zum Zuge kommen, aber erst in einer späteren Phase. Zunächst einmal wollen wir »Körper pur«. Wie wird Martina sich diesen Vers »ein-verleiben«?

Ich bitte sie, aufzustehen und sich zunächst einmal ganz normal hinzustellen, so, wie sie sich momentan fühlt. Eine einfache Aufgabe, dieser erste Schritt. Einfach hinstellen. Dann fordere ich sie auf, den ersten Teil von Vers vier zusammen mit mir ein paarmal hintereinander zu sprechen. Vernehmlich, achtsam und deutlich.

»Du umschließt mich von allen Seiten.«

»Du umschließt mich von allen Seiten.«

»Du umschließt mich von allen Seiten.«

»Du umschließt mich von allen Seiten.«

»Martina, hast du jetzt irgendwo in deinem Körper einen Bewegungsimpuls, oder hast du das Bedürfnis, deine Körperhaltung zu ändern, sodass sie zu dem Gefühl passt, von allen Seiten umschlossen zu sein? Du musst nichts erklären und auch nicht viel überlegen. Überlass einfach deinem Körper die Führung. Er wird den Text für dich übersetzen und Körpersprache daraus machen.«

Wortlos überkreuzt Martina beide Hände auf ihrer Brust. Zeitgleich wird ihr Atem tiefer, und ihre Gesichtszüge entspannen und glätten sich. Friede breitet sich aus. Ich weise sie dezent und vorsichtig auf die veränderte Atmung hin und bitte sie, diese Atmung zu intensivieren, um das Embodiment zu verfestigen. Dann frage ich, ob sie sich vorstellen kann, ihre Aufmerksamkeit auf den Aspekt des »von allen Seiten«

zu richten, denn in diesem Teil des Verses wird ja die Außenwelt des Körpers thematisiert, die Gotteshaut.

»Ja, das geht gut«, Martina macht eine Kuschelbewegung wie jemand, der sich in eine warme Decke kuschelt.

»Und hast du auch eine Farbe, die sich einstellt, wenn du das Umschlossensein von Gott in deinem Körper lebendig werden lässt? Wenn du keine Farbassoziation hast, macht das gar nichts, ich frage jetzt einfach ein paar Details ab.«

»Doch, ich habe eine Farbe«, sagt Martina spontan. »Ich stehe in einem warmen, roten Farbfeld.«

»Was für ein Rot ist das denn? So ein Rot wie die Flammenzungen, die an Pfingsten auf die Apostel niedergingen?«

Die Farbimagination äußerte Martina so unmittelbar, dass man sicher sein kann, dass sie aus dem Unbewussten kommt und deswegen eine starke Verbindung zum Körpererleben hat. Ich frage jetzt detaillierter ab, wie sich die Farbwahrnehmung ausgestaltet. Damit elaboriere ich das dazugehörende Körpererleben.

»Nein, nicht so kräftig rot wie die Flammenzungen, es ist mit Orangetönen drin. Ein warmes Orangerot, das sich bewegt.«

»So wie bei einem Sonnenuntergang?«, fällt mir dazu ein.

»Ja, könnte man so nennen. Aber ich brauche die Assoziation zum Sonnenuntergang gar nicht. Es reicht mir, das warme, wogende Farbfeld um mich herum zu spüren.«

Je mehr sich Martina mit ihrem Farbfeld befasst, desto mehr fängt auch ihre Gesichtshaut an zu leuchten, sie ist besser durchblutet. Das Geschehen wirkt auf mich, als kehrten allmählich ihre Lebensgeister zurück.

»Probier doch mal aus, wie es sich anfühlt, wenn du das warme Rot von außen in dich aufnimmst. Vielleicht kommt dir dazu eine Bewegung in den Sinn«, schlage ich vor. In der Arbeit mit spirituellem Embodiment ist auch Raum für Experimente. Es gibt keine weihevolle Atmosphäre, die gestört werden könnte. Man spielt mit verschiedenen

Varianten und lässt dem Körper einfach einmal Freilauf. Der Körper holt sich schon, was er braucht.

»Ich möchte das eigentlich schöpfen«, Martina breitet ihre Arme aus, die sie bisher über der Brust gekreuzt hatte. Mit einer weit ausholenden Schöpfbewegung, mit Händen, die zu kleinen Löffeln geformt sind, schöpft sie das warme, göttliche Rot. »Und wo möchtest du es in deinen Körper hineinbringen? Eher einatmen oder wieder in die Brust – oder woandershin?« Martina probiert verschiedene Varianten aus und stellt fest, dass das Rot die meiste Kraft entfaltet, wenn sie beide Hände auf ihren Bauch legt und sich vorstellt, dass das Rot in ihre Leibesmitte einströmt. Sie lässt sich Zeit, um gut nachzuspüren, wie sich das Rot von der Mitte aus im ganzen Körper verteilt, hinunter bis in die Füße, die Wirbelsäule hoch nach oben und in den Brust- und Kopfbereich.

Zur ersten Hälfte von Psalmvers Nummer vier hat sie jetzt also bisher ein zweistufiges Embodiment entwickelt:

- *Stufe 1:* Sie spricht: »Du umschließt mich von allen Seiten.« Dabei kreuzt sie zunächst die Hände über der Brust. Sie lässt das Geborgenheitsgefühl in sich wach werden, atmet tief und ruhig und macht eine wohlige Kuschelbewegung.
- *Stufe 2:* Nach und nach baut sie in der Imagination das heilige, warme Rot auf, das sie umschließt. Dann schöpft sie das Rot mit ihren Händen und verleibt es sich ein, indem sie ihre Hände auf den Bauch legt. Sie lässt sich Zeit dabei, ihren ganzen Körper mit dem Rot zu füllen.

»Dann können wir uns dem zweiten Teil des Verses widmen. Wir machen es genauso wie mit dem ersten Teil. Wir sprechen einfach wieder mehrmals hintereinander den Text. Ausgangspunkt ist das Embodiment, so, wie du es bisher entwickelt hast. Mal abwarten, ob der zweite Teil des Verses noch eine Veränderung mit sich bringt oder ob er lediglich das bestehende Embodiment verstärkt und unterstützt.«

»... und legst deine Hand auf mich.«

»... und legst deine Hand auf mich.«

»... und legst deine Hand auf mich.«

»... und legst deine Hand auf mich.«

»Wo ist denn Gott, wenn er seine Hand auf dich legt? Steht er vor dir, neben dir oder hinter dir?«

»Er steht hinter mir.«

»Auf welche Schulter legt er seine Hand?«

»Auf die rechte Schulter.«

Während Martina den zweiten Teil des Verses im Körper lebendig werden lässt, ist eine deutliche Aufrichtung zu sehen. Gott stärkt ihr offenbar den Rücken, und das führt sie aus ihrer zusammengesunkenen Haltung heraus. Nun hält sie sich ganz natürlich gerade, ihre Brust ist geöffnet, die Schultern ebenfalls. Sie steht wieder »ihre Frau« in dieser Welt.

Damit ist die Einverleibung des Psalmverses abgeschlossen. Nach einer Stunde hat Martina die Entwicklung ihres Embodiments erfolgreich beendet. Sie fühlt sich belebt, ihre Gesichtshaut ist rosig, die Kopfhaltung entspannt in der Aufrechten, der gesamte Körper hat sich zwischen Himmel und Erde eingerichtet, der Tonus ist zurückgekehrt.

»Kann ich dich so gehen lassen?«, frage ich sie. »Auf dich kommen keine einfachen Zeiten zu. Aber wenn du jetzt dein Embodiment so machst wie die Nonnen und Mönche ihr Stundengebet – einfach regelmäßig am Tag eine Viertelstunde Zeit dafür nehmen, den Psalmvers sprechen und dazu deine Bewegungsabfolge ausführst –, dann kannst du diese Kraftquelle zuverlässig anzapfen. Wenn du merkst, du brauchst dein Embodiment öfter, dann machst du es, wann immer dir der Sinn danach steht. Ich schlage vor, du führst jetzt noch einmal die komplette Bewegungsabfolge aus, sprichst den Psalmvers dazu und wartest ab, ob dein Körper noch etwas braucht oder ob das Embodiment sich rund anfühlt.«

Martina probiert, ob sie alles auch allein schafft, und verharrt dann nach dem Bild der Gotteshand auf ihrer rechten Schulter.

»Ich habe das Bedürfnis, noch irgendeine Art Abschluss zu finden.«

»Gut gespürt! Was wäre denn passend?«

»Am passendsten wäre für mich einfach, Amen zu sagen und mich zu bekreuzigen.«

»Dann versuch das doch mal!«

Sie spricht Vers vier von Psalm 139, verleibt ihn sich mit Embodiment ein und schließt den Vorgang mit einem Amen und dem Kreuzzeichen ab.

»Jetzt ist es vollständig«, Martinas Blick ist jetzt klar und ruhig. »Es geht mir jetzt besser als vorher. Das ist genau der Notnagel, den ich gebraucht habe. Weißt du, ich will mich nicht vor der Trauerarbeit drücken und auch nichts verdrängen, aber jetzt gerade im Moment brauche ich nur eines, und das ist Kraft. Und die habe ich jetzt bekommen, und ich weiß jetzt, wie ich sie mir selber holen kann. Das ist ein großes Geschenk.«

Wie gesagt gibt es auch eine wissenschaftliche Erklärung für dieses Geschehen, die eine theologische Erklärung nicht ersetzen soll, sondern diese ergänzen kann. Um nachzuvollziehen, wie man aus wissenschaftlicher Sicht erklärt, dass die Veränderungen bei Martinas Krisenintervention so geschwind möglich waren, mache ich einen kleinen Ausflug in die Neurobiologie.

Neuronale Plastizität

In der Wissenschaft drückt der Begriff »neuronale Plastizität« aus, dass das Gehirn plastisch, das heißt veränderbar ist: Alles, was man jemals lernt, wird im Gehirn niedergelegt. Dieser Vorgang beginnt schon im Mutterleib und hört auch im hohen Alter nicht auf! Man kann sich das vorstellen wie ein riesiges Netzwerk von Verbindungen, das beim Lernen zwischen den Nervenzellen entsteht.

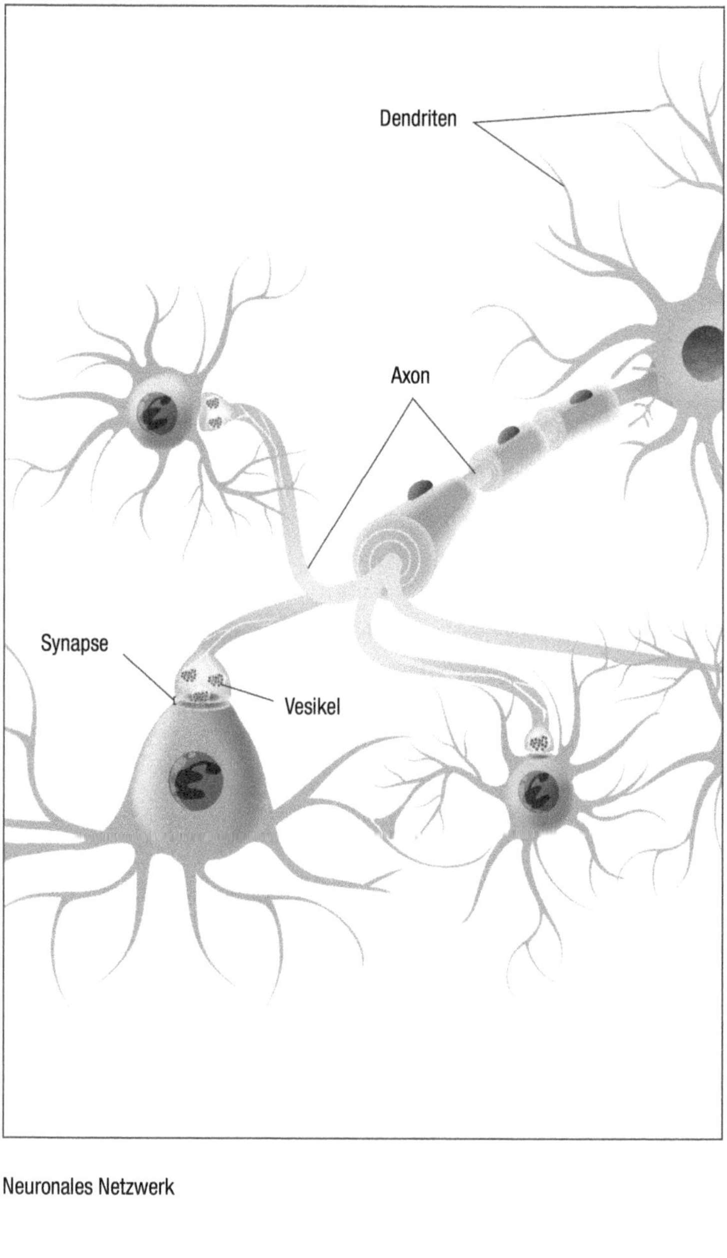

Neuronales Netzwerk

Die einzelnen Nervenzellen sind untereinander über Dendriten, Axone und kleine »Stöpsel« miteinander verbunden (gr. *dendrítēs* [zum Baum gehörend] und *axōn* [Achse]), ähnlich wie man einen Stecker in eine Steckdose steckt. Man nennt diese Verbindungsstellen »Synapsen« (gr. *sýnapsis* [Verbindung]). Vesikel sind intrazelluläre Strukturen, die im elektronenmikroskopischen Schnittbild als runde oder ovale Hohlräume erscheinen (lat. *vesicula* [Bläschen]). Über Transportvesikel werden Lipide und Proteine innerhalb einer Zelle transportiert. Sogenannte Neurotransmitter sind biochemische Stoffe, die die Reize von einer Nervenzelle zur anderen weitergeben, verstärken oder modulieren.

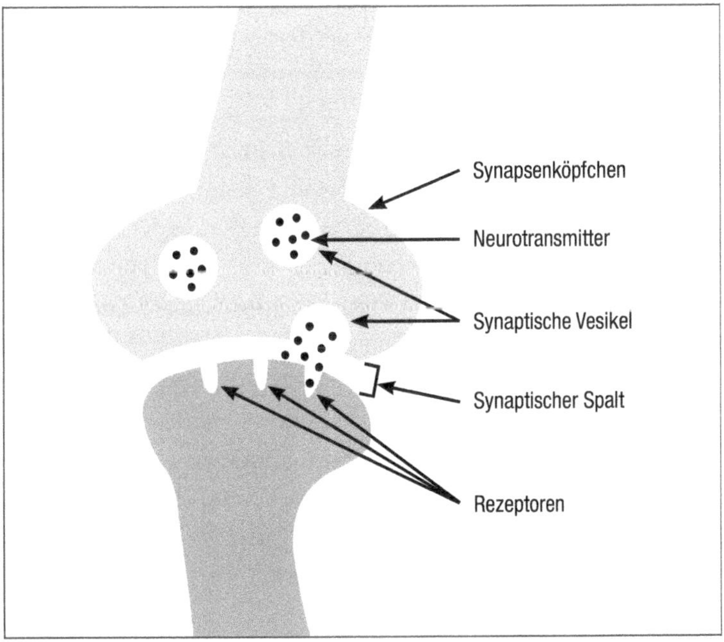

Schematische Darstellung einer Synapse

Das Wichtige an Synapsen ist für das spirituelle Embodiment die Eigenschaft, dass sie in ihrer Effizienz stärker oder schwächer werden können. Die Stärkung oder Schwächung von Synapsen funktioniert nach einem ganz einfachen Prinzip: Verbindungen zwischen Nervenzellen, die oft benutzt werden, werden stärker, wie ein Muskel im Fitnessstudio, der trainiert wird. Verbindungen, die nicht mehr benutzt werden, werden schwächer oder bilden sich sogar ganz zurück.

Man kennt das aus eigener Erfahrung. Wer in der Schule einmal eine Fremdsprache gelernt hat und nach zehn Jahren merkt, wie die einstmals guten Kenntnisse sich verflüchtigt haben, kann davon ein Liedlein singen. Auch Musikerinnen und Musiker, die ein bestimmtes Musikstück über einen Zeitraum lang haben ruhen lassen und es dann wieder hervorkramen, sind oft entsetzt darüber, wie schnell die einstmals gute Fingerfertigkeit, die Stimme, der Lippenansatz in seligem Vergessen schlummert.

Andersherum ist es beim Einüben eines Stückes: Je öfter man eine Verbindung zwischen Nervenzellen benutzt, desto besser funktioniert diese. Jede Form von Lernen beruht auf dem Prinzip der neuronalen Plastizität – sei es bei einer Meeresschnecke, bei einem Hundewelpen oder beim Menschen. (Der US-amerikanische Neurowissenschaftler Eric Kandel hat für seine Forschungen zur neuronalen Plastizität bei der Meeresschnecke Aplysia im Jahr 2000 sogar den Nobelpreis für Physiologie oder Medizin erhalten.) Ob man lernt, Einrad zu fahren, den perfekten Hefezopf zu backen oder eine Mozartsonate zu spielen – immer ist neuronale Plastizität gefragt. Auch spirituelle Praktiken sind nicht nur in geistigen Sphären angesiedelt, nein! Sie haben eine handfeste neurobiologische Grundlage und sind in Form von Nervenverbindungen im Gehirn abgelegt.

So ist auch der Unterschied zwischen hochspirituellen Menschen mit täglicher Gebetspraxis und »Gelegenheitsbetenden« beziehungsweise eher sporadisch Spirituellen zu erklären. Die tägliche, regelmäßige Praxis führt zu sehr effizienten neuronalen Netzen, die schnell und zuverlässig aktiviert werden können. Die Psychologen Daniel Goleman und Richard Davidson zum Beispiel schreiben in ihrem lesenswerten Buch *The Science of Meditation. How to Change Your Brain, Mind and Body*[118] über ihre Ergebnisse, als Richard Davidson in seinem Labor damit begann, die Hirnaktivität von tibetischen Mönchen zu untersuchen. Die Yogis zeigten ein bemerkenswertes Talent dafür, aus dem Stand heraus innerhalb von ein oder zwei Sekunden in einen spezifischen meditativen Zustand einzutreten. Diese Fähigkeit unterschied sich deutlich von den meisten nicht so geübten Meditierenden. Wenn diese »Anfänger« zu meditieren begannen, brauchte es eine ganze Weile, bis der Geist überhaupt zur Ruhe kam, ablenkende Gedanken losgelassen werden konnten und ein Zustand der Meditation eintrat.

Wenn jemand, so wie Martina, über tägliche Gebetsroutine verfügt, dann ist ein gut gebahntes und leistungsstarkes neuronales Netz vorhanden. Dieses neuronale Netz kann zuverlässig und schnell aktiviert werden; das gilt auch für schwere Krisenzeiten und widrigste Umstände. Man bedenke:

Den tibetischen Mönchen gelang dies, obwohl sie in »der Röhre« lagen, eine Maschine zur Abbildung von Gehirnaktivität, in der viele Menschen Klaustrophobie bekommen und die laute, klackende Geräusche von sich gibt. Ein Mensch mit einem gut trainierten neuronalen Netz ist davon ziemlich unbeeindruckt.

Martina hat als berufstätige zweifache Mutter und Ehefrau nicht so viel Zeit wie ein tibetischer Mönch, um täglich eine Meditationspraxis zu üben. Wie ihr Beispiel zeigt, ist das auch gar nicht unbedingt nötig. Wenn ich den Körper zu Hilfe nehme und mit Embodiment arbeite, lässt sich über diesen Weg eine Aktivierung des neuronalen Netzes erreichen. Dies gelingt zwar nicht in wenigen Sekunden; aber innerhalb einer Stunde aus einem Schockzustand selbst herausfinden, das ist doch auch eine große Hilfe. In Zeiten der Not kann man die Früchte der eigenen spirituellen Praxis ernten: den Zugang zur individuellen spirituellen Ressource entdecken und einsetzen.

Wenn Sie zu einer bestimmten Thematik ein eigenes Embodiment entwickeln möchten, empfehle ich Ihnen folgendes Vorgehen.

Die Schritte zum eigenen Embodiment

Schritt 1 *Sorgen Sie dafür, dass Sie ungestört sind und dass niemand Sie beobachtet.*

Schritt 2 *Stellen Sie sich aufrecht hin, und vergegenwärtigen Sie sich Ihre momentane körperliche Verfassung, die sich durch Ihr aktuelles Problem ergibt. Welche Auswirkungen hat Ihr Problem auf Ihren Körper?*

Checken Sie durch (erst im Stehen beziehungsweise in Bewegung, dann, falls erforderlich, im Sitzen):

Äußere Merkmale	*Stand, Stellung der Füße, Bewegungsfolgen*
	Waden, Knie, Oberschenkel
	Becken, Bauch, Brustraum
	Rücken, Schultern, Hände, Gesten
	Kopfhaltung, Blick
Innere Merkmale	*Atmung*
	Körpertonus
	Temperaturwahrnehmungen
	»zugehörige« Farben, Geräusche, Gerüche, Bilder
	alles, was spontan auftaucht

Schritt 3 *Suchen Sie nach einer geeigneten spirituellen Ressource, die Ihnen helfen kann. Das kann eine Stelle aus der Bibel sein, ein Kirchenlied, ein Bibeltext, aber auch die Erinnerung an einen hilfreichen spirituellen Ort. Lassen Sie diese Ressource in Ihrem Körper lebendig werden. Texte kann man sich vorsprechen, Lieder kann man singen oder summen, Orte kann man vor dem geistigen Auge aufrufen.*

Schritt 4 *Sobald Sie den Eindruck haben, dass sich in Ihrem Körper Veränderungen zeigen, können Sie zum zweiten Mal Ihren Körper mental durchwandern. Hilfreich ist es immer, wenn Sie aufkeimende kleine Bewegungen verstärken, dann wird das Embodiment für Sie deutlicher wahrnehmbar.*

Checken Sie (erst im Stehen beziehungsweise in Bewegung, dann, falls erforderlich, im Sitzen) äußere und innere Merkmale durch wie in Schritt 2.

Spirituelles Embodiment als Entscheidungshilfe

Entscheidungskonflikte können die Handlungsfähigkeit eines Menschen völlig lahmlegen. In meiner langjährigen Erfahrung mit der Unterstützung von Personen, die in Schwierigkeiten aller Art stecken, gehören Hilfestellungen bei Entscheidungskonflikten zu den Konstanten meiner Tätigkeit. Besonders belastend werden Entscheidungskonflikte dann, wenn man an einer Weichenstellung seines Lebens steht. »Soll ich den Rudi heiraten oder nicht?«, »Sollen wir ein Kind bekommen oder nicht?«, »Soll ich meinen pflegebedürftigen Vater zu mir in die Einliegerwohnung holen oder nicht?«, »Soll ich den Karrieresprung in den neuen Job wagen oder lieber in der Sicherheit meiner vertrauten Umgebung bleiben?«, »Soll ich BWL studieren oder an die Schauspielschule gehen?« – und dergleichen mehr.

Sowohl-als-auch statt Entweder-oder

Entscheidungskonflikte entfalten ihre störende Kraft dadurch, dass es vordergründig so aussieht, als gäbe es nur eine Lösung nach dem Entweder-oder-Schema. Aus der Sicht des Verstandes stimmt diese Logik des Entweder-oder. Wenn man versucht, solch einen Entscheidungskonflikt allein rational zu lösen, wird immer eine Option geopfert, die dann mit innerer Kontrolle, Zwang und Selbstdisziplin mühsam unterdrückt, lebenslang gebremst oder unter Schmerzen verabschiedet werden muss. Zum Glück arbeitet das Unbewusste nicht nach der binären Logik des Verstandes. Für das Unbewusste existiert nämlich immer auch die Möglichkeit eines Sowohl-als-auch.

C.G. Jung, der Begründer der analytischen Psychologie, belegte dieses Phänomen mit dem Begriff »die transzendente Funktion des Selbst«. Die transzendente Funktion wird aktiviert, wenn es gelingt, einen Selbstzugang herzustellen. Jungs Begriff hat ursprünglich gar nichts mit einer göttlichen Transzendenz zu tun. Er wählte ihn, weil er sich vom lateinischen Wort *transcendere* herleitet, das »hinübergehen, überschreiten« heißt. Das Selbst kann die Kluft zwischen dem Entweder-oder überschreiten und etwas Neues erfinden, in dem beide Optionen enthalten sind. Der Verstand kann das nicht. Ein gewisser Bezug zu einer göttlichen Transzendenz stellt sich jedoch bei vielen Menschen ein, bei denen die transzendente Funktion des Selbst eine Brücke gebaut hat, weil es ihnen scheint, als sei die Art Lösung, die gefunden wurde, kein Menschenwerk. Wer hat denn dann die Lösung geschickt?

Wenn die Lösung nicht vom Menschen gemacht wurde, dann muss sie von einer übernatürlichen spirituellen Macht kommen – so lautet die Hypothese. Doch: »Unter dem Namen transzendente Funktion ist nichts Geheimnisvolles, sozusagen Übersinnliches oder Metaphysisches, zu verstehen, sondern eine psychologische Funktion [...] Die psychologische transzendente Funktion geht aus der Vereinigung bewusster und unbewusster Inhalte hervor.«[119]

Aus heutiger Sicht würde man im Rahmen der Theorie des bereits genannten Psychologieprofessors Julius Kuhl[120] antworten: Das Entweder-oder-Problem wurde vom Verstand erschaffen, der nur binär denken kann. Die Lösung hingegen wurde von dem unbewusst arbeitenden Selbst gefunden, einem psychischen Funktionssystem, das mit seiner parallelen Informationsverarbeitung zu echter Kreativität in der Lage ist. Der Verstand in seiner gewohnten Selbstüberschätzung stellt fest, dass er an dieser Lösung nicht beteiligt war und hält sich selber für den Nabel des psychischen Systems und glaubt, das Ich, das er erzeugt, stehe für den kompletten Menschen in seiner Gesamtheit. »Also, ich war das nicht mit der Lösung«, stellt der Verstand schulterzuckend fest. »Dann muss es wohl Gott sein, der die Lösung schickte.«

Es gibt auch eine andere Erklärung, sagt die wissenschaftliche Psychologie. Die Erklärung lautet folgendermaßen: Durch glückliche Umstände oder eine gut eingeübte spirituelle Praxis wurde der Selbstzugang gebahnt, und das Selbst konnte zeigen, zu welchen kreativen Leistungen es in der Lage ist. C. G. Jung beschreibt dieses Geschehen mit folgenden Worten:

> *»Das Hin und Her der Argumente und Affekte stellt die transzendente Funktion der Gegensätze dar. Die Gegenüberstellung der Position bedeutet eine energiegeladene Spannung, die Lebendiges erzeugt, ein Drittes, das keine logische Totgeburt ist entsprechend dem Grundsatz ›tertium non datur‹ [lat. für ›ein Drittes gibt es nicht‹, das Prinzip des zwischen zwei Gegensätzen stehenden ausgeschlossenen Dritten], sondern eine Fortbewegung aus der Suspension*

zwischen Gegensätzen, eine lebendige Geburt, eine neue Stufe des Seins, eine neue Situation herbeiführt [...] Als was immer die Gegensätze im individuellen Fall erscheinen mögen, im Grunde genommen handelt es sich immer um ein in Einseitigkeit verirrtes und verbohrtes Bewusstsein konfrontiert mit dem Bild instinktiver Ganzheit und Freiheit.«[121]

Abschließend zu bemerken ist an dieser Stelle, dass der Begriff der transzendenten Funktion bei Jung also tatsächlich in einer Doppelbedeutung schillert, obwohl das von ihm ursprünglich gar nicht so gedacht war.

Die Überlegungen zur binären Verstandesdarstellung und zur kreativen Lösung des Selbst sind auch auf die Frage nach der eigenen Identität anwendbar. Die US-amerikanische Psychologieprofessorin Susan Harter hat sich damit beschäftigt, wie Identität und Selbsterkennung, also die Art, wie man sich selbst aufgrund von Denkvorgängen beschreibt, in der menschlichen Psyche aufgebaut sind. Sie hat ihre Erkenntnisse aus der Beobachtung von Jugendlichen gewonnen, und zwar aus der Art und Weise, wie Jugendliche im Zuge ihrer psychischen Entwicklung mit widersprüchlichen Facetten ihrer Persönlichkeit umzugehen lernen und so allmählich zu einer reifen Persönlichkeit werden. Aus den Beobachtungen von Susan Harter kann man interessante Dinge über den Umgang mit Entscheidungskonflikten ableiten, denn viele dieser Konflikte betreffen letztendlich Aspekte der eigenen Identität.

In der Jugend entsteht durch die altersspezifische Gehirnentwicklung die Fähigkeit, sich selbst zu beobachten und Theorien darüber zu entwickeln, wer man ist. Die Frage lautet: »Wer bin ich?« Dies ist die Frage nach der eigenen Identität. Man kann zum Beispiel beobachten, dass man sich in der Familie meistens laut und extravertiert verhält, während man in einer Gruppe von Gleichaltrigen eher eine Randposition einnimmt und Zurückhaltung übt. Durch Selbstbeobachtung in unterschiedlichen Situationen stellt man manchmal fest, dass das eigene Verhalten nicht unbedingt einheitlich ist. »Wer bin ich in Wirklichkeit?«, könnte man sich dann fragen. »Bin ich selbstbewusst oder schüchtern? Bin ich schlau, oder bin ich dumm? Bin ich hübsch, oder bin ich hässlich? Bin ich sportlich, oder bin ich ein Couchpotato?«

Auch für viele Erwachsene dürften derlei Fragen nach dem eigentlichen Kern ihrer Person nicht unbekannt sein. Im frühen Jugendalter (zwölf bis vierzehn Jahre) bleiben solche unterschiedlichen Selbstbeobachtungen voneinander getrennt nebeneinander bestehen. Harter spricht von einer Unfähigkeit, scheinbar widersprüchliche Eigenschaften der eigenen Person zu integrieren.[122] Erst im späten Jugendalter (ab siebzehn Jahren) entsteht die Fähigkeit, solche Widersprüche aufzulösen. Die Auflösung geschieht, so hat Harter beobachtet, durch ein Vorgehen, das sich direkt auf die Lösung von Entscheidungskonflikten übertragen lässt. Die Jugendlichen in der späten Adoleszenz entwickeln nämlich die Fähigkeit zu etwas, was Harter *»higher-order abstractions«* (Abstraktionen auf einer höheren Ebene) nennt. Diese Jugendlichen verlassen die Ebene des Entweder-oder und begeben sich auf eine Definitionsstufe, die darüber liegt. Von hier aus kann man das eigene Verhalten von einer neuen Warte aus sehen. Das, was auf der unteren Stufe wie ein Gegensatz wirkt, kann auf der höheren Stufe zu einer Einheit zusammengefasst werden. Statt des Entweder-oder gilt jetzt ein Sowohl-als-auch.

Dieser Wechsel der Betrachtungsebenen und das Finden einer neuen Einheit von einer anderen Warte aus ist ein kreativer und schöpferischer Akt. Die eigene Identität wird neu erfunden. Als geglückt gilt die neue Identitätsdefinition dann, wenn sie ein gutes Gefühl der Einheit und der Passung auslöst. Dieses Gefühl nenne ich auch gern das »Identitätsgefühl«.

Die Entweder-oder-Beobachtung eines jungen Mädchens, das in der einen Situation eher extravertiert reagiert und im Mittelpunkt der Gruppe steht, während es in einer anderen Situation lieber introvertiert im Hintergrund des Geschehens bleibt, kann zum Beispiel auf der Sowohl-als-auch-Ebene durch die neue Selbstbeschreibung »Ich bin spontan und kann mich gut auf verschiedene Situationen einstellen« aufgelöst werden.

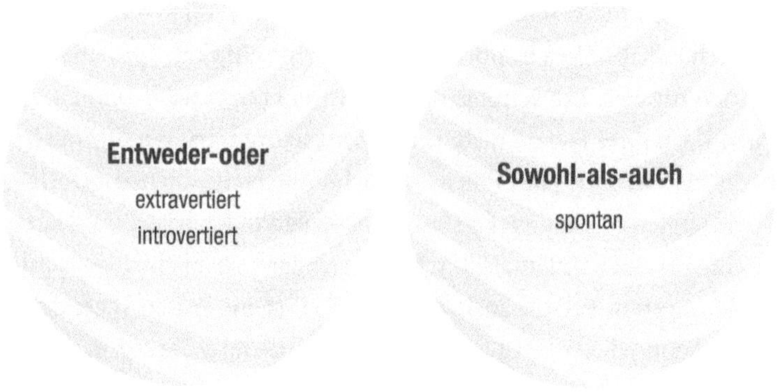

Spontaneität und das Sowohl-als-auch

Warum lässt sich das Modell von Susan Harter für die Lösung von Entscheidungskonflikten verwenden? Weil es auch bei der erfolgreichen Lösung von Entscheidungskonflikten darum geht, Unvereinbares irgendwie in Harmonie zu bringen.

Der große Vorteil, den es hat, sich gezielt der transzendenten Funktion zu bedienen, um aus (scheinbaren) Sackgassen herauszufinden, ist die persönliche Autonomie. Mithilfe dieser Fähigkeit, die jeder Mensch in seiner Psyche trägt, kann man selbstwirksam aus Krisen finden. Jung findet hierfür folgende Worte:

»Da die Auseinandersetzung mit der Gegenposition ganzheitlichen Charakter hat, so ist nichts davon ausgeschlossen. Alles steht in Diskussion, auch wenn nur Bruchteile davon bewusst sind. Das Bewusstsein wird durch Gegenüberstellung von bisher unbewussten Inhalten beständig erweitert oder – besser gesagt – könnte erweitert werden, wenn es sich um deren Integration bemühen wollte. Das ist natürlich keineswegs immer der Fall. Auch wenn genügend Intelligenz vorhanden ist, um die Fragestellung zu verstehen, so fehlt es doch an Mut und Selbstvertrauen, oder man ist geistig und moralisch zu träge oder zu feige, eine Anstrengung zu machen. Wo aber die nötigen Voraussetzungen

vorhanden sind, da bildet die transzendente Funktion nicht nur eine wertvolle Ergänzung der psychotherapeutischen Behandlung, sondern verschafft dem Patienten den nicht zu unterschätzenden Vorteil, aus eigenen Kräften einen gewichtigen Beitrag an die ärztlichen Bemühungen zu leisten und in diesem Maße nicht vom Arzt und seinem Können in einer oft demütigenden Weise abhängig zu sein. Es ist ein Weg, sich durch die eigene Anstrengung zu befreien und den Mut zu sich selbst zu finden.«[123]

Am Beispiel von Carolyn aus den Vereinigten Staaten werde ich illustrieren, wie spirituelles Embodiment diesen Befreiungsakt in die Wege leitet und wie Carolyn damit einen schwierigen Entscheidungskonflikt aus eigenen Kräften klären kann.

Carolyns Entscheidungskonflikt

Die Fallgeschichte von Carolyn stellte mir ihre Seelsorgerin Mrs Brown mit Carolyns Einverständnis für dieses Buch zur Verfügung, die Namen haben wir allerdings aus personenschutzrechtlichen Gründen geändert. Das spirituelle Embodiment führte Mrs Brown durch.

Carolyn ist sechzig Jahre alt, verheiratet und hat fünf erwachsene Söhne, die sie von klein auf zu Hause unterrichtete. Sie befindet sich in einer Lebenssituation, in der sie sich nicht sonderlich wohl fühlt: Sie weiß nicht genau, was sie für sich selbst als nächstes Lebensziel erwarten kann, und ihre Ehe bereitet ihr einigen Stress. Sie ist gläubig und vertraut darauf, dass Gott ihr den Weg zeigen wird, so wie er das schon immer tat. Ihr Mann arbeitet mit gutem Verdienst, sodass Carolyn nicht unter dem Druck steht, Geld verdienen zu müssen. Ihre Sehnsucht liegt im lokalen Missionsbereich, denn sie möchte in irgendeiner Weise anderen Frauen oder Ehepaaren behilflich sein, ihren Glauben zu stärken und den Lebensweg in diesem Licht zu betrachten und zu gehen.

Aber sie selbst ringt derzeit mit verschiedenen Dingen, die in ihrer eigenen Ehe nicht so gut laufen, und ist darum nicht sehr überzeugt von ihrer Fähigkeit, anderen zu helfen. Carolyns Frage stellt sich oft, wenn man in einer Rolle steht, bei der man anderen Menschen hilfreich sein soll. Was macht ein Lehrer, dessen Tochter von der Schule fliegt? Wie geht eine Psychotherapeutin damit um, wenn ihr Adoptivsohn nach einem schlechten LSD-Trip halluzinierend in die Psychiatrie eingewiesen werden muss? Was macht ein auf Paarberatung spezialisiertes Ehepaar, wenn das eigene Sexleben brachliegt? Wer hilft dem Seelsorger, der selbst in einer Glaubenskrise steckt? Da taucht unweigerlich die Frage auf: Wozu erzähle ich den anderen eigentlich den ganzen Sermon, wenn das nicht einmal bei mir selber klappt? Soll ich damit nicht am besten aufhören und mir einen Job beim Landratsamt suchen?

Carolyn berichtet, dass ihr Mann sehr nach innen gewandt und egozentrisch sei. Sie fühlt sich in ihrer Ehe unsichtbar und von ihm nicht wahrgenommen. »Manchmal habe ich den Eindruck, ich bin wie eine Art Möbelstück. Ich soll zwar anwesend sein, aber um mich als Person kümmert er sich überhaupt nicht. Nur wenn das Essen nicht pünktlich auf dem Tisch steht, dann kommt er in Fahrt.« Er zeige sich nicht interessiert an ihren Herzensangelegenheiten oder an ihren Sorgen und Ängsten.

Aus klinisch-psychologischer Sicht ist ihr Ehemann kein einfacher Fall. Er hat paranoide Vorstellungen, zum Beispiel dass andere, meistens Fremde, ihn verfolgen oder beobachten. Diese Pathologie wurde schon vor längerer Zeit bei ihm festgestellt und auch behandelt. Aber zurzeit ist die Paranoia auf einem erträglichen Maß, und darum nimmt er auch keine Medikamente.

Carolyn ist jedoch zu Recht beängstigt, dass diese Problematik wieder eskalieren könnte und sie nicht mehr imstande sein wird, damit umzugehen. Momentan ist die große Baustelle »Paranoia des Mannes« jedoch nicht das Hauptthema, sondern es sind nur »kleinere Dinge« –

so nennt sie das –, die ihr negative Gefühle bereiten. Ihr Mann macht zum Beispiel immer wieder Bemerkungen bezüglich anderer Frauen, die besser aussähen als sie, die etwas besser könnten als sie, die interessanter seien als sie. Kurzum: Er wertet Carolyn oft ab. Sie fühlt sich deswegen sehr verletzt.

Ihr Mann will aber auch nicht mit ihr in eine Paartherapie. Nach seiner Darstellung der Situation ist alles in Ordnung in ihrer Ehe, und es gibt keinen Grund, an den Verhältnissen etwas zu ändern. In Carolyns Augen ist die Ehe jedoch auf einem Tiefpunkt. Sie fühlt sich müde und ausgelaugt. Warum beendet Carolyn ihre Ehe nicht?

»Wir haben kirchlich geheiratet, und ich habe versprochen, zu ihm zu halten in guten und in schlechten Zeiten. Nun sind die schlechten Zeiten gekommen. Einfach verlassen kann ich ihn nicht. Ich möchte schauen, ob ich mit Gottes Hilfe einen Weg aus meiner Sackgasse finde.«

Auf Empfehlung ihrer Seelsorgerin Mrs Brown arbeitet Carolyn mit der Bildkartei des »Zürcher Ressourcen Modells ZRM«.[124] Beim ZRM handelt es sich um ein Selbstmanagement-Training, das zur Gruppenarbeit und zum Einzelcoaching eingesetzt werden kann. Mithilfe einer ressourcenaktivierenden Bildkartei wird das Unbewusste angesprochen. Die Bildkartei steht kostenlos auf www.zrm.ch in Deutsch, Englisch und Französisch zur Verfügung. Unter dem Menüpunkt »ZRM® Online Tool« kann man den gesamten Prozess durchführen. Versuchen Sie es auch einmal – es lohnt sich!

Carolyn bekommt die Aufgabe, sich ein Bild zu suchen, das ihr in ihrer scheinbar ausweglosen Situation hilfreich sein kann. Sie lässt die angebotenen Bilder auf sich wirken und wählt auf der Basis von positiven somatischen Markern – deutlich positiven körperlich-affektiven Signalen – ein Bild aus. Der Verstand ist bei der Bilderwahl explizit in den Urlaub geschickt, denn mit der Verstandestätigkeit sind die Menschen, die seit längerer Zeit in Entscheidungskonflikten stecken, ja nicht mehr weitergekommen. Stattdessen wird über somatische Marker das Unbewusste direkt adressiert. Carolyn sprich mit starken positiven Gefühlen auf ein Bild aus dem Tessin an, das eine steinerne Brücke zeigt, zu der ein Pfad im Wald führt.

Im Rahmen des ZRM erfolgt im Anschluss an die Bilderwahl ein Ideenkorb. Nachdem man mithilfe der Signale des Unbewussten ein Bild ausgesucht hat, das bei dem eigenen Thema als Unterstützung dienen kann, muss man nun in einem zweiten Schritt herausfinden, was genau das Unbewusste mit der Bildsprache ausdrücken will. Eine Art Dolmetscherprozess findet statt. Dazu verwendet man im ZRM die Ideenkorb-Technik. Mit dieser Technik sammelt man die Ideen und Erfahrungen anderer Menschen zum eigenen Bild ein. Man stellt dafür einen imaginären Korb auf und bittet Freundinnen und Freunde, Kolleginnen und Kollegen oder die beratende Person, mit der man die Bilderwahl durchgeführt hat, um Ideenspenden. Beim »ZRM® Online Tool« sind Ideenvorschläge bereits ausgearbeitet.

Erwünscht sind dabei alle möglichen positiven Assoziationen zum Bild: Beobachtungen auf dem Bild selbst, Eindrücke zu den Farben des Bildes, Ideen zu Szenarien, die sich aus dem Bild ergeben könnten, eigene Fantasien, eigene Gefühle und Stimmungen, die das Bild auslöst. Oft ist man überrascht, wie viele neue und originelle Ideen da in den Korb geworfen werden. Ideen, auf die man selbst gar nie gekommen wäre, die aber sehr nützlich sein können.

Im »Ideenkorb« landen viele positive Assoziationen

Wenn der Ideenkorb gefüllt ist, wertet man diese Ideensammlung aus. Wichtig ist hierbei, dass auch die Auswertung anhand der somatischen Marker erfolgt. Das bedeutet: Es werden die Ideen weiterverwendet, die eindeutig und *ausschließlich* positive somatische Marker auslösen. Starke gute Gefühle sind gefragt. Ideen, die gemischte Gefühle auslösen, sind für die weitere Verwendung *nicht* geeignet.

Nachdem Carolyn einen Ideenkorb erarbeitet hat, wählte sie diese Ideen als eindeutig hochwertig positiv aus:

- allein sein,
- Spaziergang,
- Frieden,
- Natur,
- Erholung,
- Hören.

In einer Runde der Selbstreflexion wird der Verstand jetzt eingesetzt, um zu überlegen, warum dem Unbewussten in Zusammenhang mit dem eigenen Thema diese Worte so gut gefallen. Denn auch der Verstand muss verstehen, was das Unbewusste an Vorstellung für eine Lösung bereithält. Es geht bei dieser Arbeit darum, Verstand und Unbewusstes zu synchronisieren. Die Verbindung zwischen diesen beiden Systemen sorgt dafür, dass neue Sichtweisen entstehen können, die es vorher, in der verstandesdominierten Perspektive des »Entweder-oder«, noch nicht gab.

Die Frage, die man sich bei dieser Etappe der Entwicklung stellt, lautet: »Warum reagiert mein Unbewusstes positiv auf diese Ideen, wenn es um das Thema xy geht?«

Carolyn kommt spontan ein Bibelvers aus dem Markusevangelium in den Sinn, dem zufolge Jesus seinen erschöpften Aposteln eine Pause gönnt. Für diesen Teil der Entwicklungsarbeit, der Synchronisierung von bewusstem Verstand und unbewusstem Selbst, sind schnell und spontan auftauchende Einfälle ein klarer Hinweis darauf, dass das Unbewusste sich meldet. Wenn jemand in dieser Phase beim besten Willen keine Idee hat, was das unbewusste Selbst mit den ausgewählten Worten ausdrücken möchte, dann ist das nicht schlimm. Man kann dann wieder auf das Ideenkorb-Verfahren zurückgreifen und sammelt einfach so viele Ideen, bis es bei einer Idee spontan ein gutes Gefühl gibt. Das ist der Fingerzeig dafür, dass der Dolmetschervorgang erfolgreich ist.

Carolyn empfängt die Idee für den Bibelvers spontan und schnell, und sie kann auch vom bewussten Verstehen her sofort etwas damit anfangen. Für sie bedeutet dieser Vers eine klare Einladung Jesu, die an sie persönlich gerichtet ist. Sie ist ergriffen und begeistert. Für das Embodiment entwickelt sie den hier beschriebenen Bewegungsablauf, den ich mit Carolyns eigenen Worten darstelle.

Carolyns Embodiment-Bibelvers

Mk 6, 31 f.
Und er sprach zu ihnen: Geht ihr allein an eine einsame Stätte und ruht ein wenig. Denn es waren viele, die kamen und gingen, und sie hatten nicht Zeit genug zum Essen. Und sie fuhren in einem Boot an eine einsame Stätte für sich allein.

Carolyns Bewegungsablauf
»Ich forme mit beiden Händen in der Luft vor mir ein großes Herz. Dann öffne ich Hände und Arme nach vorn und lasse das Herz los.
Ich zeige mir selbst also, dass ich diesen schwierigen Menschen liebe, ihn aber auch liebevoll loslassen kann. Das bedeutet auch, dass ich ihn freigebe, auf seinem eigenen Weg zu gehen, in sein eigenes Chaos. Das heißt nicht, dass er aus meinem Leben verschwindet. Es bedeutet aber, dass ich alle Kontrolle über sein Verhalten oder seine Worte loslasse.«

Carolyn berichtet, dass dieses Embodiment sehr kraftvoll auf sie wirkt, dass sie damit tatsächlich innerlich Abstand findet vom Chaos ihres Ehemanns. Sogar wenn sie diese Geste nur gedanklich ausführt, zum Beispiel wenn ihr Mann im Raum ist, schlechte Stimmung verbreitet und sie unter Druck gerät, findet sie das Embodiment extrem hilfreich, um eine Abgrenzung zu schaffen, damit sie seinen Stress nicht in sich hineinnehmen muss. Indem sie ein Herz formt, spürt sie, dass sie ihn in Liebe loslassen kann.

Beim nächsten Treffen berichtet sie, dieses Embodiment bedeute für sie auch, dass sie sich selbst in dieser Weise aus der kritischen, stressigen Situation, wenigstens mental, entfernen darf, weil sie erkennt, dass sie keinerlei Kontrolle über sein Verhalten hat. Für sie bedeutet das Raum, um nur »zu sein«. Jesus selbst ist es, der sie dabei an der Hand nimmt und an einen ruhigen Platz führt.

Sie legt sich einen Stundenplan fest, um sich mehr draußen in der

Natur aufzuhalten, Spaziergänge im Wald zu machen und wenigstens einen Tag in der Woche für sich allein zu sein und zu meditieren. Sie nimmt sich Zeit für das Gespräch mit Jesus, der sie einlädt, mit ihm zu gehen an einen einsamen Ort.

Nach einer Woche hat Carolyn auch einen Song gefunden, der diese Einladung musikalisch beschreibt: Nora Jones, »Come away with me«. Ich möchte Sie gern dazu einladen, sich diesen Song einmal auf YouTube anzuhören. Es ist ganz erstaunlich, wie viel Ruhe die Musik ausstrahlt. Das Video zeigt die Sängerin, wie sie auf einem Highway in aller Ruhe eine Wegstrecke fährt. Für mich steckt darin die Kraft, eine eigene Route zu wählen und sich selbstbestimmt auf eine Reise zu begeben. Die Sicherheit und Selbstverständlichkeit, die von der Stimme und der Ausstrahlung der Sängerin in diesem Video vermittelt wird, beschreibt genau die innere Haltung, mit der Carolyn in Liebe loslassen kann.

Zum Abschluss des Kapitels über Entscheidungen und Carolyns anrührendes Beispiel möchte ich noch einmal hervorheben, welche außerordentlichen spirituellen Qualitäten Lösungen entfalten, die mit der Hilfe des Heiligen gefunden wurden. Man stelle sich nur einmal vor, wohin Carolyns Ehe sich hätte entwickeln können, wenn sie in dem Entweder-oder stecken geblieben wäre und nicht ein Drittes gefunden hätte: vielleicht in einen Rosenkrieg mit winkelzügigen Scheidungsanwälten – was vor ihrem religiösen und sozialen Hintergrund wohl eine andere Dimension hätte als in unserer, in solchen Angelegenheiten doch eher säkular orientierten Gesellschaft –, oder sie hätte eine verhärmte, verbitterte und gedemütigte Frau werden können. Stattdessen fasst nun Jesus sie an die Hand und nimmt sie mit auf ihren Weg, und zwar trotz allem in Liebe zu ihrem Mann, mit einem starken Gefühl für das große liebende Herz.

Für den bewussten Verstand ist das scheinbar paradox: Wie kann ich denn in Liebe loslassen? Entweder ich liebe, dann bin ich nah, oder ich gehe weg, dann verschwindet auch die Liebe. Mit dem Selbst sind diese Gegensätze jedoch mühelos zu verbinden.

Mir liegt Carolyns Beispiel deswegen so sehr am Herzen, weil ich es in meiner Arbeit ständig erlebe, dass Beziehungen zwischen zwei Menschen sich in diesem Dilemma befinden. Und Carolyn zeigt uns, wie man solch ein Dilemma mit spirituellem Embodiment kraftvoll, ruhig und wahrhaftig einer Lösung zuführen kann. Es dürfte auch unmittelbar einleuchten, dass der Weg, den Carolyn mit ihrem Bibelvers gehen kann, ein wirklich reifer Weg der Selbstwerdung ist, der auch ihrem Mann eine echte Chance auf eine Entwicklung gibt.

Ich bin überzeugt, ich spreche auch im Namen der Leserinnen und Leser, wenn wir Carolyn bei ihrer Reise zu sich selbst alles nur erdenklich Gute wünschen.

Der Weg zur Identität und zum wahren Selbst

Wir haben nun am Beispiel von Martina kennengelernt, wie spirituelles Embodiment in einer akuten Krisensituation helfen kann. Carolyn ließ uns teilhaben an ihrem Motivkonflikt, der in ihrer Ehe schon etliche Jahre lang eine wichtige Rolle spielte. Auch in solch einem Fall der Entscheidungsfindung kann das spirituelle Embodiment dabei helfen, aus der Entweder-oder-Falle des Verstandes herauszufinden und die Ebene des Sowohl-als-auch zu erreichen. Es gibt jedoch noch ein weiteres Gebiet der Psychologie oder – präziser ausgedrückt – der Religionspsychologie, bei dem spirituelles Embodiment eine große Hilfe sein kann. Ich spreche von der Suche nach dem Heiligen.

Einen »spirituellen Mangel« ausgleichen

In der heutigen Zeit haben viele Menschen der Amtskirche den Rücken zugekehrt. Die Gründe dafür sind vielfältig und sollen an dieser Stelle nicht weiter erörtert werden. Für unsere Zwecke ist wesentlich, dass diese Menschen trotzdem auf der Suche nach Spiritualität sind. Natürlich gibt es auch zahlreiche Personen, die mit Spiritualität im Allgemeinen »nichts am Hut« haben, von denen ist hier jedoch nicht die Rede. Im Fokus unseres Interesses stehen jetzt Menschen, die sehr wohl einen spirituellen Mangel erleben und sich auch ernsthaft darum bemühen, diese Leerstelle in ihrem Leben sinnvoll zu füllen. Was dieser Typus von Suchenden anstrebt, ist nicht in erster Linie Hilfe »von oben« bei einer persönlichen Lebenskrise, sondern einen eher allgemeinen Kontakt zum Heiligen, zu einer göttlichen Kraft, deren Vorhandensein man ahnt und die man gern mehr spüren würde.

Ich werde die Überlegungen von C. G. Jung als theoretischen Rahmen heranziehen, um zu erklären, was man sich unter dem Kontakt mit dem Heiligen vorstellen kann und wie man persönlich hierzu den Zugang ermöglicht. Ich bin selber Analytikerin nach Jung, und ein wesentlicher Grund, warum ich Jungianerin wurde und nicht Freudianerin, ist für mich immer Jungs großes Interesse an der Spiritualität gewesen. Nach seiner Auffassung können Menschen, die sich über längere Zeit mit einem spirituellen Mangel erleben, darüber psychisch krank werden. Als Sohn eines Pfarrers hatte Jung einen ganz selbstverständlichen Zugang zu religiösen Themen, er gab sich aber im Laufe seiner Studien nicht nur mit dem Christentum ab. Berühmtheit erlangten zum Beispiel seine Texte zum chinesischen *I Ging* oder *Buch der Wandlungen*. Wenn man am C. G. Jung-Institut in Küsnacht studiert, gehören eine Prüfung in Ethnologie und eine Prüfung in Religionspsychologie zum Abschluss dazu. Jungianerinnen und Jungianer lernen also von der Pike auf, sich konfessionell ungebunden mit den verschiedenen Ausdrucksformen des Heiligen zu befassen, und betrachten hierbei alle

Varianten auf der ganzen Welt als völlig gleichberechtigten Ausdruck ein und derselben Suche.

Wir hatten bisher schon darüber gesprochen, dass man sich die menschliche Psyche aufgebaut aus dem bewussten Ich und dem unbewussten Selbst vorstellen kann. Bei Jung lässt sich diese Vorstellung grafisch als eine Kugel darstellen. Das unbewusste Selbst ist die umfassendere Instanz, dargestellt durch die Kugel. Das Ich kann mithilfe des Bewusstseins bestimmte Gebiete des Unbewussten erhellen, bewusst machen und in Sprache fassen. Aber dies ist nur dort möglich, wo der Scheinwerfer des Bewusstseins für Erhellung sorgt. Viel von dem, was die menschliche Gesamtpsyche ausmacht, bleibt im Unbewussten und wird unter Umständen nie bewusst.

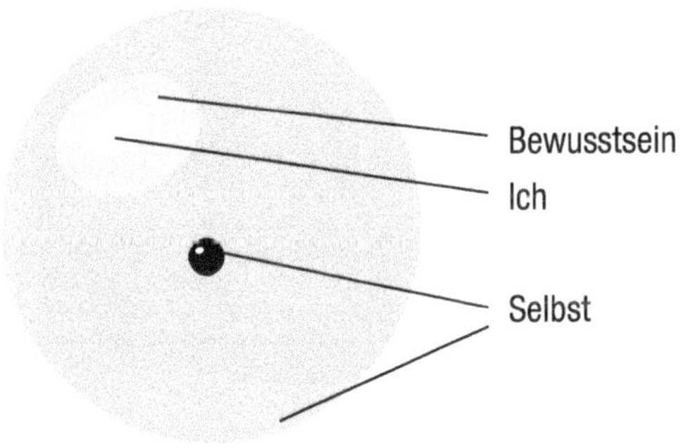

Der Aufbau der Psyche nach C.G. Jung

Bei Jung findet sich außer dem persönlichen Unbewussten jedoch noch eine andere Variante des Unbewussten: das kollektive Unbewusste:

»Eine gewissermaßen oberflächliche Schicht des Unbewussten ist zweifellos persönlich. Wir nennen sie das persönliche Unbewusste. Dieses ruht aber auf einer tieferen Schicht, welche nicht mehr persönlicher Erfahrung und Erwerbung entstammt, sondern angeboren ist. Diese tiefere Schicht ist das sogenannte kollektive Unbewusste. Ich habe den Ausdruck ›kollektiv‹ gewählt, weil dieses Unbewusste nicht individueller, sondern allgemeiner Natur ist, das heißt, es hat im Gegensatz zur persönlichen Psyche Inhalte und Verhaltensweisen, welche überall und in allen Individuen cum grano salis die gleichen sind. Es ist, mit anderen Worten, in allen Menschen mit sich selbst identisch und bildet damit eine in jedermann vorhandene, allgemeine seelische Grundlage überpersönlicher Natur.«[125]

Das kollektive Unbewusste ist eine Schicht des Psychischen, »in welcher die individuellen Bewusstseinsunterschiede mehr oder weniger ausgelöscht sind«.[126]

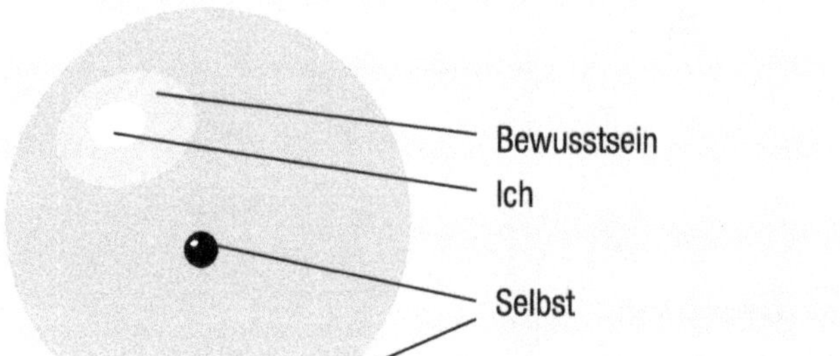

Das kollektive Unbewusste nach C. G. Jung

Auch das kollektive Unbewusste wird über das Selbst erreicht. Kuhl schreibt, dass das Selbst »vielleicht sogar die eigentliche Empfangsstation für die Signale aus einer Wirklichkeit ist, die größer ist als alles, was wir mit den Erkenntnismöglichkeiten des bewussten Ich erfassen können«.[127] Wir möchten wissen, wie der Kontakt mit dem kollektiven Unbewussten aufgenommen werden kann, und versuchen, uns an eine sprachliche Beschreibung dieser Instanz heranzutasten. Rudolf Otto, ein Religionswissenschaftler und Theologe, gilt als der Ahnvater des Begriffs des Numinosen, auf den Jung sich später immer wieder bezogen hat. In seinem Hauptwerk mit dem Titel *Das Heilige* versucht Otto, sich dem großen Mysterium aller Religionen anzunähern: »Das, wovon wir reden und was wir versuchen wollen einigermaßen anzugeben, nämlich zu Gefühl zu bringen, lebt in *allen* Religionen als ihr eigentlich Innerstes und ohne es wären sie gar nicht Religion.«[128]

Die Erfahrung des Numinosen, so Otto, hat in erster Linie mit dem Gefühl zu tun: »Ich bilde hierfür zunächst das Wort: das Numinöse (wenn man von omen ominös bilden kann, dann auch von numen numinös) und rede von einer eigentümlichen numinosen [sic] Deutungs- und Bewertungskategorie und ebenso von einer numinosen Gemütsgestimmheit.«[129]

Das lateinische Wort *numen* hat in etwa folgenden Bedeutungshorizont: Wink, Geheiß, Wille, göttlicher Wille, göttliche Macht, Auftrag, Befehl, Gebot. Träume, Fantasien, Eingebungen oder Visionen, die von der empfangenden Person als numinos erlebt werden, haben immer einen objektiven Charakter. Sie werden als »von der Person weitgehend unabhängig erlebt«.[130] Menschen, denen der Kontakt mit dem Numinosen gelingt (oder auch unfreiwillig widerfährt), erleben diesen Vorgang als eindeutig von einer Instanz außerhalb ihrer eigenen Grenzen kommend. Diese Art von Erlebnissen ist immer ausgesprochen schwer in Worte zu fassen. Ein Umstand, dem auch Otto Rechnung trägt, wenn er schreibt:

»Wir fordern auf, sich auf einen Moment starker [...] religiöser Erregtheit zu besinnen.

Wer das nicht kann oder wer solche Momente überhaupt nicht hat, ist gebeten nicht weiter zu lesen. Denn wer sich zwar auf seine Pubertätsgefühle, Verdauungsstockungen oder auch Sozialgefühle besinnen kann, auf eigentümlich religiöse Gefühle aber nicht, mit dem ist schwierig Religionskunde zu betreiben.«[131]

Ich bin persönlich sehr davon angetan, dass Otto es sich auch erlaubt, bei der Debatte des Numinosen durchaus unwirsch zu werden. Man merkt ihm an, dass er offenbar schon viel Liebesmüh dafür aufgewendet hat, anderen Menschen zu erklären, wovon er sprechen und schreiben möchte. Offenbar ist ihm irgendwann einmal der Kragen geplatzt, und er hat sich erlaubt, gleich zu Beginn seines Buches einen gewissen Teil der Lesenden aus dem Text hinauszukomplimentieren.

Die starke religiöse Erregtheit, von der Otto spricht, wird von manchen Menschen instinktiv gesucht, oft aus einer ganz unbestimmten Sehnsucht heraus. Als Beispiel hierfür kann die Geschichte von Sebastian dienen, der aufgrund dieses Ahnens eine bedeutsame spirituelle Entwicklung durchlaufen hat. Sebastian ist 44 Jahre alt. Er arbeitet als Autor, Speaker, Coach und Trainer.

Kennzeichen des Suchens nach den numinosen Inhalten des kollektiven Unbewussten ist typischerweise, dass der Impuls zur Suche nicht von einem klar umrissenen Problem ausgeht, für dessen Bewältigung man spirituellen Beistand möchte. Vielmehr sucht man nach etwas, was dem eigenen Leben grundsätzlich Sinn und Richtung geben kann. Etwas Universelles und Allgemeines, was jenseits von den Alltagskrisen durch das ganze Leben tragen kann.

Genau diese Ausgangslage schildert Sebastian: »Mein Vater war evangelisch-lutherischer Pastor, ich erlebte eine ganz normale Konfirmation und war lange Zeit bei den christlichen Pfadfindern. Aufgrund des Berufes meines Vaters war ich oft in der Kirche und hatte immer ein entspanntes Verhältnis zu dem, was da vor sich ging. Insbesondere deswegen, weil ich als Kind während der Gottesdienste bei der Orgel auf der Empore oben oder hinter den Kulissen gespielt und gelesen habe. Dann habe ich – aufgrund von Interesse – früh die Bibel zweimal gelesen. Was dann zur Folge hatte, dass ich mit meiner damaligen Religionslehrerin in der achten Klasse angeeckt bin, weil sie dauernd aus dem Zusammenhang heraus und dazu auch noch falsch zitiert hat. Mit Anfang zwanzig hatte ich dann das Gefühl, dass das nicht alles sein kann, und hatte – damals vor nun mehr als zwanzig Jahren – zum ersten Mal Kontakt zum Buddhismus und Energiearbeit.«

Bemerkenswert an der Geschichte Sebastians ist die Tatsache, dass er im Prinzip die christlich-religiöse Tradition mit der »Vatermilch« eingesogen hat, dass er aber auf seltsame Weise unbefriedigt geblieben ist. Die Lektüre der Bibel hat ihm dabei nicht entscheidend weitergeholfen, umso mehr, als er es offenbar mit einer eher uninspirierten und nicht besonders bewanderten Religionslehrerin zu tun hatte, die seine Einwände nicht als Diskussionsgrundlage willkommen geheißen hat, sondern sie als Angriff auf ihre Autorität behandelte. Auf diese Art wird natürlich eine junge, suchende Seele nicht mit dem Numinosen in Kontakt gebracht, so viel steht fest.

Die Faszination des Numinosen

Im Nachhinein beschreibt Sebastian seine Situation so: »Also, mir fehlte irgendwie etwas. Und dieses spirituelle Defizit war etwas, was über ›die normale Standardreligion in Deutschland‹, die ich durch meine Kindheit sehr natürlich und nahbar kennengelernt hatte, deutlich hinausging. Ich brauchte irgendetwas, was mich faszinierte, suchte nach einem Zugang zum Göttlichen, der mehr enthielt als das ›normale‹ Versprechen der Kirche.«

Sebastian belegt das, wonach er sucht, mit dem Begriff der Faszination. Fast schon rührend ist, wie viel Wert Sebastian in seiner Erzählung darauf legt, dass er keineswegs im Hader mit der väterlichen Kirche liegt und dass man bei ihm und seinem Vater auch keinen Vater-Sohn-Konflikt vermuten muss. Er hat seinen Frieden mit dem Pastor-Vater und der religiösen Tradition, die durch ihn vertreten wird. Aber was einfach fehlt, ist das Faszinierende.

»Ich glaube, im Endeffekt war es tatsächlich die Idee der Faszination, die mich auf die Suche gezogen hat, weil ich über meinen Vater und über meine Kindheit zum normalen Christentum ja ausreichend Kontakt hatte. Das war auch okay, das hat nicht gestört. Ich gehe auch heute gern noch in Kirchen und finde auch Gottesdienst immer mal wieder schön, aber irgendwie in Resonanz gehe ich eher mit etwas anderem, und so habe ich eigentlich über die Anwesenheit von dieser Resonanz bei anderen spirituellen Schulen mein diesbezügliches Defizit in der traditionellen evangelisch-lutherischen Kirche bemerkt.«

Wohin soll eine christliche Kirche steuern, der bescheinigt wird: »[…] das hat nicht gestört«? Genügt das auf Dauer, um Menschen in Kontakt mit dem Heiligen zu bringen? Vermutlich nicht, wie die Abstimmung mit den Füßen zeigt. Eine religiöse Tradition, die nicht in der Lage ist, suchende Seelen durch den Kontakt mit dem Heiligen zu faszinieren, schrammt an der eigentlichen Aufgabe vorbei. Was da fehlt, ist auf jeden Fall aus der Sicht des spirituellen Embodiments die gefühlte Komponente des Leibes. Im Fleisch, im Blut, im Herzen, in der Zelle, überall dort wird das Numinose wahrgenommen. Ohne Körper und Gefühle kann dieses Phänomen nicht erfahren werden.

»Was aber und wie ist nun dieses – objektive, außer mir gefühlte – Numinose selbst? Da es selbst ja irrational, das heißt in Begriffen nicht explizibel ist, wird es angebbar nur sein durch die besondere Gefühlsreaktion, die es im erlebenden Gemüt auslöst«:[132] Nach genau solch einer Gefühlsreaktion in seinem erlebenden Gemüt suchte Sebastian intuitiv als junger Mann. Man kann ihn nur dazu beglückwünschen, dass er in seiner Suche so unbeirrt war und sich über viele Beschränkungen hinwegsetzte.

»Und da habe ich einfach viel gelesen in dieser Zeit. Mich viel mit Freunden ausgetauscht, die unter anderem auch Buddhisten waren oder die zum Buddhismus Kontakt hatten. Die haben mir dann Bücher gegeben. Ich habe mich parallel dazu in dem Bereich Energiearbeit getummelt und viel Selbsterfahrung gemacht. Das, was heutzutage ›normal‹ ist, war damals noch völlig ›eso‹ und war eher was – mit Verlaub gesagt – so für Frauen ab fünfzig mit Wechseljahresbeschwerden *(smile)*. Mich hat diese Mischung aus Buddhismus und Energiearbeit jedoch fasziniert, weil sie auf Liebe, auf etwas Energiereiches, also auf irgendetwas Universelles hin orientiert war.«

Ein zwanzigjähriger Mann, der zusammen mit einer Gruppe von Frauen in den Wechseljahren Energiearbeit macht, das ist ein herrliches Bild, das auch einer gewissen Komik nicht entbehrt. Großartig, dass Sebastian in dieser Hinsicht einfach am Ball geblieben ist, ohne zu wissen, wonach er genau sucht. Wer weiß, vielleicht haben ja doch der sonntäglich-väterliche Gottesdienst und der regelmäßige Genuss von Orgelmusik ihren Teil dazu beigetragen, dass Sebastian hartnäckig geblieben ist und sich durch keine Modeerscheinungen, gesellschaftlichen Dos and Don'ts und weiblichen Klimakterien von seiner Suche abschrecken ließ.

Umso mehr interessiert uns natürlich in diesem Buch über spirituelles Embodiment, woran Sebastian denn nun festmachte, dass er das große Unbekannte gefunden hat? Denn, erinnern wir uns, am Anfang seiner Forschungsreisen stand – wie bei vielen Suchenden – ein diffuses, nicht näher in Worte zu fassendes Gefühl des Mangels. Es ist nicht einfach, nach etwas zu suchen, von dem man gar nicht genau weiß, um was es sich denn dabei handelt. Besonders schwierig gestaltet sich die Suche deswegen, weil das Numinose nach Otto ganz viele verschiedene Erscheinungsformen annehmen kann. Es gibt nicht die einzig richtige und wahre Begebenheit, auf die man gezielt zusteuern könnte. Nein, das Numinose ist eben auch Geheimnis. Lassen wir wieder Rudolf Otto zu Wort kommen, denn seine Beschreibung ist sprachmächtig und vortrefflich:

»Das Gefühl davon kann mit milder Flut das Gemüt durchziehen in der Form schwebender Stimmung versunkener Andacht: es kann so übergehen in eine stetig fließende Gestimmtheit der Seele, die lange fortwährt und nachzittert, bis sie endlich abklingt. Es kann auch mit Stößen und Zuckungen plötzlich aus der Seele hervorbrechen. Es kann zu seltsamen Aufgeregtheiten, zu Rausch, Verzückung und Ekstase führen. Es hat seine wilden und dämonischen Formen. Es kann zu fast gespenstischem Grausen und Schauder herabsinken. Es hat seine rohen und barbarischen Vorstufen und Äußerungen. Und es hat seine Entwicklung ins Feine, Geläuterte und Verklärte. Es kann zu dem stillen demütigen Erzittern und Verstummen der Kreatur werden vor dem – ja wovor? Vor dem, was im unsagbaren Geheimnis über aller Kreatur ist.«[133]

Klarheit durch Somatogramme

Sebastian kann, nachdem er zwanzig Jahre lang Erfahrungen gesammelt hat, für sich ziemlich gut definieren, wann »es« passiert und wie »es« sich anfühlt: »Ich merke das immer an so einer Strömung. Wenn meinen Körper so ein Kribbeln durchzieht. Also wie so ein Strom von Energie, der durch meinen Körper geht – und wenn dabei eine ganz hohe Wachheit, Klarheit und gleichzeitig Ruhe in mir einkehrt, dass ich ›richtig‹ bin. Also nicht nur ich für mich richtig, sondern auch bei den richtigen Menschen.«

Das Somatogramm

Der Begriff »Somatogramm« wurde im Rahmen der Entwicklungsarbeiten zum Zürcher Ressourcen Modell ZRM[134] entwickelt (gr. *sõma* [Körper]). Ein Somatogramm dient dazu, körperliche Vorgänge sichtbar zu machen, denn viele Menschen können nicht ohne Weiteres ihr Körperempfinden in Worte fassen. Eine genaue Wahrnehmung von körperlichen Reaktionen ist jedoch ein ganz wesentlicher Faktor der Embodiment-Arbeit. Das Somatogramm hilft dabei, sich diese Wahrnehmungskompetenz anzueignen.

Warum ist das Somatogramm hilfreich? Das liegt daran, dass man für ein Somatogramm keine Sprache benötigt. Man nimmt einfach einen Stift zur Hand, wenn man mehrere Farbstifte hat, ist das noch viel besser. Und dann zeichnet man so spontan wie möglich die wichtigsten Auffälligkeiten ein, die man momentan im eigenen Körper spüren kann.

Wenn Sie das Vorgehen testen wollen, dann zeichnen Sie einmal ein Somatogramm für Liebe und einmal ein Somatogramm für Ärger. Sie werden auf Anhieb feststellen, dass Sie spontan zu unterschiedlichen Farben greifen und dass die Zeichnungen große Unterschiede aufweisen.

Anhand von Somatogrammen kann man auch eine zeitliche Entwicklung dokumentieren, zum Beispiel das Entwickeln von Selbstbewusstsein oder von Gelassenheit.

Zwei Somatogramme von Sebastian zeigen den Unterschied im Körpererleben beim Gedanken an die »normale« Kirche und bei dem heiligen Strom, den er mittlerweile spüren kann. Diese beiden Schemazeichnungen sagen mehr als tausend Worte. Wer mag, kann versuchen, die beiden Varianten einmal nachzuempfinden. Das »normale Kirchengefühl« ist durchaus auch positiv, hat jedoch viel weniger Ausbreitung und Strahlkraft als das Gefühl, das von der Verkörperung des Heiligen ausgelöst wird.

Somatogramme von Sebastian (links »Normale Kirche«, rechts »Das Heilige«)

Wohlgemerkt! Die Klarheit, die Sebastian nun erworben hat, fällt nicht vom Himmel, sie erfordert langfristigen und oft mühseligen Einsatz. Sie wird nur demjenigen zuteil, der durch Irrungen und Wirrungen gegangen ist, viel versucht hat, Abwege kennengelernt hat und für den die Suche nach dem Numinosen zum Leben dazugehört wie die Luft zum Atmen. Dieser Vorgang zeigt auf jeden Fall große Unterschiede zwischen der echten Erfahrung des Heiligen und einer »schnellen Esoteriknummer« im »seelischen Fast-Food-Restaurant«. Das Numinose will erworben sein, es fällt niemandem in den Schoß.

In Kontakt mit dem kollektiven Unbewussten

Der Kontakt mit dem kollektiven Unbewussten hat abgesehen von dem Zugang zu einer universellen Heiligkeit noch einen weiteren Vorteil, der sich ganz konkret und segensreich im Alltagshandeln auswirken kann. Wer einigermaßen zuverlässig an das kollektive Unbewusste andocken vermag, ist in der Lage zu etwas, was von dem Psychologieprofessor Markus Maier an der Ludwig-Maximilians-Universität München experimentell erforscht wird. Unter dem Titel »Feeling the Future« befasst sich eine Gruppe von Forscherinnen und Forschern mit der sogenannten Mikro-Psychokinese.[135] Dieser Zweig der Wissenschaft argumentiert unter anderem mit der Idee des kollektiven Unbewussten von Jung. Jung hatte ja einen regen Briefwechsel mit dem theoretischen Physiker und Nobelpreisträger Wolfgang Pauli, der zusammen mit Heisenberg die Grundlage für eine allgemeine Quantenfeldtheorie entwickelt hat. Pauli und Jung waren sich darin einig, dass sich Psychologie und Physik demselben Untersuchungsgegenstand annähern und dass man auf eine Annäherung dieser beiden Disziplinen hinarbeiten sollte.

Nach Jung stellt das kollektive Unbewusste eine Schicht des Psychischen dar, »in welcher die individuellen Bewusstseinsunterschiede mehr oder weniger ausgelöscht sind«.[136] Im kollektiven Unbewussten existieren weder Raum noch Zeit, von daher gibt es auch keinen Zeitpfeil. Vergangenheit und Zukunft, so die Idee, sind lediglich zwei Kategorien, in denen der menschliche Geist Geschehnisse abbildet, sie sind sozusagen künstlich über eine allumfassende Realität gelegt. Wenn es aber keine Vergangenheit und keine Zukunft gibt, dann kann man über den Kontakt zum kollektiven Unbewussten Wissen erwerben, wie verschiedene Situationen sich entwickeln können.

Für den menschlichen Verstand sind diese Gedankengänge schwer begreiflich. Wenn man sich jedoch klarmacht, dass der Begriff der Zeit nichts weiter ist als eine Verstandeserfindung, wird die Thematik schon einfacher. (Wer sich in diese Materie tiefer einarbeiten möchte, dem sei das Buch *Geist-Materieinteraktionen* von Johannes Storch als gut lesbare Einführung empfohlen.[137])

Maier und Büchner konnten zeigen, dass ihre Versuchspersonen in der Lage sind, das Auftauchen von affektiv negativ besetzten Bildern (zum Beispiel eine verletzte, blutüberströmte Hand oder eine Müllhalde) auf einem Bildschirm zu vermindern beziehungsweise das Auftauchen von positiven Bildern (zum Beispiel eine Blumenwiese oder ein Sonnenaufgang in den Bergen) zu erhöhen. Erreicht wurde dies durch Tastendruck auf eine Computertastatur, ohne dass die Versuchspersonen jedoch wussten, was der Tastendruck an Bildvorlage produzierte. Die Versuchspersonen waren also in der Lage, die Zukunft vorherzusehen und entsprechend dafür zu sorgen, dass sie ein möglichst angenehmes Leben haben.

Während ich diese Zeilen schreibe, läuft ein Dissertationsprojekt von Mia Onkes am Lehrstuhl von Markus Maier, wo untersucht wird, ob die Motto-Ziele des »Zürcher Ressourcen Modells ZRM« eine leicht anwendbare Methode sind, um Menschen den Zugang zum kollektiven Unbewussten zu erleichtern und ihnen damit die Fähigkeit zu geben, zu ahnen, was für sie ein guter Weg sein kann. Ebenso wird von Onkes erforscht, welchen Einfluss die momentane Stimmungslage der Versuchsperson auf ihre Fähigkeit hat, das kollektive Unbewusste anzuzapfen, und wie man die aktuelle Stimmungslage so verändern kann, dass der Kontakt zum kollektiven Unbewussten wahrscheinlicher wird.

Sebastian berichtet über Erfahrungen, die sich in diesen Phänomenbereich gut einfügen lassen. Er beschreibt, dass er mithilfe der erworbenen Spiritualität jetzt gut fühlt, was richtig für ihn ist. Dieses Gefühl für Richtigkeit erstreckt sich auf sämtliche Lebensbereiche. Sebastian spürt, ob er sich richtig verhält, ob er es mit einem Menschen zu tun hat, der für ihn richtig ist, und ob ein bestimmter Weg für ihn der geeignete ist. Er ist genauso sensibel geworden für Situationen, die nicht gut für ihn sind. Auch hier scheint es, als könne er einen Blick in die Zukunft werfen und Unbill vorausahnen. Dies betrifft insbesondere seine Lehrer, denen er sich bei seiner Suche anvertraut hat. Wer Kontakt zum Numinosen hat, dem kann es schnell passieren, dass er von den Möglichkeiten, die das Heilige bereithält, in seinem menschlichen Machtbegehren infiziert wird. Wenn man in der Rolle des Suchenden ist, empfiehlt es sich immer, sämtliche Antennen dafür offen zu haben, wie ein Lehrer mit diesen Gaben umgeht. Sebastian spürt das inzwischen zuverlässig.

»Natürlich gibt es so die, ich nenne sie mal die negativen Gurus, die ein Machtkonstrukt um sich herum bauen. Das spüre ich genau, auch im Sinne von somatischen Markern. Meine somatischen Marker können quasi Alarm schreien, wenn ich Manipulation bemerke, wenn ich diese abhängig machenden Strukturen wahrnehme. Ich merke dann förmlich körperlich, wie sich in mir alles gegen diese Dinge wehrt. Also wie so ein Zusammenziehen auftaucht und irgendwie so ein … so ein … ja, also so ein Verkrampfen … wenn ich bemerke, dass Menschen ihrer Selbstwirksamkeit, ihrer Autonomie und der Augenhöhe beraubt werden.

Die wirklich guten Lehrer, die ich gefunden habe, die waren allesamt extrem demütig. Die sind auf Augenhöhe, die machen Witze. Die sind auch so, wenn man ihnen begegnet, einfach ganz normale Menschen. Die sind auch nicht bekehrend unterwegs. Und einer von denen sagte mal: ›Religion ist wie ein Penis. Es ist okay, einen zu haben, es ist auch okay, darauf stolz zu sein, es ist aber nicht okay, ihn anderen Leuten einfach so ins Gesicht zu halten‹ [lacht].«

Und wie hat der Kontakt zum Heiligen sich in Sebastians Leben ausgewirkt? Welche Veränderungen in seinem ganz normalen Alltag kann er wahrnehmen? Wann spürt er das Heilige?

»Dauernd. Permanent. Und das ist gar nichts Absonderliches. Ich beschäftige mich ja auch beruflich mit Resilienz. Also mit dem, was Menschen immun gegen Probleme, Stress und Krisen macht. Dazu gehören mehrere Kennzeichen.

Erstens: Ich habe ganz viel Dankbarkeit in mir. Ich frage mich eher

›Was läuft gut?‹ als ›Was läuft schlecht?‹; ich freue mich über ganz viele scheinbare Kleinigkeiten, die mir im Alltag begegnen. Und zwar freue ich mich nicht nur vom Kopf her, sondern ich spüre die Freude unmittelbar, körperlich und gefühlt. Irgendwie bin ich durch das Heilige leichter zu erfreuen als früher.

Zweitens: Ich versuche, gegenüber anderen Menschen keine schlechten Gedanken zu hegen. Ich versuche, den Menschen, denen ich begegne, zumindest ein Lächeln zu schenken. Und wenn ich merke, da ist jemand im Leid, dann wünsche ich der Person Segnung. Das kann jeder machen. Man kann einfach in Gedanken sagen: ›Mögest du gesegnet sein‹, und das dann an eine höhere Instanz abgeben.

Drittens: Ich versuche, den übergeordneten Sinn in den Dingen zu sehen. Und ich folge diesem Gefühl von heiliger Resonanz. Das hat in meinem Leben sehr spannende Wendungen produziert. Es ist beileibe nicht so, dass ich nicht auch Prüfungen bekomme, immer wieder durch das Leben. Aber ich stelle fest, dass ich – egal, was mir passiert – ein ganz festes Vertrauen in den Plan des Lebens habe.

Und diese spirituelle Lebensform – und das wäre das Vierte – hilft mir sehr, im Hier und Jetzt zu sein. Ich versuche, so gut es geht, im zwischenmenschlichen Bereich keine Missverständnisse aufkommen zu lassen und Probleme flott auszuräumen. Ich habe all die schwierigen Themen, die ich mit anderen Mitmenschen habe, für mich persönlich so weit bearbeitet, dass bei mir kein Groll mehr vorhanden ist.

Da gibt es ja dieses schöne Zitat, das Buddha zugeschrieben wird, wo er sagt, sich über andere Menschen zu ärgern und zu hoffen, dass sie irgendwie zu Schaden kommen, sei so, als würde man Gift trinken und hoffen, dass der andere stirbt. Und so praktiziere ich stattdessen viel Mitgefühlsmeditation. Das sind so die Dinge, die ich im spirituellen Sinne mache. Ich bin viel in der Natur. Die Natur, besonders der Wald, ist für mich eigentlich so meine Kirche. Und im Kontakt mit Tieren zu sein, im Kontakt mit der Natur zu sein ist das, was die Resonanz des Heiligen im Menschsein für mich ausmacht.«

Kulturelle Vielfalt

Im Folgenden möchte ich drei Themen besprechen, die allesamt gerade in der heutigen Zeit für viele Menschen wichtig sind:

- *Thema Nummer 1:* Wie finden Menschen, die mit einem multikulturellen Hintergrund aufgewachsen sind, ihren Zugang zur Spiritualität? Wie kann spirituelles Embodiment dabei helfen?
- *Thema Nummer 2:* Welche Rolle spielen die schweren Gefühle bei der Entwicklung der eigenen Spiritualität? Wie geht man um mit Angst, Trauer, Verzweiflung oder Mutlosigkeit?
- *Thema Nummer 3:* Wie hat man sich den Weg zur Entwicklung einer eigenen Spiritualität vorzustellen, wenn man mit den Angeboten der etablierten Religionen nicht mehr viel anfangen kann?

Der Protagonist, anhand dessen Beispiel ich diese Thematiken vorstellen möchte, heißt hier Deniz. Er ist fünfzig Jahre alt, verheiratet und Vater dreier Kinder. Er arbeitet im Bereich Cyber-Sicherheit, ist also in der Welt der Computerprogramme, der EDV, der Zahlen und der Naturwissenschaft zu Hause.

Deniz wuchs unter dem Einfluss verschiedener Kulturen heran, eine Biografie, die heute vielleicht noch etwas außergewöhnlich anmutet, die in einigen Jahren jedoch der Normalfall sein wird. Die Globalisierung sorgt dafür, dass die Kulturen zusammenwachsen. Vielfalt entsteht in jeder Hinsicht, das betrifft Musikgeschmack, Essgewohnheiten, Kommunikationsformen und natürlich auch die spirituellen Rituale und Regelwerke.

Die Problematik der Identität ist aber universal, betroffen sind keineswegs nur Menschen, die ihre Heimat verlassen mussten, man denke beispielsweise an Geschiedene oder deren Kinder, Menschen nach wirtschaftlichen Krisen oder politischen Umbrüchen wie die Bewohner der ehemaligen DDR und dergleichen mehr.

C. G. Jung nennt diesen Weg »die Individuation«. Individuation ist der Begriff der Jung'schen Psychologie für den Prozess der Persönlichkeitsentwicklung. Häufig wird er auch als Selbstverwirklichung und Ganzwerdung der Person beschrieben. Individuation führt den Menschen dazu, der altehrwürdigen Aufforderung »Werde, der du bist« zu entsprechen. Da dieses Geschehen archetypischen Gesetzmäßigkeiten folgt, benötigt man dazu keine vorgegebenen religiösen Regeln. Spirituelles Embodiment kann dabei helfen zu spüren, wann man dem Ziel näherkommt und wann man sich auf Abwege begibt. Solche Wegweiser sind gerade dann besonders wichtig, wenn man den Pfad der etablierten Religionen verlassen hat, denn die traditionellen Religionen haben für die Suche nach dem Heiligen durch ihre Rituale und Liturgien eine Orientierungssicherheit gegeben. Wenn die wegfällt, ist neue Orientierungshilfe dringend vonnöten.

Deniz erklärt seine multikulturelle Vielfalt eindrücklich: »Meine Mutter wurde 1945 in Jirovnica und mein Vater 1939 in Trebiste in der Nähe von Debar in Makedonien in den Bergen an der albanischen Grenze geboren. Die Familien werden von der dort ansässigen Bevölkerung als ›Torbeschen‹ bezeichnet. Es sind zum Islam konvertierte orthodoxe Slawen.

Eine DNA-Analyse, die ich im Dezember 2018 durchführen ließ, hat dies bestätigt. Demnach bin ich zu 70 Prozent Grieche und zu 30 Prozent Balkanbewohner. Das Gebiet, wo sich beide Bereiche überschneiden, ist das heutige Makedonien.

Unsere Familien wurden von den orthodoxen Makedoniern wegen unseres islamischen Glaubens in der Schule und im Gesundheitssystem benachteiligt. Diese Umstände führten zur Emigration in die Türkei. Unsere Familie wanderte als eine der letzten recht spät aus, 1957, und siedelte sich in Manisa in der Nähe von Izmir an. In Manisa und Izmir wohnen mittlerweile mehrere hundert Familien unserer Herkunft. Auch in Deutschland sind wir in Düsseldorf, Duisburg, Anrath, Neersen und Dortmund weit verbreitet.

Meine Eltern mussten Türkisch neu lernen. Obwohl wir offiziell in der Türkei lebten und damit Türken waren, hat sich meine Mutter weder in der Türkei noch später in Deutschland zu den Türken hingezogen gefühlt und pflegte auch keine Freundschaften mit ihnen.

1965 ergriff mein Vater die Gelegenheit, als Gastarbeiter nach Deutschland zu kommen. Ich wurde 1970 in Düsseldorf geboren, verbrachte aber die Zeit zwischen 1971 und 1976 in der Türkei, überwiegend ohne meinen Vater. Damals kehrten die Gastarbeiter nur einmal im Jahr in den Winterferien für zwei Wochen in die Türkei zurück und arbeiteten ansonsten durch. 1976 kam ich dann im Zuge der Familienzusammenführung nach Düsseldorf, wo ich 1989 mein Abitur machte und in Wuppertal Elektrotechnik studierte. Einen Großteil meines Berufslebens habe ich in der IT verbracht, und insbesondere die ›Cyber Security‹ hat es mir angetan.

Ich bin praktisch in Deutschland aufgewachsen und hatte die Gelegenheit, für sechs Monate in Istanbul bei Mercedes-Benz Türk zu arbeiten. Mein Türkisch war zwar gut, aber ich hatte einige Schwierigkeiten im Umgang mit den Einheimischen. Erst nach drei Monaten sagte man mir, dass meine Betonung unnatürlich überkorrekt sei. Ich wurde auch kritisiert, regelbewusster als selbst die Deutschen zu sein! Ich lernte in der Türkei dann schnell, dass es für alle Formalitäten auch ›Abkürzungen‹ gibt und ›Vitamin B‹ zu nutzen üblich ist.

In der zwischenmenschlichen Kommunikation mit den türkischen Frauen bin ich nicht wirklich weit gekommen, weil ich deren Codes und Andeutungen nicht verstand. In der Mikromimik stelle ich aber heute noch fest, dass ich zu Slawen und Türken eine intuitive Anziehung verspüre.

Mich interessieren generell Sprachen, so auch die deutsche Sprache. Mit zwölf Jahren sah ich einen Mann in der Straßenbahn mit der Zeitschrift *Spektrum der Wissenschaft* und brachte meinen Vater dazu, dieses Magazin zu abonnieren. Ich kaufte dazu ein Wörterbuch und lernte alle Fremdwörter, auf die ich stieß, im Selbststudium. Ich interessierte mich für deutsche Politik und die europäische Kultur und wollte wissen, was es mit den sprichwörtlichen Redensarten auf sich hatte. Was bedeutete zum Beispiel der ›Gang nach Canossa‹? Woher kam das Zitat ›Sein oder Nichtsein‹? Da meine Eltern keinen Zugang zu kulturellen Veranstaltungen hatten, sie mieden zumindest die europäischen Theater-, Film- und Opernaufführungen, kam ich erst mit neunzehn Jahren in Kontakt mit den kulturellen Genüssen der Oper, des Theaters, der Chansons und des Jazz. Ich las Shakespeare und die Nibelungensage in ihrer vollen Länge. Ich entdeckte die Verbindungen zwischen Hagen von Tronje und Attila, dem Hunnenkönig, der mit den Türken verwandt war. So versuchte ich, mich in der deutschen Kultur zu orientieren.«

Deniz hat also ausgesprochen vielfältige kulturelle Wurzeln. Schon die Tatsache, dass er sich einem Gentest unterzog, zeigt, dass ihn dieses Thema umtreibt: Er ist auf der Suche nach seiner Identität. Es erhebt sich nur die Frage, was Deniz mit seiner Genanalyse anfangen kann. Nun weiß er, dass er zu 70 Prozent Grieche und zu 30 Prozent Bewohner des Balkans ist. Hilft ihm das weiter?

Die Antwort gibt Deniz selbst. An seiner Suche hat sich durch diese genetische Klärung nicht viel geändert. Seine Unsicherheit besteht nach wie vor. Mit allem, was wir bisher über das Selbsterleben gelernt haben, können wir auch die Begründung für die Unzulänglichkeit eines Gentests in dieser Frage geben: Die Erkenntnis, die ein Gentest zu liefern vermag, richtet sich an den Verstand. Der Kern der Persönlichkeit wird jedoch über den Körper und/oder die Gefühle erfahren, nicht über Gedanken. Die Genanalyse liefert Verstandesinformationen, aber sie verändert nicht seine Gefühlslage. Wie kann man Deniz weiterhelfen?

An dieser Stelle der Überlegungen lohnt es sich, ein wenig mehr über die Entstehungsbedingungen von Identität und den Zusammenhang vom Gefühl für das wahre Selbst und gelungener Identität zu erfahren.

Das wahre Selbst und die eigene Identität

Wer bin ich? Wie bin ich? Habe ich mich selbst schon gefunden, oder stecke ich mit meiner Suche nach mir selbst noch in den Anfängen? Wo muss ich denn suchen, wenn ich mich selbst finden will? In der Innenwelt? In der Außenwelt? In der Vergangenheit? In der Zukunft? Wie gehe ich damit um, wenn ich in mir drin Verschiedene vorfinde? Eine Geizige und eine Großzügige? Eine Leistungsbereite und eine Faule? Eine Mutige und eine Risikoscheue? Wie gelingt es, aus dem inneren Chaos eine Einheit herzustellen, sodass ich aus vollem Herzen behaupten kann: »So bin ich«? Wie gesagt: Diese Fragen betreffen einen Themenbereich, der in der Psychologie mit dem Begriff »Identität« bezeichnet wird. Das »wahre Selbst«, nach dem so viele Menschen suchen, ist ein anderer Begriff hierfür.

Man darf sich von der Begriffsvielfalt in der Psychologie nicht verwirren lassen. Sie rührt daher, dass viele, die Theorien über psychologische Vorgänge verfasst haben, recht unbekümmert einfach neue Begriffe erfanden, um das auszudrücken, was ihnen wichtig war. Statusdenken tat oft ein Übriges dazu, dass man sich lieber die Haare angezündet hätte, als einen Begriff eines Konkurrenten zu benutzen. Wer unter dieser Situation zu leiden hat, sind in erster Linie Studierende, aber auch alle Menschen, die in der Psychologie aus Interesse theoretisch Fuß fassen wollen.

Weil ich in meiner Zeit an der Universität Zürich viel mit Studierenden zu tun hatte, die in diesem Begriffswirrwarr dem Nervenzusammenbruch nahe waren, begann ich in meinen Lehrveranstaltungen damit, die relevanten Elemente einfach zu zeichnen. So wird optisch deutlich, wovon gerade die Rede ist, unabhängig davon, welches Wort dafür verwendet wird.

Als Definition kann man sich ganz einfach merken: *Die persönliche Identität ist die individuelle Antwort auf die Frage: »Wer bin ich?«*

Um diese scheinbar so banale Frage beantworten zu können, sind viele Entwicklungsschritte und Erkenntnisvorgänge nötig. Am besten schaut man sich hierzu in aller Ruhe einmal an, welche Elemente in der menschlichen Psyche im Lauf des Heranwachsens nach und nach reifen und wie diese einzelnen Elemente miteinander zu tun haben. Alles beginnt mit der Geburt.

Wenn ein Baby geboren wird, hat es zunächst noch keine Fähigkeit zur Selbstreflexion und bleibt auch vorerst vor den Seelenqualen verschont, die die Identitätsfrage und die Suche nach dem wahren Selbst mit sich bringen kann. Es hat einen Körper, bestehend aus einer materiellen Grundlage von Zellen, Fleisch, Knochen, Hormonen und vielem mehr. Es kann auch schon rudimentär verschiedene Zustände dieses Körpers wahrnehmen, zum Beispiel Hunger, Kälte, Nässe, Sattheit oder Wärme.

Allerdings ist die kognitive Entwicklung unseres Babys noch nicht so weit fortgeschritten, um sich darüber im Klaren zu sein, dass es selbst der- oder diejenige ist, der/die diese Empfindungen hat – es hat sie einfach. Person und Erleben sind eine Einheit. Diese Grundausstattung eines Babys nennt man *»Körper-Selbst«*. In der Hinsicht fühlt das Menschenbaby ähnlich wie ein Welpe oder ein Küken, es hat direkten Zugang zum Erleben, ohne intellektuelle Zwischenschritte.

Das Körper-Selbst

Eine Vorstellung vom eigenen Ich

Wenn das Baby älter wird, reift das Gehirn. Das bringt viele neue Kompetenzen mit sich. Das Stufenmodell der kognitiven Entwicklung des Schweizer Biologen und Begründers der kognitiven Entwicklungspsychologie Jean Piaget[138] (1896–1980) ist das bekannteste Modell, das den Reifungsprozess der Wahrnehmungs-, Denk- und Erkenntnisfähigkeit beschreibt. Für das Thema dieses Buches, den Kontakt zum wahren Selbst, ist eine Fähigkeit besonders wichtig: die Fähigkeit, sich selbst von der Umwelt zu unterscheiden. Das Kind entwickelt eine Vorstellung vom eigenen *Ich*.

Das Ich

Das Ich und das Körper-Selbst

Das Körper-Selbst und das Ich unterscheiden sich in einem wichtigen Punkt. Das Körper-Selbst hat eine materielle Grundlage, es besteht aus Haut, Knochen, Milz und Zehennägeln. Das Ich hat keine solche materielle Grundlage. Im anatomischen Lehrbuch kann man nachschauen, wo man im Körper die Milz findet. Niemand kann jedoch zeigen, wo das Ich lokalisiert wäre. Und trotzdem sind sich Menschen in der Regel sicher, ein solches Ich zu besitzen. Sie haben auch tatsächlich ein Ich, aber auf andere Weise, wie sie eine Milz haben. Ihr Ich ist ein Produkt der Aktivität ihres Gehirns. Es ist, in der Computersprache ausgedrückt, eine virtuelle Angelegenheit.

Der Cyberspace ist auch nicht in derselben Art vorhanden, wie es die eigene Wohnung oder der Arbeitsplatz ist. Trotzdem ist der Cyberspace ein Raum, in dem man sich aufhalten kann. Genauso ist es mit dem Ich. Es ist vorhanden, aber nicht materiell wie das Körper-Selbst, sondern virtuell wie der Cyberspace. So wie der virtuell vorhandene Cyberspace ein Produkt des materiell vorhandenen Computers ist, so ist das virtuell vorhandene Ich ein Produkt des materiell vorhandenen Gehirns.

Man kann das Ich auch als eine Art Geistwesen betrachten, das in unserem Kopf mehr oder weniger sinnvolle Spukgeschichten erzeugt. Drogenkonsum, hirnorganische Beeinträchtigungen oder psychiatrische Ausnahmezustände können zum Verlust der Wahrnehmung des eigenen Ichs führen. Das Körper-Selbst jedoch bleibt erhalten; auch ein Patient auf der Akutstation der Psychiatrie verfügt über seine eigenen Zehennägel, selbst wenn sein Gehirn ihm vorübergehend weismacht, diese Zehennägel gehörten nicht zu ihm, sondern zu einem Alien, der sein Körperinneres bewohne.

Sobald also das Ich seine Arbeit aufnehmen kann, weil das Gehirn weit genug entwickelt ist, beginnt es mit einer ganz bestimmten Tätigkeit. Das Ich sucht eine Antwort auf die Frage: »Wer bin ich?« Diese Tätigkeit beginnt das Ich zunächst, ohne sich klarzumachen, was es da tut. Der Darm verdaut und sorgt für mehr oder weniger festen Stuhlgang, die Lunge sorgt für Sauerstoff im Blut, und das Gehirn bringt ein Ich hervor, das über die Frage »Wer bin ich?« nachdenkt. Eigentlich ganz einfach.

Wer bin ich?

Das Ich nimmt also seine Tätigkeit auf und denkt über die Frage »Wer bin ich?« nach. Dies kann es auf zwei Arten tun. Erstens kann es dazu Informationen aus der Außenwelt heranziehen. Zweitens hat es die Möglichkeit, sich über diese Informationen aus der Außenwelt eigene Gedanken zu machen.

Zwei Wege zur Antwort

Die Grafik soll diesen Vorgang visuell verdeutlichen. Ich habe versucht, einen pädagogisch tätigen Menschen darzustellen, der in erzieherischer Absicht auf ein heranwachsendes Menschenwesen einwirkt. Der pädagogisch tätige Mensch vermittelt dem heranwachsenden Menschenwesen Botschaften darüber, was es ist, was es nicht ist, was es tun soll, was es nicht tun soll. Das heranwachsende Menschenwesen hört aufmerksam zu, nimmt die Information auf (1), nimmt sich aber auch die Freiheit, sich seine eigenen Gedanken über den Sachverhalt zu machen (2).

Diese Freiheit, sich seine eigenen Gedanken über alles das zu machen, was von anderen Personen auf uns einströmt, ist eine wichtige Ressource. Denn nur wenn Weg 2 ausgiebig benutzt wird, kann man allmählich herausfinden, was wirklich die eigenen Elemente der Identität sind und welche Elemente von der Außenwelt an uns herangetragen wurden. Hier taucht die Frage nach dem »wahren Selbst« auf.

Die Kompetenz, zwischen den Einflüssen der Außenwelt und dem Eigenen unterscheiden zu können, fällt jedoch nicht vom Himmel. Viele Menschen geraten in der Lebensmitte in eine Krise, weil ihr Selbst von Einflüssen der Außenwelt unterwandert wurde, so wie ein Virus sich breitmachen kann, den das eigene Immunsystem nicht in den Griff kriegt. Der bereits erwähnte Persönlichkeitspsychologe Julius Kuhl spricht in diesem Zusammenhang von »Selbstinfiltration« – ein wahrlich treffender Begriff.

Auch der eigene spirituelle Weg will selbst gestaltet sein. Wer einfach nur dem folgt, was »man« für richtig oder für falsch hält, was »alle« machen, der wird nie den echten Kontakt zum Heiligen haben, von dem dieses Buch handelt. Darum ist es so wichtig, über die psychologischen Vorgänge in Grundzügen Bescheid zu wissen, denn ohne dieses Wissen bleiben bestimmte Wege einfach versperrt. So weit, so gut.

Das Vorgehen des Ichs bei dem Versuch, die brennende Frage zu klären, wer es denn eigentlich sei, ist grundsätzlich ja ganz vernünftig. Man gehe hin, beobachte die Reaktionen anderer Menschen auf das eigene Handeln, ziehe diese Informationen in Betracht und denke darüber nach. So vernünftig und naheliegend dieses Vorgehen ist, so schnell kann es jedoch auch zu Schwierigkeiten führen. Die Schwierigkeiten haben damit zu tun, dass man es nicht nur mit einem Menschen zu tun hat, bei dem man Informationen über sich selbst sammelt, sondern in der Regel mit mehreren Menschen. Vermutlich haben die meisten Lesenden in ihrer Kindheit die Erfahrung mit der lieben Oma oder dem lieben Onkel gemacht. Ich hatte so eine Oma, für die ich einfach das Engelchen war, egal, was ich anstellte. Und ziemlich früh schon machte ich die Erfahrung, dass dieselbe Tätigkeit bei meiner Oma ein Maja-Engelchen erzeugte, während sie bei meiner Mutter ein Maja-Teufelchen hervorrief.

Dies sind widersprüchliche Informationen, und ich musste durch Nachdenken (2) eine Lösung finden, wie ich mit den Informationen über Teufelchen und Engelchen aus der Außenwelt (1) umging. Die Informationen aus der Außenwelt sind also normalerweise nicht eindeutig, sondern vielfältig. Das Resultat ist eine Vielfalt von Mini-Theorien, die das Ich entwickelt. In Anlehnung an den amerikanischen Psychologen William James (1842–1910), der über diesen Vorgang ausführlich nachgedacht hat, wollen wir solch eine Mini-Theorie mit seinem englischen Wort »ein *me*« nennen. James hat sie so genannt, um den Unterschied zwischen dem Ich als erkennendem Subjekt und dem

Ich als erkanntem Objekt klarzumachen. »I think about me.« Das *me* ist das Ergebnis des *Nachdenkens des Ich*, es ist nicht identisch mit dem Ich.

Es wird deutlich: Wir werden auf unserer Reise zum wahren Selbst immer virtueller, und allmählich wird einem schwindlig. Ich hatte ja schon dargelegt, dass das Ich für sich allein genommen schon eine virtuelle Angelegenheit ist. Jetzt denkt dieses virtuelle Gespenst im Kopf über sich selbst nach und erzeugt dabei immer mehr kleine Mini-Gespenster!

Diese Mini-Gespenster können, obwohl sie von der Grundlage her virtuell sind, beträchtliche körperliche Auswirkungen entfalten. Wenn man einem Kind lange genug einredet, dass es dumm sei, dann wird sich diese Information irgendwann auch in der Körperhaltung niederschlagen.

Kürzlich war eine Italienerin der zweiten Generation im Workshop, die sich in ihrer Lebensmitte damit befasste, ihr »Italien-*me*« wiederzubeleben. Ein deutscher Pädagoge hatte versucht, ihr dieses *me* auszutreiben. Sie erzählte mir, wie sie in der Schule ein Gedicht von Christian Morgenstern vor der Klasse vortragen musste und der Lehrer ihr dazu zwei gefüllte Einkaufstüten in die rechte und linke Hand zum Halten gab. Ziel dieser didaktischen Glanzleistung war es, dem Mädchen ihre lebhafte italienische Gestik abzugewöhnen. Als Resultat hatte die Frau ein Leben lang mit einem völlig verkorksten »Italien-*me*« zu kämpfen, und ihr gesamtes Embodiment war gebremst und gezügelt. Die tröstliche Nachricht ist, dass dieses arme »Italien-*me*«, das solcherart in Geiselhaft genommen worden war, auch wieder befreit werden kann.

Die *me's*

Die Vielfalt der me's

Kehren wir zurück zu unserem Überblick über die diversen Elemente der Identität. Nun haben wir es inzwischen schon mit drei Elementen innerhalb der Psyche zu tun. Mit dem Körper-Selbst, dem Ich und den *me's*, die das Ich erzeugt, indem es Informationen aus der Außenwelt aufnimmt und reflexiv verarbeitet. Die *me's* müssen nicht unbedingt miteinander harmonieren, sie können sich auch gegenseitig widersprechen. Die Abbildung zeigt die Diversität von *me's*, die die meisten Menschen in der westlichen Welt irgendwann einmal erzeugen.

Die Diversität der *me's*

Die meisten Menschen haben ein Engelchen-*me*, die meisten von uns haben auch ein Teufelchen-*me*. Die meisten von uns haben ein »Ich-bin-doch-eigentlich-ganz-toll«-*me*, genauso wie ein ungefähr drei Jahre altes »Ich-bin-doch-überhaupt-am-ärmsten-von-allen-dran«-*me*. Mit dem armen kleinen Würstlein befassen sich viele psychotherapeutische Selbsthilfebücher unter dem Stichwort »das innere Kind«. Hinzu kommen noch zahlreiche andere individuelle *me's*, die mit der spezifischen Situation des Aufwachsens jedes einzelnen Menschen zusammenhängen. Mit dieser Vielfalt von *me's* kann man nun alles Mögliche tun, denn sie sind ja virtuell. Die Tatsache, dass sie virtuell sind, macht sie *veränderbar*. Und das ist fabelhaft, denn es ermöglicht psychische Entwicklung.

Das Projekt der Veränderbarkeit voranzutreiben heißt im Rahmen der Systematik, die ich bis hierhin aufgezeigt habe, »eine Ordnung in die innere Vielfalt bringen«. Diese Ordnung nennt man in der Psychologie »die Identität«.

Die Identität

Die Psychotherapie hat einiges an Methoden entwickelt, um das Ordnen der *me's* zu erleichtern. Einer der Ersten, die damit begannen, mit der Vielfalt der *me's* therapeutisch zu arbeiten, war der österreichisch-amerikanische Arzt, Psychiater und Soziologe Jakob Levy Moreno (1889–1974), der Erfinder des Psychodramas. Bezeichnenderweise hat das Psychodrama einen ganz starken körperlichen Anteil. Wer psychodramatisch unterwegs ist, sitzt niemals nur in einem Sessel und bewegt nichts außer seinen Lippen. Beim Psychodrama ist immer das Handeln (gr. *drãma*) gefragt. Die Stimme erklingt, die Atmung ist involviert, Gesten und Bewegungen werden mit in die Arbeit einbezogen. Auch das spirituelle Embodiment bedient sich des Körpers, wenn es darum geht, einen Überblick über die innere Vielfalt zu gewinnen und Ideen zu entwickeln, wie man sie zu einem harmonischen Ganzen gestalten kann. In spiritueller Hinsicht hilft jeweils eine heilige ordnende Kraft aus der Not der inneren Zerrissenheit.

Woran merkt man, ob man mit den eigenen Plänen auf dem richtigen Weg ist? Der Wegweiser zur gelungenen Identität ist hierbei ein körperliches oder emotionales *Gefühl*. Dieses Gefühl zeigt an, dass eine

Lösung gefunden wurde, bei der das Ich und das Körper-Selbst synchronisiert wurden, die sich rundum gut anfühlt. Das Erlebnis »Jetzt habe ich mein wahres Selbst gespürt« zeichnet sich dadurch aus, dass es Einheit stiftet. Wir haben nur ein einziges Körper-Selbst, und wenn sich dort Resonanz bemerkbar macht, strahlt dieses Einheitsgefühl auf das gesamte psychische System ab. Während das Ich, wenn man es gewähren lässt, für unendliche Vielfalt sorgt und damit zur Zerrissenheit führen kann, erzeugt das Gefühl im Körper-Selbst ein Gefühl des Eigentlichen und der Einheit.

Der somatische Marker für das wahre Selbst

Das Einheitsgefühl für das wahre Selbst

Diese Art von Gefühl wurde in der Hirnforschung in den letzten Jahren untersucht. Es wird dort »somatischer Marker« genannt. Eingangs wurde dieser Begriff schon besprochen. Wenn ein somatischer Marker sich meldet, äußert er sich als Gefühl oder als Körperempfindung.

Man kann die Aktivität der somatischen Marker auch aus der Beobachtungsperspektive wahrnehmen: Sie zeigen sich in deutlich sichtbaren körperlichen Anzeichen. Die Gesichtshaut wird besser durchblutet, Wangen röten sich, die Pupillen können sich weiten. Oft ändert sich der Atemrhythmus oder die Körperhaltung. Insgesamt fängt der Mensch an, zufrieden auszusehen, oft erscheint ein Lächeln auf dem Gesicht. Wenn man wissen möchte, wann die Suche nach Identität in die richtige Richtung geht, muss man also nach einem guten Gefühl suchen. Als Merksatz gilt: Das wahre Selbst wird gefühlt, nicht gedacht.

Wie erfahre ich nun das Glück, mein wahres Selbst zu spüren, gewissermaßen ein Unikat zu sein? Das ist in der heutigen Zeit leider gar nicht mehr so einfach. Die Menschen haben ein Vielfaches an *me's* zu bewältigen, wenn man uns mit unseren Großeltern vergleicht. Früher war durch Ort und Zeitpunkt der Geburt, durch Geschlecht des Babys und durch die gesellschaftliche Stellung seiner Eltern die Anzahl und der Charakter der möglichen *me's* bereits weitgehend festgelegt. Außerdem blieben die *me's* der Großeltern über die Lebensspanne auch weitgehend stabil, weil die Lebenskontexte sich damals nur wenig änderten.

Was muss man also beachten, um die eigene Identität in Zeiten des Wandels stabil zu spüren und auf das wahre Selbst als sichere Basis zugreifen zu können? Es sind zwei Dinge.

Erstens muss man wissen, dass uns die Identität nicht mehr so einfach in den Schoß fallen wird, wie es noch bei unseren Eltern oder Großeltern der Fall war. Weil die Außenwelt vielfältiger wird, werden auch die Möglichkeiten der Menschen vielfältiger. Das bringt Vorteile mit sich, die Freiheit nämlich. Es bringt aber auch Schwierigkeiten mit sich, den Verlust von Sicherheiten. Alle müssen lernen, dass Identität und der Zugang zum wahren Selbst eine aktive Eigenleistung ist, die man selbst erbringen muss. Und man muss sich klarmachen, dass man im Laufe seines Lebens nicht damit rechnen kann, dass eine Identität, die man sich einmal erarbeitet hat, für immer gelten wird.

Zweitens braucht man Kenntnisse in der Selbstdiagnostik. Um sich im Meer der Möglichkeiten zurechtzufinden, müssen Menschen lernen, was ihr persönlicher Wegweiser und Leuchtturm ist. Und der richtige Kurs äußert sich, wie wir wissen, in einem guten Gefühl, das die somatischen Marker erzeugen und das der Besitzerin und dem Besitzer des Körper-Selbst signalisiert: »Dieser Weg ist gut für dich.«

Mit anderen Worten: Wir dürfen lernen, wie es sich anfühlt, wenn etwas gut für uns ist. Und beim spirituellen Embodiment gibt es dazu Hilfe direkt von heiligen Kräften. Gratis und ohne Abonnementsgebühr. Alles, was man tun muss, ist, sich mit den Methoden, die in diesem Buch beschrieben sind, regelmäßig und mit Freuden zu beschäftigen. Ist das nicht ein wunderbares Geschenk?

Schauen wir, wie Deniz diese aktive Eigenleistung bewältigt hat und was ihm auf seinem Weg begegnete.

Spirituelle Vielfalt

Deniz hat – in der Sprache der Identitätstheorie ausgedrückt – nur schon geografisch, von den verschiedenen Aufenthaltsorten her, die er auf seinem Lebensweg sammeln konnte, bereits eine beträchtliche Menge an *me's*, die er koordinieren muss. Wenn wir nun die Ebene der Spiritualität zur Geografie mit dazunehmen, dann wird die Menge an *me's* noch größer. Bemerkenswert bei Deniz ist, wie sich Gepflogenheiten aus den verschiedensten religiösen Richtungen miteinander mischen. Mit Sicherheit steht Deniz mit diesem religiösen Cocktail nicht allein da; solch eine bunte Mischung haben vermutlich die meisten Menschen mit Migrationshintergrund im Marschgepäck auf dem Weg zur Identität.

Er wuchs mit verschiedenen magisch anmutenden Ritualen auf, die wie selbstverständlich zum Alltag dazugehörten. Hinzu traten die Eindrücke aus der Koranschule und die Beobachtung christlicher Handlungen. – Lassen wir Deniz selbst zu Wort kommen:

»*Bleigießen:* Ich habe am eigenen Leib erleben können, wie mir die Angst und Unruhe, die ich mit circa neun Jahren hatte, durch Bleigießen genommen wurde. Dazu wurde mir von meiner Mutter und einer Tante ein dünnes, nasses Kopftuch über meinen Kopf gespannt und erhitztes Blei in das nasse Kopftuch gegossen. Ich erschrak von dem Krach, und die beiden Frauen sahen in der Form des verfestigten Bleis die Ursache für meine Ängste und meine Unruhe. Der ›Böse Blick‹ kann solch eine Unruhe verursachen. Durch das Bleigießen wurde ich tatsächlich von meiner Unruhe befreit.

Der Böse Blick: Der ›Böse Blick‹ ist eine Vorstellung, die vor allem in der Türkei, aber auch in Makedonien verbreitet ist. Man wird davon getroffen aufgrund von Gier und Neid eines anderen Menschen, aber auch aufgrund von Euphorie und überschwänglichen Gefühlen, die negative Auswirkungen auf denjenigen zeitigen, der sich von zu viel Glücksgefühlen berauschen lässt. Diese Einstellung führt zu einschränkenden Glaubenssätzen wie ›Ich darf nicht auffallen‹, ›Ich darf nicht angeben‹, ›Ich darf mich nicht loben‹, ›Ich darf mich nicht zu überschwänglich freuen‹ und so weiter, ›… sonst riskiere ich, vom Bösen Blick getroffen zu werden‹. Tatsächlich ist es unter türkischen Studenten üblich zu sagen: ›Ich gehe zur Schule‹, wenn sie die Universität besuchen. Die Aussage ›Ich gehe zur Universität‹ wird als arrogant bewertet und ist unter dem Aspekt des Bösen Blicks gefährlich.

Die bekannten ›Blauen Augen‹, die am Eingang der Wohnung oder des Hauses hängen, sollen den Bösen Blick abwenden. Die Blauen Augen tauchen auch in Schmuckstücken auf, um die Person, die sie trägt, zu schützen. Manchmal ist ein Auge in einem Schmuckstück zerbrochen. Dies wird als Beweis dafür gewertet, dass der Böse Blick abgewendet wurde.

Das Konzept des Bösen Blicks ist so verbreitet, dass es für mich als Wanderer zwischen den Kulturen zur Belastung wird. Wenn ich türkisch denke oder spreche, habe ich ein schlechtes Gewissen bei manchen Gedanken, wegen des Bösen Blicks. Manchmal switche ich darum ins Deutsche, eine Sprache, in der das Böse-Blick-Konzept nicht existiert, und fühle mich von der Belastung befreit. Im Prinzip darf ich im Türkischen bestimmte Gefühle nicht fühlen, im Deutschen schon.

Koranschule: Mein Vater schickte mich zweimal zur Koranschule. Das erste Mal mit neun Jahren. Das zweite Mal mit sechzehn bis achtzehn Jahren. Ich langweilte mich in dem Theorieunterricht, denn es war nie die Rede von Spiritualität. Der Imam erzählte zum Beispiel von einem verschmutzten Brunnen und der Anzahl von Eimern voll Wasser, die notwendig waren, um den Brunnen zu reinigen, je nachdem, ob ein Huhn hineingefallen ist oder eine Kuh. Über Werte und Tugenden zu sprechen hätte mich mehr interessiert.

Als kleiner Junge (fünf bis sechs Jahre) hat es mir Eindruck gemacht, morgens früh vor Sonnenaufgang aufzustehen und mit meinem Vater zu dem Feiertagsgebet zu gehen. Aber in der Koranschule stritt ich mich mit dem Imam über Zinsen und wie diese zu verwenden wären. Jede Art von Zinsen wurde verteufelt, nicht nur sogenannte Wucherzinsen. Wenn es nicht möglich sei, Zinsen zu vermeiden, sagte der Imam, könne man diese beispielsweise für die Zahlung von Versicherungspolicen einsetzen, was ich sehr befremdlich fand. Als ich diesen Punkt kritisierte, wurde ich als Ungläubiger betitelt und verließ die Schule.

Im Islam gibt es die Unsitte, Gebete aufzurechnen. Nehmen wir an, ein normales Gebet zählt einen Punkt. Wenn das Gebet an einem Freitag aufgesagt wird, zählt es zehn Punkte. Sagt man es in der Nacht der Empfängnis des Propheten Mohammed auf, so zählt es 10 000 Punkte. Wo bleibt da die Spiritualität?

Mein Onkel (väterlicherseits) empfahl mir, bestimmte Gebete viele hundert Male aufzusagen, dann würden sich meine Wünsche erfüllen. Ich litt damals darunter, dass sich meine Eltern oft stritten. Ich betete viele hundert Male. Ohne Erfolg, es half nichts. Meine Eltern stritten weiter. Mein Onkel benutzte die Gebete, um im Glücksspiel – Lotto – einen großen Gewinn zu erzielen. Ein ausgesprochen kurioses Vorgehen, vor allem wenn man weiß, dass im Islam das Glücksspiel verboten ist.

In der ersten Klasse in der Grundschule in Deutschland, als Sechsjähriger, kam ich nach Hause und fragte meine Eltern, was diese Bekreuzigung zu bedeuten habe, die die Kinder in der Schule machen, und zeigte, was ich meinte. Meine Eltern waren bestürzt und verboten mir sofort, mich nochmals zu bekreuzigen.

Ich war überrascht über ihre heftige Reaktion, denn ich hatte mir keine Gedanken gemacht, welche Auswirkungen dieses Zeichen haben könnte. Grundsätzlich habe ich durch diese Reaktion meiner Eltern Respekt vor den religiösen Handlungen von anderen Religionen bekommen. Ich halte Abstand von den geweihten Kerzen oder dem Weihwasser, wenn ich eine christliche Kirche besuche. Ich war sehr verwundert, als ich in Frankreich eine Kirche besuchte und hören musste, dass eine Schulklasse christlicher Mädchen kurz vorher in der Kirche war und die Mädchen alle Kerzen ausgepustet hatten. Ich war bestürzt und empfand das als große Respektlosigkeit.«

Deniz weint

Als ich Deniz in einem Seminar kennenlernte, litt er also darunter, keine spirituelle Heimat zu haben, aber konkret, sozusagen auf körperlicher Ebene, bereitete es ihm vor allem auch Probleme, dass er unwillkürlich und aus unerfindlichen Gründen oft feuchte Augen bekam, was natürlich mit seinem tradierten Männerbild kollidierte. Die Arbeit an Deniz' spirituellem Embodiment beginnt deshalb bei dieser körperlichen Reaktion. Seit er ein kleiner Junge war, habe er »nah am Wasser gebaut«, so kam es ihm vor. Öfter, als ihm lieb sein konnte, traten ihm Tränen in die Augen.

Er hatte zu dieser Zeit schon viel versucht, um sich spirituell zu verorten und um seinen Impuls zu weinen besser unter Kontrolle zu bekommen. Er beschäftigte sich mit Qigong, mit Sufismus, mit transzendentaler Meditation, mit der japanischen Ästhetik des Kintsugi und mit den Ideen von Paolo Coelho zum Pilgern auf dem Jakobsweg und zur Kraft der Bäume. Seit einiger Zeit tanzt Deniz Tango Argentino, um sein Körpergefühl zu verbessern, die Musik und die Frauen spüren zu lernen. Auch mit Psychologie, Neurobiologie, gewaltfreier Kommunikation nach Rosenberg und Hypnose hat er sich befasst – er ist also ein belesener und vielfältig gebildeter Mann.

Was ihm mit fünfzig Jahren jedoch immer noch fehlt, ist ein Gespür für die eigene Mitte und den Sinn seines Lebens. Obwohl er in zahlreichen Organisationen mitwirkt oder mitgewirkt hat, die Gutes für die Welt tun wollen (Greenpeace, Transparency International, Campact, WWF), hat er immer noch das Gefühl, ein Getriebener zu sein und nicht wirklich eine Heimat gefunden zu haben. Immer wieder kam er in den diversen psychologischen Workshops, die er besuchte, auch auf sein Weinen zu sprechen, und er lernte verschiedene Selbstkontrolltechniken, um diese emotionale Äußerung in den Griff zu kriegen. Seine Tränen lassen sich zu dem Zeitpunkt, als ich ihn kennenlerne, zwar unterdrücken, aber Deniz hat kein gutes Gefühl bei dieser Selbstkontrolle. Ich bitte ihn, zu dieser kontrollierten Tränenunterdrückung ein Somatogramm anzufertigen. Er schickt es mir per E-Mail:

»Liebe Maja,
anbei das Somatogramm zum Weinen.

- Ich habe einen großen Kloß im Bauch, und es schnürt sich alles zusammen.
- Ich merke es auch an meinen Schultern, die verspannen.
- Meine Gesichtsmuskeln ziehen sich an meinen Augen zusammen, und ich weine.
- Mein Kopf leidet und ist voller Schmerz.

Ich hoffe das hilft.
Danke für Deine Unterstützung.
Beste Grüße,
Deniz«

Deniz' Somatogramm zum Thema »Weinen«

Wenn man einmal versucht, dieses Embodiment nachzuempfinden, merkt man rasch, dass hier dem Körper Gewalt angetan wird. Kein Wunder, dass Deniz mit dieser Art von Intervention bisher keine Linderung seiner Verfassung erleben konnte. Aus der Sicht des spirituellen Embodiments – unter Verweis auf C. G. Jung – ist es oftmals ein Irrweg, problematische negative Gefühle durch Selbstkontrolle unterdrücken zu wollen. Jung arbeitet ganz anders mit solchen Themen: Der Mensch, der sich entwickeln möchte, muss sich gerade den negativen Gefühlen stellen. Er muss sie anschauen und mit ihnen umgehen lernen. Mythologisch gesprochen, geht es hier um den Abstieg in die Unterwelt. Orpheus, der in den Hades geht, Jonas, der vom Wal verschlungen wird, oder Jesus, der am Karsamstag in die Hölle hinuntersteigt, um mit dem Höllenfürsten zu kämpfen – das Motiv des Helden, der es mit negativen und angstauslösenden Seeleninhalten aufnimmt, findet sich in allen Kulturen auf der ganzen Welt, sie sind ein Grundmotiv der menschlichen Persönlichkeitsentwicklung.

Auf dem Somatogramm zur Kontrolle der Tränen hat Deniz ein großes, rotes Energiefeld eingezeichnet. Nicht dadurch, dass man es umgeht oder unterdrückt, kann man die Kraft dieses Energiefelds nutzen, sondern indem man sich mit ihm auseinandersetzt. Negative Gefühle sind für die ganzheitliche Persönlichkeit absolut unerlässlich. Nur der Mensch, der mit dem Drachen gekämpft und dies überlebt hat, wird zum Helden oder zur Heldin.

Dieses Motiv wird auch im Beitrag von Stefan Klöckner erläutert. Die gregorianischen Gesänge helfen dabei, den richtig schlimmen menschlichen Seelenlagen Ausdruck zu verleihen. Die sorgfältig abgestimmten Tonfolgen und die altbewährten lateinischen Texte geben beim Singen von Gregorianik die Gewissheit, dass viele Menschen vorher auch schon in große Seelennot geraten sind. Dies wirkt unmittelbar tröstlich und kann Halt geben, selbst wenn in der Außenwelt momentan die Verzweiflung grassiert. Die psychologisch-seelische Wirkung wird gerade dadurch verstärkt, dass nicht nur Worte rezitiert werden, sondern dass durch den Gesang die bedrückende Stimmung auch körperlich durchlebt wird – mit Haltung, Atmung und Stimme. Der feste Rahmen des Textes und der Melodie hilft dabei, sich nicht im Tränenmeer zu verlieren. Wann immer man sich in Kontakt mit dem Ängstigenden begibt, besteht nämlich die reale Gefahr, nicht mehr aus dem Orkus wieder aufzutauchen. Darum sollte man solche Unternehmungen immer zusammen mit einem Meister oder einer Lehrerin starten. Im Falle der Gregorianik stellt die uralte Tradition den Kontakt zu diesem meisterlichen Gehaltensein her. Denn wer in die Unterwelt hinuntergeht, soll natürlich auch wieder herauskommen – allerdings um einige wichtige Erfahrungen reicher. Stefan Klöckner schreibt zur Einleitung seines Kapitels mit dem eindrücklichen Titel ›nieder geschlagen‹: »Die dunkle Nacht will ausgehalten sein – aber sie ist kein Ort zum Verweilen.«

Im Sinne Jungs arbeitet man also *mit* dem und nicht *gegen* das Weinen. Man geht davon aus, dass das Unbewusste, das sich ja sprachlich nicht äußern kann, durch eine solche Symptomatik über den Körper auf ein Anliegen aufmerksam macht. Das Weinen wird als wichtige Botschaft des Unbewussten aufgefasst, die auf dem Weg zur Persönlichkeitsentwicklung (Individuation) unbedingt mit einbezogen werden muss. Man weicht dem Weinen also nicht aus, sondern geht geradewegs darauf zu und packt, bildlich gesprochen, den weinenden Stier bei den Hörnern.

In der Praxis sieht das so aus, dass ich zunächst die Frage stelle, ob Deniz selbst eine Erklärung dafür hat, woher sein Impuls zu weinen kommt. Hier seine Antwort per E-Mail:

»Liebe Maja,

die Erklärungen, die mir auf Anhieb einfallen, sind die folgenden:

- Meine Mutter musste mit zwölf Jahren Abschied von ihren Freundinnen und ihrer vertrauten Umgebung in Makedonien nehmen und kam in eine fremde Umgebung in die Türkei nach Manisa. Das hat sie zeitlebens nicht verarbeiten können und hat mich damit belastet, da sie diese Trauer ständig mitschleppte und sie mir einverleibte.
- Ich selbst musste mit sechs Jahren aus der Türkei nach Deutschland, in eine damals für mich sehr fremde Umgebung, in der ich der Landessprache nicht mächtig war. Ich erinnere mich noch, wie ich mich auf meinem ersten Flug von Izmir nach Düsseldorf übergeben musste, weil ich nicht wegwollte. Meine Mutter versuchte, mich mit irgendwelchen Versprechungen zu trösten, aber ich war trotzig und wollte nicht mitgehen.
- Als ich neun Jahre alt war, entschied sich mein Vater, uns alle wieder in die Türkei zu schicken, holte uns dann aber sechs Monate später wieder nach Deutschland zurück. Ich konnte in den sechs Monaten viel Selbstvertrauen in der Türkei aufbauen, da ich dort

so akzeptiert wurde, wie ich war, und viele meiner Verwandten dort mich kannten und mochten. Ich fühlte mich dort aufgehoben und geborgen, was ich von Deutschland nicht behaupten konnte. Tatsächlich bin ich in Deutschland nie angekommen und fühle mich auch heute noch nicht geborgen, woran auch immer das liegen mag. Daher kann/darf ich mich nicht ausgelassen/entspannt/angenommen/geborgen fühlen, obwohl ich einen sehr großen Teil meines Lebens hier verbracht habe.

- Diese ständige, jahrzehntelange Dissonanz und Inkongruenz zwischen den Kulturen Makedoniens, der Türkei und Deutschlands haben mich nie irgendwo ankommen lassen, und das macht mich traurig und lässt meine Tränen fließen über die vertanen/vergangenen Möglichkeiten zu leben, da meine Ängste mich blockieren.

Ich glaube, das sind die Gründe für das Weinen. Hilft Dir diese Erklärung weiter?

Ich freue mich sehr, von Dir zu hören,

Dein Deniz«

Deniz' Hypothesen hören sich allesamt plausibel an. Zu beachten ist jedoch bei der Arbeit mit dem Unbewussten, dass diese Hypothesen Verstandeserkenntnisse sind. Man merkt deutlich, dass Deniz schon viel an sich gearbeitet hat, auch mit professioneller Unterstützung, und dass er die Zeit seines Heranwachsens intensiv reflektiert hat.

Da der immer wiederkehrende Drang zu weinen ja noch nicht verschwunden ist, sondern weiterhin besteht, muss es irgendeine wichtige Thematik geben, die er bisher noch nicht verstanden hat. Deniz berichtet, dass er immer dann weinen muss, wenn jemandem ein Unrecht geschieht. Die Emotion spürt er auch, wenn jemand recht bekommt, dann aber nicht in der Form von Verzweiflungstränen, sondern eher als Erlösung. Die Thematik Recht und Unrecht hat auf jeden Fall in irgendeiner Form etwas mit seinen Tränen zu tun.

Ein starker »Seelenführer«

Ich schlage ihm vor, zum Thema »Recht/Unrecht« zu assoziieren und sein Unbewusstes um ein Bild zu bitten, das ihm dabei helfen kann, eine Ressource im Kampf gegen Unrecht zu sein. Sehr schnell mailt mir Deniz ein Bild des Sultans Alp Arslan. Das ging aber flott! Sein Unbewusstes stand wohl richtiggehend in den Startlöchern …

Alp Arslan war von 1063 bis 1072 Sultan der Großseldschuken, ein sunnitischer Muslim. Sein Name bedeutet im Türkischen »mutiger« oder »tapferer Löwe«. Er besiegte die byzantinische Armee und wird gerühmt wegen seines staatsmännischen Heldenmuts, seines strategischen Denkens und seines instinktsicheren Entscheidens.

Was hat es mit dieser Figur auf sich? Jung nennt eine solche innere Gestalt einen »Seelenführer«. Sie wird auch als Symbol für das eigene Selbst gesehen. Wenn man ein solches Bild vom Unbewussten als Geschenk bekommt, hat man einen direkten Kontakt zum tiefsten Seelengrund aufgebaut, den man erreichen kann. Im Falle von Deniz hat der Seelenführer starke männliche, majestätische und selbstbewusste Züge. Deniz ist Muslim und verweist darum auf muslimische Wurzeln. Diese starke, imponierende Gestalt kommt aus dem kollektiven Unbewussten, denn sie hat numinose Eigenschaften.

Mit der Methode der aktiven Imagination, die Jung entwickelt hat, kann man sich so einer Gestalt nähern und mit ihr in Austausch treten. Hierzu nimmt man sich ein wenig Zeit, fünfzehn Minuten genügen für den Anfang völlig, und stellt sich vor, die Seelengestalt wäre anwesend. Man wartet einfach ab, was geschieht, denn diese Gestalten haben ein Eigenleben. Es wird sich eine Interaktion entwickeln, die nicht vom Verstand geplant ist, sondern die das Unbewusste zusammen mit dem Seelenführer wachsen lässt.

Der erste Dialog mit Alp Arslan war für Deniz fast ein wenig furchteinflößend: »Ich habe ihn gesehen, aber er war von einem so starken Strahlen umgeben, dass ich gar nicht richtig hinsehen konnte. Es war, als ob man versucht, ohne Sonnenbrille in die gleißende Sonne zu schauen. Eine extreme Energie ging von ihm aus. Er hat nichts gesprochen, und ich habe auch nicht gewagt, das Wort an ihn zu richten. Ich nahm das Strahlen und das Licht wahr und wusste, dass ich es hier mit einer ganz großen, übernatürlichen Kraft zu tun habe.«

Alp Arslan stellt jetzt eine mächtige Ressource für Deniz dar. Ich möchte an dieser Stelle jedoch noch einmal dringend in Erinnerung rufen, dass der Kontakt zu dieser heiligen Kraft nur dadurch zustande kam, dass Deniz sich mit seinem Weinen befasste. Er ist mit den negativen Gefühlen in Kontakt gegangen. Durch eine einseitig auf positive Gefühle ausgerichtete Psychologie, die sich nichts außer Optimismus und Hoffnungsparolen auf die Fahne geschrieben hat, werden Persönlichkeitsentwicklungen von dieser Tiefe garantiert nicht erreicht.

Was ich hier über die Psychologie schreibe, betrifft auch bestimmte Gestaltungsformen von christlichen Gottesdiensten, in denen einseitig die gütige Seite von Gott und Jesus in den Vordergrund gestellt wird. Zum Göttlichen gehören auch die dunklen Seiten, mit denen ein Mensch auf der Suche nach Spiritualität in Kontakt treten muss. Tut er dies nicht, so begeben sich religiöse Unternehmungen in die Gefahr, oberflächlichen Zuckerguss über die Abgründe menschlicher Existenz zu träufeln.

Weil Deniz ja die ganze Zeit auf der Suche nach seinen spirituellen Wurzeln war, mache ich ihm den Vorschlag, mit Alp Arslan darüber zu reden. Nach dem entsprechenden Dialog schreibt er mir diese Mail:

»Liebe Maja,

ich habe gerade meinen Dialog mit Alp Arslan abgeschlossen und ihn gefragt, was für ihn Spiritualität ist.

Ich habe Folgendes vernommen:

Es ist das Spüren von Dingen, die nicht sichtbar sind; das Spüren von Dingen, die nicht hörbar sind; das Spüren von Dingen, die nicht greifbar sind.

Es ist das Spüren mit allen Sinnen; das Spüren der Gedanken und Ideen von anderen Personen; das Spüren der Stimmungen im Raum.

Auf meine Frage, ob er mir noch etwas mitteilen wolle, bekam ich als Antwort: Das Spüren von Dir selbst ist wichtig.

Als Reaktion auf diese Aussagen spürte ich als Embodiment eine starke, äußerst angenehme Tonisierung im gesamten Oberkörper. Mein Bauch fühlte sich an, als hätte ich ein Sixpack, und meine Arme und Hände waren bereit anzupacken.

Gestern Abend hatte ich auch einen Dialog und fragte Alp Arslan, wie er so erfolgreich geworden sei, dass wir knapp 950 Jahre später immer noch über ihn sprechen. Wie hat er sich so unsterblich gemacht? Ich fragte ihn, ob er mich führen kann, ob ich mit seinen Augen sehen, mit seinen Ohren hören und mit seinen Sinnen spüren kann. Ich spürte ihn, versetzte mich in ihn, spürte seine Gegenwart, die sehr stark und kraftvoll war, mich in ihrer Intensität beeindruckte und mir aber auch etwas Respekt einflößte.

Das Gespräch endete wieder mit der eindrücklich starken körperlichen Tonisierung der Arme und des Oberkörpers sowie des Bauches.

Ehrlich gesagt bin ich über die Kraft, die in mir steckt, sowohl etwas beunruhigt als auch traurig – ich musste ein paar Tränen vergießen –, weil ich diese Kraft nicht ausleben kann und das Gefühl habe, sie ist in mir eingekerkert. Das Eingekerkertsein dieser Kraft, das bringt mich zum Weinen.

Viele liebe Grüße,

Dein Deniz«

In dieser E-Mail steht die klare Botschaft, wovon Deniz' Weinen herrührt. Es sind seine überaus starken Kräfte, die sich melden und die er bisher immer zurückgehalten hat. Die Selbstkontrolltechniken, die wohlmeinende Fachpersonen ihm beigebracht haben, um seine Tränen zu unterdrücken, haben diesen Zustand natürlich nicht verbessert, sondern nur noch verschlimmert!

Die weitere Entwicklung Deniz' wird jetzt darin bestehen, die Kräfte Alp Arslans in seinem ganz normalen Alltag auszuleben. C. G. Jung hat immer großen Wert darauf gelegt, dass die Reise in das eigene Innenleben nicht mit einer psychoanalytischen Nabelschau endet, sondern dass sie in Handlungen einfließt, die das tägliche Leben ausmachen.

Hierzu arbeiten wir zunächst das Alp-Arslan-Embodiment aus. Deniz setzt sich mit der Kraft seines Seelenführers in Verbindung, spürt achtsam nach, was sich in seinem Körper ändert, wenn Alp Arslan aktiv wird, und zeichnet dazu ein Somatogramm:

»Liebe Maja,

anbei mein Somatogramm zu Alp Arslan.

Meine Augen sind geschlossen, ich bin glücklich.

Mich durchströmt eine Ruhe und eine Wärme.

Aus meiner Mitte steigt eine kühle Brise durch meinen Kopf in den Himmel.

Ich fühle mich leicht und wohl und bin zufrieden und fühle mich geborgen.

Liebe Grüße,

Deniz«

Deniz' Somatogramm zu Alp Arslan

Was für ein Unterschied zum alten Selbstkontroll-Somatogramm! Die Beschreibungen, die Deniz für sein spirituelles Embodiment findet, sprechen eine deutliche Sprache. Hier ist ein Mensch in sich selbst angekommen. Hier hat ein Mensch zu seiner Ruhe und zu seiner Mitte gefunden. Hier ist ein Mensch mit sich im Reinen und in guter Verbindung zu den Mächten im Himmel. Ich würde sagen: Deniz hat es geschafft!

Wie geht man jetzt mit so einem Seelenführer weiter um? Die Dialoge in der aktiven Imagination sollte man sich zur regelmäßigen Gewohnheit machen. Wir haben schon früher darüber gesprochen, dass der Faktor Regelmäßigkeit auch aus neurobiologischer Sicht ausschlaggebend für die Entstehung von stabilen neuronalen Netzen ist, die bei Bedarf und in Krisenzeiten zuverlässig aktiviert werden können. Weiterhin soll Deniz sich immer wieder daraufhin beobachten, wo er im Alltag mit der ruhigen Stärke des Alp Arslan gehandelt hat, damit auch sein bewusstes Ich von seiner Entwicklung Kenntnis bekommt. Hierdurch wird das Zusammenspiel von bewussten und unbewussten Elementen des psychischen Systems immer besser ausgebaut.

Eine Woche nach dieser Erklärung frage ich Deniz, ob er schon Änderungen in seinem Alltag beobachten konnte. Hier ist seine Antwort:

»Liebe Maja,

ich habe gestern eine Zusage für ein neues Projekt bekommen und freue mich darüber. Am Mittwoch war ein dreißigminütiges telefonisches ›Vorstellungsgespräch‹, das ich sehr gut absolvierte. Ich hatte mir vorher Notizen gemacht und konnte die Punkte flüssig vortragen. Auf Nachfragen reagierte ich gelassen. Insgesamt bin ich ruhiger und ausgeglichener im Umgang mit den Leuten und lache auch öfter aus Freude. Das ist ansteckend für die anderen.

Vor dem Interview habe ich mit Alp Arslan gesprochen und gefragt, ob das Projekt das Richtige für mich ist. Seine Zustimmung hat mir Sicherheit gegeben.

Ich habe in den letzten zwei Wochen im Garten eine 7×4-m-Voliere gebaut, die 2,10 m hoch ist. Als Nächstes ist ein Hühnerstall geplant, den ich dahinein bauen möchte. Da ich es wieder ›schiebe‹, kam meine Frau und fragte, wann es weitergeht. Normalerweise hätte ich mit einer Abwehrreaktion und Ausreden geantwortet. Aber ich habe angefangen zu verhandeln. Ich sagte meiner Frau, das hänge von der Ordnung im Wohnzimmer ab, wo sie mit ihren Nähsachen die Entropie massiv erhöht hatte.

Auch gehe ich mit meinen Töchtern konsequenter um, wenn ich etwas nicht erlauben will, weil es mir für sie zu riskant ist.

Mir fällt ab und zu spontan ein, Alp Arslan nach seiner Meinung zu fragen. Das ist wirklich erfreulich. Außerdem gefällt es mir mehr und mehr, meine Gefühle zu spüren, obwohl ich mich manchmal noch aktiv daran erinnern muss.

Auch versuche ich, in Stresssituationen, anstatt etwas zu essen, mich hinzusetzen und im Dialog mit Alp Arslan nachzuspüren, was gerade passiert, und seine Erfahrungen einzubeziehen. Tatsächlich ist der Dialog mit Alp Arslan sehr angenehm und hilfreich und beruhigend.

Vielen Dank für Deine Hebammen-Unterstützung bei der Geburt von Alp Arslan. Es ist eine weitere Stufe der fundamentalen Verbesserung im Kontakt zu meinem Inneren. Ich habe den Eindruck, dass ich stillstehen will. Meine rastlose Suche scheint sich verlangsamt zu haben. Ich spüre vermehrt das Bedürfnis, in der Gegenwart stillzustehen und zu schauen, was sich entwickelt, anstatt wie bisher in den Gedanken rastlos an Vergangenes oder Zukünftiges zu denken.

Es ist komisch, was mir heute passiert ist. Ich war in Köln und habe einer Freundin Bescheid gegeben, dass wir uns treffen können. Sie lehnte ab, ich akzeptierte es und nutzte die Gelegenheit für einen ausgiebigen Spaziergang am Rheinufer, den ich eigentlich mit ihr machen wollte. Während dieser Zeit gab es ein paar WhatsApp-Nachrichten, und es ergab sich, dass wir uns doch trafen, ohne dass ich insistiert hatte, der Vorschlag kam schlussendlich von ihr, den ich dann aufnahm. Als wir uns trafen, fragte sie nach ein paar Augenblicken, ob ich sediert sei.

Tatsächlich bin ich viel ruhiger und mehr in der Gegenwart. Was mich positiv und angenehm überrascht hat, ist die Tatsache, etwas bekommen zu haben, ohne darauf hingewirkt zu haben. Ich hatte diese Tatsache öfter gelesen, aber bisher nicht nachvollziehen können. Heute hat es das erste Mal geklappt. Eine sehr schöne Erfahrung, an der Du ebenso beteiligt bist. Ich bin neugierig, ob ich auch vergleichbare Erfahrungen wie Siddhartha sammeln kann.

Liebe Grüße,
Dein Deniz«

Ich bin sicher, dass Deniz zusammen mit Alp Arslan viele schöne Erfahrungen sammeln wird. Alles, was er berichtet, weist darauf hin, dass er jetzt in sich selbst seine Heimat gefunden hat.

Besonders amüsant und aufschlussreich finde ich persönlich die Frage seiner Freundin, ob er sediert sei. Denn diese Frage zeigt, dass sich in seiner körperlichen Präsenz ganz real etwas geändert hat, das andere Menschen auch wahrnehmen. Deniz hat es also geschafft, Alp Arslan in seinem Alltag lebendig werden zu lassen. Wenn er nun regelmäßig damit weitermacht – und dafür spricht eigentlich alles, da Deniz die Dialoge mit seinem Seelenführer ja als sehr angenehm empfindet –, dann wird Deniz ein anderes Leben haben. In diesem Leben wird es natürlich immer noch Sorgen und Nöte geben, Krisen und Schwierigkeiten. Aber Deniz wird ab jetzt in seiner eigenen Mitte sein, wenn ihm solche Dinge widerfahren, das macht den gewaltigen Unterschied aus.

Lassen wir zum Abschluss dieses Kapitels noch einmal Deniz zu Wort kommen, den Mann, der so viele kulturelle Facetten in sich vereinen musste und der dazu einen Weg gefunden hat, der Einheit in diese Vielfalt bringt: »Ich muss sagen, dass sich nach meiner Beschäftigung mit dem spirituellen Embodiment die Bedeutung der Religion und auch der gesellschaftlichen Erwartungshaltung verändert hat. Mir sind mittlerweile grundlegende Werte der Menschheit und mein Wohlbefinden wichtiger als von außen an mich herangetragene Erwartungen.«

Epilog

Maja Storch

Es ist herrlich, wenn man sich nach dem Schreiben eines Buches schlauer fühlt als zuvor. Schreibt man ein Buch allein, dann platziert man darin das gesammelte eigene Wissen und ist hinterher, was den Wissensspeicher angeht, gewissermaßen entleert. Wenn man ein Buch jedoch zusammen mit anderen schreibt, stellt das Manuskript eine fabelhafte Lerngelegenheit dar. Man einigt sich zusammen auf eine Marschrichtung und legt die Themen fest, über die man schreiben möchte; und dann entstehen die Überraschungen: Der Wissensspeicher wird nicht leerer, sondern voller.

Als ich, am Ende unserer Kooperation angekommen, auf meinem gemütlichen Sofa mit Unterstützung einer Teekanne und mit dem Schnarchen meines Hundes im Ohr, noch einmal alle unsere Texte auf einen Rutsch durchlas, war ich, ehrlich gesagt, ziemlich überwältigt. Überwältigt war ich vor allem von der Fülle an Wissen, die von Eva Maria Jäger und von Stefan Klöckner für mich, die ich ja in der Rolle der Leserin steckte, aufbereitet worden war. Mein eigenes Wissen kenne ich hinreichend, das überwältigte mich natürlich nicht. Aber die Summe der Inhalte, die aus unseren verschiedenen Kapiteln entsteht, das hat mich umgehauen.

Ich habe weder Theologie noch Musik studiert, bin auf beiden Gebieten interessierter Laie. Doch der Fundus an Wissen, den Jäger und Klöckner in diesem Buch zur Verfügung stellen, trägt, so weit der Himmel ist. Unmittelbar spürte ich, dass ich selbst dieses Buch oft in Händen halten und immer wieder bestimmte Stellen im Text aufsuchen werde, um mich vertieft damit zu befassen. Das Buch ist für mich wie eine Trüffel aus edelster Zartbitterschokolade oder wie ein jahrelang gereifter Barolo: Bei diesen Genussmitteln eröffnet jede Begegnung erneut ein Geschmacksuniversum, dem man noch lange nachspüren kann.

Genau das ist auch mein Wunsch für dieses Buch, und ich spreche da auch im Namen von Jäger und Klöckner: dass unsere Lesenden dieses Buch immer wieder zur Hand nehmen und sich anhand des Buches mit der Kunst der Ruminatio, des »Wiederkäuens«, die Klöckner beschrieben hat, befassen. Soweit ich das momentan überblicken kann, sind hier nämlich viele Schichten freizulegen.

Zunächst konnte man sich über die spannende Materie einmal einen ersten Überblick verschaffen. Im zweiten Durchgang würde ich mich im Text dorthin bewegen, wohin mein Interesse mich leitet. Sind es die Tests und die Embodied Prayers von Eva Maria Jäger? Sind es die Geschichten von den Kirchenvätern und die gregorianischen Gesänge, denen sich Stefan Klöckner gewidmet hat? Oder möchte man sich in die von mir beschriebenen Einzelfalldarstellungen vertiefen und die dort verwendeten Methoden ausprobieren?

Weil wir alle mit großer Sorgfalt darauf geachtet haben, dass wir unsere Quellen belegen, und die Zitate kenntlich gemacht sind, eignet sich dieses Buch aber auch als Basislektüre für Studierende und für Dozierende an Universitäten und Hochschulen. Dass dies der Fall sein kann, weiß ich, weil das erste Buch über Embodiment, das über allgemeine Grundlagen spricht, immer mehr Interesse und Anklang findet. Studierende beschäftigen sich damit, aber auch Tänzerinnen und Tänzer, Schauspielerinnen und Schauspieler, Theoretikerinnen und Praktiker aus Psychotherapie, Beratung, Seelsorge und Coaching.

Ich habe schon viele Menschen getroffen, die ein zerfleddertes Exemplar des bereits erschienenen Embodiment-Buches bei sich tragen, mit Markierungszetteln drin, handschriftlichen Verweisen und Eselsohren. Ein Buch, das auf diese Weise benutzt und geschätzt wird, das so eine Art Haustier wird, das hat es gut, denn es erfüllt seine Bestimmung.

Durch das Thema »Spiritualität« ist nun eine neue Komponente zum Embodiment dazugekommen, die, so wünsche ich mir, eine nachhaltige und dauerhafte Wirkung haben wird, da in unseren Augen Spiritualität des Körpers bedarf. Und ich bin ziemlich sicher, dass »da draußen« viele Menschen sind, seien es Selbstanwender oder professionell Tätige, die das schon lange ahnen oder wissen und denen es eine solide Hilfe ist, wenn sie auf ein fundiertes Buch für diesen Zusammenhang zugreifen können. Wir möchten diesen Personenkreis ermutigen: Nehmen Sie dieses Buch als Fundus, und verbinden Sie unsere Wissensgeschenke mit Ihren eigenen Erfahrungen und Gedanken. Dieses Buch soll erst der Anfang sein von einer großen neuen Arbeitsrichtung, die Körper und Spiritualität in Verbindung bringt. Wir wünschen uns viele, die dadurch angeregt und ermutigt werden, ihre eigenen Ideen zu Papier zu bringen und davon zu erzählen.

Wenn ich mir etwas wünschen darf, dann sind es viele Eselsohren, gekritzelte Notizen und selbstklebende Markierungszettel in diesem Buch über spirituelles Embodiment. Überflüssig zu sagen, dass das Buch zur Anwendung auffordert und dass wir unseren Leserinnen und Lesern, die nun das erste Mal am Ende des Textes angelangt sind, aus vollem Herzen zurufen möchten: Trau dich, es zu benutzen! Tanz einfach drauflos! Sing nach Lust und Laune! Gib deinem Selbst und der spirituellen Sehnsucht in dir Raum, Weite und Geborgenheit, damit du in der Liebe Gottes wachsen kannst.

Anhang

Dank

Eva Maria Jäger

Ich freue mich, an dieser Stelle den Menschen zu danken, die mich die vergangenen Jahre beim Entwickeln der Körpergebete unterstützt und ermutigt haben.

Danke an Paul Imhof, den Leiter der geistlichen Begleiterausbildung und Begleiter des Entscheidungsprozesses, in die Stadt München zu ziehen.

Ein herzlicher Dank geht an Rüdiger Marmulla und die Versuchspersonen, die ihre Persönlichkeitstests zur Verfügung stellten und den Fragebogen zu den Psalmwort-Präferenzen ausfüllten, um mehr Effektstärke in das Berechnen der Korrelationen zu bringen. Danke auch an Benjamin Pross, der die Statistiken berechnete.

Vielen Dank an Anke und ihren Tipp, zu Evemarie Haupt als Logopädin zu gehen, der ich für die ersten Qigong-Übungen dankbar bin. Dass sie solche Folgen haben würden, hätte ich nicht gedacht.

Ganz besonderen Dank an Liane Schoefer-Happ, in deren zauberhaftem Garten ich meine ersten Qigong-Stunden zwischen Apfelbaum und Päonien erleben durfte. Bei ihr durfte ich auch 2018 meine Qigong-Lehrer-Ausbildung abschließen. Sie weckte meine Begeisterung, die immer noch wacher wird.

Tiefen Dank an Veronika Gries für die unersetzlichen und kostbaren Stunden in der Praxis, die in mir nachwirken. Ich weiß nicht, wo ich ohne diese Zeit wäre …

An Gärtner Rolf im Botanischen Garten danke für die herzliche Aufnahme zum Üben neben Grünkohl und Schwarzkiefer.

Und ich danke den Venio-Schwestern: Ihre Treue in den Tageszeitgebeten hat mir mitten in der Stadt einen Lebensraum gezeigt. Herzlichen Dank an unseren Freund Martin Schleske, der die Türe dafür geöffnet hat.

Danke an Pfarrer Noack in Rothenburg für seinen Segen für mich in einer schweren Zeit – und den wunderbaren Gesang: »Wer nur den lieben Gott lässt walten …«

Herzlichen Dank an meine wunderbaren (Münchner!) Freundinnen und Korrekturleserinnen Monika Schmelzer, Claudia Schleske, Dorle Gottwald, Julia Biesenbach und Christiane Herzhauser.

Und natürlich vielen Dank an alle die offenherzigen Münchner Klienten und ermutigenden »Moms-in-Prayer« und meine wunderbare Schwester, Tanztherapeutin in den USA, die sich immer wieder als »Versuchskaninchen« angeboten haben. Ebenso wie meine großartigen, motivierten Studenten an der IHL, Internationalen Hochschule Liebenzell, und meine liebsten Schwestern im Feierabend-Haus für ihr Gebet.

Besonderen Dank an Beatrice Grimm, die mich so klar erinnert hat, zuerst einmal und immer wieder die Stille für mich selbst ernst zu nehmen.

Danke, Christian Fröschl, für dein Gebet!

Für die liebevolle Aufnahme und das wunderbar warme Schreibstübchen einen herzlichen Dank an die St.-Johannis-Schwestern.

Danke an Maja und Stefan! Der Gregorianik-Kurs in Münsterschwarzach im heißen Sommer 2019 war eine großartige Zeit mit euch. Danke für deine mitreißende Vision und die Ermutigung, liebe Maja! Was für eine Freude, dass dieses Projekt in die Gänge kam!

Danke an meine Familie, die Gespräche mit meinem Bruder – und die vielen Jahre gelebten Glaubens, den wir teilen können. Mama und Papa, ihr habt uns vieles vorgelebt, besonders auch, *durch Krisen hindurch zu glauben*. Und danke für den PST-R-Test, Papa. Ich könnte mir kein hilfreicheres Diagnostikum für dieses Vorhaben vorstellen.

Last, but not least: danke an Tilman und Jakob, meinen Mann und meinen Sohn, für eure Unterstützung, fürs Aufräumen in der Küche, Blumengießen und Feierabend-Live-Musik vom Feinsten! Auch wenn es mir bisher nicht gelungen ist, euch zu den »größten EP-Fans« zu machen, so bin ich sehr glücklich über das, was in den letzten Jahren für uns drei gewachsen ist an Offenheit und Wertschätzung.

Ich danke Gott für seine Freundlichkeit, die noch tiefer geht als alle Menschenfreundlichkeit.

Literatur und Download-Link

Angelus Silesius: *Cherubinischer Wandersmann*, Stuttgart 1984

Antonovsky, Aaron: *Zur Entmystifizierung der Gesundheit*, Tübingen 1997

Augustinus: *Confessiones*, in der Übersetzung von H.-U. v. Balthasar, Einsiedeln/Trier, 2. Aufl. 1988

Baral, Karl: *Handbuch der biblischen Glaubenslehre. Grundlagen für Glauben und Leben*, Nürnberg, 4. Aufl. 2016

Bernard, André, Ursula Stricker und Wolfgang Steinmüller: *Ideokinese. Ein kreativer Weg zu Bewegung und Körperhaltung*, Bern, 2. Aufl. 2011

Birbaumer, Niels, und Robert Schmidt: *Biologische Psychologie*, Berlin 2018

Bonhoeffer, Dietrich: *Widerstand und Ergebung*, München 1985

Brem, Antoinette, und Barbara Lehner: *Shibashi – Ruhe und Achtsamkeit erfahren: Lebensimpulse aus dem Qi Gong*, Ostfildern 2010

Brisch, Karl-Heinz: *Bindungsstörungen: Von der Bindungstheorie zur Therapie*, Stuttgart 2020

Bultmann, Rudolf: *Theologie des Neuen Testaments*, Tübingen 1958

Cannon, Walter: *Wut, Hunger, Angst und Schmerz. Eine Physiologie der Emotionen*, München 1975 (erste engl. Ausgabe 1915)

Caussade, Jean-Pierre de: *Ewigkeit im Augenblick: Von der Hingabe an die göttliche Vorsehung*, Freiburg i. Br., 2. Aufl. 1947

Coenen, Lothar, und Klaus Haaker: *Theologisches Begriffslexikon zum neuen Testament*, Holzgerlingen 2013

Daiker, Ilona, und Barbara Kirschbaum: *Die Heilkunst der Chinesen. Qigong, Akupunktur, Massage, Ernährung, Heilkräuter*, Reinbek 2006

Damásio, António: *Descartes' Irrtum. Fühlen, Denken und das menschliche Gehirn*, München 2004

Dana, Deb: *Die Polyvagaltheorie in der Therapie. Den Rhythmus der Regulation nutzen*, Lichtenau 2019

Deichgräber, Reinhard: *Wachsende Ringe. Die Bibel lehrt beten*, Göttingen 1983

Deines, Roland: »Leiblichkeit und Sexualität im Neuen Testament«, in Raedel, Christoph (Hg.): *Das Leben der Geschlechter. Zwischen Gottesgabe und menschlicher Gestaltung*, Berlin 2017

Deutsche Bischofskonferenz u. a. (Hg.): *Stundenbuch für die katholischen Bistümer des deutschen Sprachgebietes, Band 2: Im Jahreskreis*, Freiburg i. Br./Basel 1978

Dieterich, Michael, und Wolfgang Berner: *Der Persönlichkeitsstrukturtest PST-R*, Freudenstadt 2012

Dieterich, Michael: *Wie Menschen sich ändern*, Holzgerlingen 2009

Downing, George: *Körper und Wort in der Psychotherapie*, München, 3. Aufl. 2007

Dürckheim, Karl Graf von: *Der Alltag als Übung*, Bern 1970

–, »Die heilende Wirkung der reinen Gebärde«, in Bitter, Wilhelm: *Meditation in Religion und Psychotherapie*, Stuttgart 1958

Dyckhoff, Peter: *Mit Leib und Seele beten. Die neun Gebetsweisen des Dominikus*, Freiburg i. Br. 2003

Ebert, Andreas: *Praxis des Herzensgebets. Einen alten Meditationsweg neu entdecken*, München 2019

Feldenkrais, Moshé: *Bewusstheit durch Bewegung*, Berlin 1996

Fischer, Michael: »Qi Gong – Die Harmonie der 5 Elemente«, YouTube-Video, 8.7.2015, https://www.youtube.com/watch?v=4LpVLVr8dYE&t=74s, abgerufen am 11.11.2020

Fogel, Alan: *Selbstwahrnehmung und Embodiment in der Körperpsychotherapie. Vom Körpergefühl zur Kognition*, Stuttgart 2013

Földényi, László F.: *Starke Augenblicke. Eine Physiognomie der Mystik*, Berlin 2013

Freilingsdorf, Karl: *Gottesbilder. Wie sie krank machen – wie sie heilen*, Würzburg, 2004

Fried, Erich: *Es ist was es ist. Liebesgedichte, Angstgedichte, Zorngedichte*, Berlin 2000

Friedmann, Edgar: *Die Bibel beten*, Münsterschwarzach 1985

Fritzsche, Kai: *Praxis der Ego State Therapie*, Heidelberg 2014

Gassner, Hubertus (Hg.): *Caspar David Friedrich – Die Erfindung der Romantik*, Essen 2006

Gebhardt, Volker: *Der Sinn des Sinns. Versuch über das Göttliche*, München 2014

Gerhards, Albert: *Erneuerung kirchlichen Lebens aus dem Gottesdienst. Beiträge zur Reform der Liturgie*, Stuttgart 2011

Gerl-Falkovitz, Hanna-Barbara: »Von Martin Buber zu Edith Stein. Wandlung im Verständnis von Mystik«, *Una Sancta* 4, 2019, S. 316–327

Geuter, Ulfried: *Körperpsychotherapie. Grundriss einer Theorie für die klinische Praxis*, Heidelberg 2015

Goleman, Daniel, und Richard Davidson: *The Science of Meditation. How to Change Your Brain, Mind and Body*, London 2017

Goodman, Felicitas: *Ecstatic Trance – A Workbook*, Havelte 2003

Graduale Romanum, 1908, https://media.musicasacra.com/publications/pdf/graduale1908.pdf, abgerufen am 25.11.2020

Grawe, Klaus: *Neuropsychotherapie*, Göttingen 2004

Grimm, Beatrice: »Körper – Körpergebet«, *Kontemplation und Mystik*, Petersberg 2012

–, und Willigis Jäger: *Der Himmel ist in dir – Einübung ins Körpergebet*, München 1999

Grün, Anselm, und Michael Reepen: *Gebetsgebärden*, Münsterschwarzach 1988

Grunwald, Martin: *Homo hapticus. Warum wir ohne Tastsinn nicht leben können*, München 2017

Guardini, Romano: *Der leidende Mensch*, Darmstadt 1960

Hallesby, Ole: *Vom Beten. Eine kleine Schule des Gebets*, Witten, 7. Aufl. 2020

Hammarskjöld, Dag: *Zeichen am Weg. Das spirituelle Tagebuch des UN-Generalsekretärs*, Stuttgart 2019

Harari, Yuval Noah: *Eine kurze Geschichte der Menschheit*, München 2015

Harter, Susan: »Development of Self-Representations During Childhood and Adolescence«, in Leary, Mark R., und June Price Tangney (Hg.): *Handbook of Self and Identity*, New York 2003

Heiler, Friedrich: *Das Gebet. Eine religionsgeschichtliche und religionspsychologische Untersuchung*, München 1923

Henderson, Julie: *Embodying Well-Being oder Wie man sich trotz allem wohl fühlen kann*, Düsseldorf 2001

Hölderlin, Friedrich: *Gedichte*, Berlin, 4. Aufl. 2015

Horx, Matthias: »Das ist ein historischer Moment«, *Kurier*, 18.3.2020, https://kurier.at/wissen/matthias-horx-das-ist-ein-historischer-moment/400785341, abgerufen am 29.11.2020

Hüschen, Heinrich: »Musik der ›Anbetung im Geiste‹«, in Fellerer, K. G. (Hg.): *Geschichte der katholischen Kirchenmusik*, Bd. I., Kassel u. a. 1972

Jäger, Eva Maria: »Somebody is knocking at your door. Seelsorge mit ›Ego States‹ und dem inneren Team«, *Wege zum Menschen* 72 (1), 2020, S. 55–69

–, *Glaube und Seelische Gesundheit*, Freudenstadt 1997

Jäger, Willigis: *Die Welle ist das Meer. Mystische Spiritualität*, Freiburg i. Br. 2002

–, *Westöstliche Weisheit. Visionen einer integralen Spiritualität*, Freiburg i. Br. 2012

Johne, Karin: *Geistlicher Übungsweg für den Alltag*, Wien 2003

Jung, C. G.: »Die transzendente Funktion« (Aufsatz von 1916), in Barz, Helmut, et al. (Hg.): *Grundwerk C. G. Jung, Band 2: Archetyp und Unbewußtes*, Freiburg i. Br. 1984

Jungclaussen, Emmanuel: *Das Jesusgebet*, Regensburg 1985

Jüngel, Eberhard: *Wertlose Wahrheit. Zur Identität und Relevanz des christlichen Glaubens. Theologische Erörterungen III*, Tübingen, 2. Aufl. 2003

Kabir: *Im Garten der Gottesliebe*, Heidelberg 1984

Kandel, Eric: *Was ist der Mensch? Störungen des menschlichen Gehirns und was sie über die menschliche Natur verraten*, München 2019

Kiechle, Stefan: *Sich entscheiden*, Würzburg 2011

Klein, Constantin, und Cornelia Albani: »Religiosität und psychische Gesundheit. Eine Übersicht über Befunde, Erklärungsansätze und Konsequenzen für die klinische Praxis«, *Psychiatrische Praxis* 34 (2), 2007, S. e2–e12

Klöckner, Stefan: *Gregorianischer Choral – Quelle und Inspiration christlicher Musik*, Stuttgart 2020

–, *Kleiner Wegweiser durch den Gregorianischen Choral*, Münsterschwarzach 2015

Koll, Julia: *Körper beten. Religiöse Praxis und Körpererleben*, Stuttgart 2007

Krause, Frank, und Maja Storch: *Ressourcen aktivieren mit dem Unbewussten. Manual und ZRM-Bildkartei*, Göttingen, 2. Aufl. 2019

Kuhl, Julius: *Spirituelle Intelligenz. Glaube zwischen Ich und Selbst*, Freiburg i. Br. 2005 (2. Aufl. 2015)

Lakoff, George, und Mark Johnson: *Leben in Metaphern: Konstruktion und Gebrauch von Sprachbildern*, Heidelberg 2011

Lambert, Willi: *Gebet der liebenden Aufmerksamkeit*, Trier 2014

Leclercq, Jean: *Wissenschaft und Gottverlangen*, Düsseldorf 1963

Levine, Peter: *Vom Trauma befreien. Wie Sie seelische und körperliche Blockaden lösen*, München 2007

Lincoln, Margaret: *In mir wohnen. Mit dem Körper Glauben lernen. Übungen und Meditationen*, Neukirchen 2012

Lincoln, Peter: *Wie der Glaube zum Körper findet. Focusing als spiritueller Übungsweg*, Neukirchen 2009

Llull, Ramon: *Das Buch vom Freunde und vom Geliebten*, Freiburg i. Br. 1992

–, *Die Kunst, sich in Gott zu verlieben*, Freiburg i. Br. 1985

Loyola, Ignatius von: *Geistliche Übungen. Nach dem spanischen Urtext von Peter Knauer*, Würzburg 2003

Maier, Markus A., und Vanessa L. Büchner: »Time and Consciousness: Feeling the future again – Retroactive avoidance of negative stimuli«, *Journal of Consciousness Studies* 21, 2014, S. 121–125

Maragkos, Markos: »Multiple Ichs – Nur ein psychologisches Konzept oder existentielles Thema des Menschen?«, in Sulz, Serge, und Thomas Bronisch (Hg.): *States of Mind, Ego States, Selbstmodus*, München 2013

Mauersberger, Rudolf: »Wie liegt die Stadt so wüst«, *Zyklus Dresden*, in Herrmann, Matthias: *Rudolf Mauersberger Werkverzeichnis*, Dresden, 2. Aufl. 1991, RMWV 4/1

Meier, C. A.: *Wolfgang Pauli und C. G. Jung. Ein Briefwechsel 1932–1958*, Berlin/Heidelberg/New York 1992

Melzer, Friso: *Die Sprache der Rose. Zeugnisse und Studien aus fünfzig Jahren*, Gießen 1997

–, *Innerung. Stufen und Wege der Meditation, Grundlegungen und Übungen*, Stuttgart 1968

Mischel, Walter: *Der Marshmallow-Test: Willensstärke, Belohnungsaufschub und die Entwicklung der Persönlichkeit*, München 2015

Möller, Christian (Hg.): *Kirchenlied und Gesangbuch. Quellen zu ihrer Geschichte*, Mainzer hymnologische Studien, Bd. 1, Tübingen u. a. 2000 (Ambrosius, Expositio in Psalmum I [Prologus]/CSEL 64, 8)

Moreno, Jacob Levy, und H. H. Jennings: »Spontaneity Training – A Method of Personal Development«, *Sociometric Review* 1, 1936, S. 17–23

Naranjo, Claudio: *Das Ende des Patriarchats*, Petersberg 2000

Ogden, Pat, Kekuni Minton und Clare Pain: *Trauma und Körper. Ein sensumotorisch orientierter psychotherapeutischer Ansatz*, Paderborn 2009

Ohm, Thomas: *Die Gebetsgebärden der Völker und das Christentum*, Leiden 1948

Onkes, Mia, lfd. Dissertation (2020), Ludwig-Maximilians-Universität, München

Otto, Rudolf: *Das Heilige. Über das Irrationale in der Idee des Göttlichen und sein Verhältnis zum Rationalen*, Neuausgabe mit einem Nachwort von Hans Joas, München 2014 (Erstauflage 1917)

Pascal, Blaise: *Pensées/Gedanken*, hg. v. Jean-Robert Armogathe, aus dem Frz. übersetzt von Ulrich Kunzmann, Stuttgart 1997 (Leipzig 1987)

Piaget, Jean: *Einführung in die genetische Erkenntnistheorie*, Frankfurt a. M. 1973

Phillips, Maggie: *Chronische Schmerzen behutsam überwinden. Anleitungen zur Selbsthilfe*, Heidelberg 2017

Porges, Stephen W.: *Die Polyvagal-Theorie und die Suche nach Sicherheit. Traumabehandlung, soziales Engagement und Bindung*, Villingen-Schwenningen 2019

Quint, Josef: *Meister Eckhart. Deutsche Predigten und Traktate*, Zürich 1979

Reddemann, Luise: *PITT – Psychodynamisch imaginative Traumatherapie. Das Manual*, Stuttgart 2017

Riemann, Fritz: *Grundformen der Angst*, München 1974

Rilke, Rainer Maria: *Briefe an seinen Verleger*, Leipzig 1934

Rosenberg, Alfons: *Kreuzmeditation. Die Meditation des ganzen Menschen*, München 1976

Roth, Gerhard, und Alica Ryba: *Coaching, Beratung und Gehirn. Neurobiologische Grundlagen wirksamer Veränderungskonzepte*, Stuttgart 2016

Schaupp, Klemens: *Gott im Leben entdecken*, Würzburg 2006

Schleske, Martin: *Der Klang. Vom unerhörten Sinn des Lebens*, München 2014

Schmid-Neuhaus, Barbara, Liane Schoefer-Happ und Dieter Mayer-Allgaier: *Qigong, Akupressur & Selbstmassage. Ins Reich der Mitte*, Stuttgart 2004

Schoefer-Happ, Liane: *Besser hören und sehen mit Qigong*, Stuttgart 2004

Schrenker, Leonhard: *Pesso-Therapie. Das Wissen zur Heilung liegt in uns. PBSP als ganzheitliches Verfahren einer körperorientierten Psychotherapie*, Stuttgart 2015

Schulz von Thun, Friedemann: *Miteinander reden, Band 3: Das »innere Team« und situationsgerechte Kommunikation*, Reinbek 1998

Seifert, Josef: *Das Leib-Seele-Problem in der gegenwärtigen philosophischen Diskussion*, Darmstadt 1979

Signer-Fischer, Suzy: *Hypnotherapie – effizient und kreativ. Bewährte Rezepte für die tägliche Praxis*, Heidelberg 2019

Spieker, Markus: *Gott macht glücklich und andere fromme Lügen*, Holzgerlingen 2013

Stein, Edith: *Kreuzeswissenschaft. Studie über Johannes vom Kreuz*, Freiburg i. Br., 4. Aufl. 2014

Steinert, Stefan: *So kommt der Hamster aus dem Rad. Stressbewältigung mit den fünf Elementen aus der Traditionellen Chinesischen Medizin*, Ostfildern 2017

Storch, Johannes: *Geist-Materieinteraktionen. Theoretische Modelle und ausgewählte empirische Befunde zur aktuellen Lage der Forschung*, E-Book, 2019, https://www.grin.com/document/512821, abgerufen am 1.8.2020

Storch, Maja, und Julius Kuhl: *Die Kraft aus dem Selbst – 7 Psychogyms für das Unbewusste*, Göttingen, 2. Aufl. 2017

Storch, Maja, Benita Cantieni, Gerald Hüther und Wolfgang Tschacher: *Embodiment. Die Wechselwirkung von Körper und Psyche erkennen und nutzen*, Göttingen, 3. Aufl. 2017 (Bern 2011)

Storch, Maja, und Frank Krause: *Selbstmanagement – ressourcenorientiert. Grundlagen und Trainingsmanual für die Arbeit mit dem Zürcher Ressourcen Modell (ZRM)*, Göttingen, 6. Aufl. 2016

Storch, Maja, und Julius Kuhl: *Die Kraft aus dem Selbst*, Bern 2013

Storch, Maja, und Astrid Riedener-Nussbaum: *Ich packs! Selbstmanagement für Jugendliche. Ein Trainingsmanual für die Arbeit mit dem Zürcher Ressourcenmodell*, Göttingen 2018

Sulz, Serge: *Praxis-Manual: Strategien der Veränderung von Erleben und Verhalten*, München 2009

Tauler, Johannes: *Predigten*, übertragen und hg. von Georg Hofmann, Freiburg i. Br. 1961, Neudruck in zwei Bänden, Einsiedeln, 3. Aufl. 1979

Thomann, Christoph, und Friedemann Schulz von Thun: *Klärungshilfen 1. Handbuch für Therapeuten, Gesprächshelfer und Moderatoren in schwierigen Gesprächen*, Reinbek 2003

Tschacher, Wolfgang: »Wie Embodiment zum Thema wurde«, in Storch, Cantieni et al., a. a. O. (2017)

Tweedie, Irina: *Der Weg durchs Feuer. Tagebuch einer spirituellen Schulung durch einen Sufimeister*, München 2005

Uhde, Bernhard: *West-östliche Spiritualität. Die inneren Wege der Weltreligionen*, Freiburg i. Br. 2011

Utsch, Michael: »Dialog benötigt Unterscheidung: Wie der Pluralismus die religiöse Identität stärken kann«, in Schuster, Jürgen, und Volker Gäckle (Hg.): *Das Evangelium und die Religionen. Religionskundliche Fragen – religionstheologische Folgerungen*, Münster 2016

Varela, Francisco J., Evan Thompson und Eleanor Rosch: *The Embodied Mind. Cognitive Science and Human Experience*, Boston 2017

Waal, Frans de: *Das Prinzip Empathie. Was wir von der Natur für eine bessere Gesellschaft lernen können*, München 2011

Wagner, Doris: *Spiritueller Missbrauch in der katholischen Kirche*, Freiburg i. Br. 2019

Weil, Simone: *Die Verwurzelung. Vorspiel zu einer Erklärung der Pflichten den Menschen gegenüber*, Zürich 2011

Weinreb, Friedrich: *Leiblichkeit als Ausdruck des ewigen Menschen*, Weiler 1999

Wienands, András: *Einführung in die körperorientierte systemische Therapie*, Heidelberg 2019

Wilber, Ken, et al.: *Integrale Lebenspraxis*, München 2010

Wolff, Hans-Walter: *Anthropologie des Alten Testaments*, Gütersloh 2010

Young, William Paul: *Die Hütte. Ein Wochenende mit Gott*, Berlin 2015

Zanotta, Silvia: *Wieder ganz werden. Traumaheilung mit Ego-State-Therapie und Körperwissen*, Heidelberg 2018

Zenger, Erich: *Psalmen. Auslegungen in zwei Bänden*, Freiburg i. Br. 2011

Link zum Download der Video-Anleitungen zu den Embodied Prayers und der gregorianischen Gesänge

www.randomhouse.de/SpirituellesEmbodiment

Anmerkungen

Abkürzungen der zitierten Bibelstellen

Altes Testament

Gen	*Genesis*
Ex	*Exodus*
Num	*Numeri*
Ps	*Psalm(en)*
Spr	*Sprüche (Salomos)*
Jes	*Jesaja*
Jer	*Jeremia*
Klgl	*Klagelieder*

Neues Testament

Mt	*Matthäus*
Lk	*Lukas*
Joh	*Johannes*
Apg	*Apostelgeschichte*
Röm	*Römerbrief*
1Kor	*1. Korintherbrief*
2Kor	*2. Korintherbrief*
Gal	*Galaterbrief*
Eph	*Epheserbrief*
Phil	*Philipperbrief*

Die Bibelzitate in diesem Buch stammen aus verschiedenen Ausgaben und sind zum Teil geringfügig adaptiert, weil sich die diversen Übersetzungen in unterschiedlicher Weise für die Interpretation und die Choreografie der Embodied Prayers und dergleichen eignen.

Einleitung: Darum geht es in diesem Buch

1. Storch, Cantieni et al. 2017.
2. Tschacher 2017.
3. Kuhl 2005/15.
4. Storch/Krause 2016.
5. Damásio 2004.
6. Kandel 2019, S. 314 f.
7. Roth/Ryba 2016, S. 95.
8. Ebenda, S. 129.
9. Goleman/Davidson 2017.
10. Kuhl 2005/15, S. 58.
11. Wagner 2019, S. 32.
12. Földényi 2013, S. 98.
13. Ebenda, S. 9.
14. Kuhl 2005/15, S. 91.
15. Ebenda, S. 87.

1. Embodied Prayers

16. Vgl. Porges 2019, Levine 2007.
17. Koll 2007, S. 23.
18. Vgl. Guardini 1960.
19. Vgl. Bultmann 1958, S. 191.
20. Vgl. Jäger 1997, S. 96.
21. Vgl. Jäger 2020.
22. Wilber 2010, S. 168.
23. Ebenda, S. 171 f.
24. Vgl. auch Schulz von Thun 1998.
25. Vgl. Dana 2019, S. 141 f.
26. Melzer 1997, S. 33.
27. Vgl. Kuhl 2005/15, S. 77.
28. Hallesby 2020, S. 8.
29. Wienands 2019, S. 38, 63.
30. Downing 2007.
31. Bernard et al. 2011.
32. Vgl. Brisch 2020.
33. Vgl. Zanotta 2018.
34. Vgl. Schaupp 2006, S. 53.
35. Vgl. Jäger 2020.
36. Uhde 2011, S. 97.
37. Vgl. Tweedie 2005.
38. Vgl. Friedrich-Killinger 2014.
39. Vgl. Levine 2007.
40. Grün/Reepen 1988, S. 66.
41. Jäger 2012, S. 96.
42. Vgl. Lakoff/Johnson 2011.
43. Vgl. Kiechle 2011, S. 52.
44. Vgl. Harari 2015.
45. Vgl. ebenda.
46. Loyola 2003, S. 28.
47. Vgl. Goodman 2003.
48. Grimm/Williges 1999, S. 50.

49. Ohm 1948, S. 256.
50. Vgl. Dyckhoff 2003.
51. Vgl. Daiker/Kirschbaum 2006.
52. Vgl. Brehm/Lehner 2010.
53. Vgl. Schmid-Neuhaus et al. 2004.
54. Vgl. ebenda, vgl. auch Schoefer-Happ 2004.
55. Vgl. Steinert 2017.
56. Jäger 2012, S. 16; 2002, S. 42, 77.
57. Utsch 2016, S. 35.
58. Ebenda.
59. Dyckhoff 2003, S. 8.
60. Wienands 2019, S. 48.
61. Vgl. Schrenker 2015.
62. Vgl. Moreno/Jennings 1936.
63. Vgl. Schrenker 2015.
64. Vgl. Grawe 2004.
65. Vgl. Steinert 2017, S. 44.
66. Vgl. Sulz 2009.
67. Vgl. Dieterich/Berner 2012.
68. Vgl. ebenda.
69. Riemann 1974, S. 18.
70. Thomann/Schulz von Thun 2003, S. 180.
71. Vgl. ebenda.
72. Riemann 1974, S. 13.
73. Ebenda, S. 14.
74. Ebenda.
75. Ebenda.
76. Thomann/Schulz von Thun 2003, S. 183.
77. Riemann 1974, S. 15.
78. Rosenberg 1976, S. 10.
79. Vgl. Signer-Fischer 2019.
80. Vgl. Phillips 2017.
81. Feldenkrais 1996.
82. Vgl. Zanotta 2018, S. 220 ff.
83. Bernard et al. 2011, S. 42.
84. Vgl. Henderson 2001.
85. Dyckhoff 2003, S. 129.
86. Vgl. z. B. Fischer 2015.
87. Grün/Reepen 1988, S. 27.
88. Vgl. Fogel 2013.
89. Weil 2011, S. 43.
90. Grün/Reepen 1988, S. 66.
91. Ebenda, S. 65 f.
92. Ebert 2019.
93. Grün/Reepen 1988, S. 66.
94. Ohm 1948, S. 163.
95. Ebenda, S. 259.
96. Vgl. Baral 2016, S. 310.

2. Der Gregorianische Choral – Eine Erlebnisreise des »Abenteuers Stimme«

97. Augustinus 1988, IX, 6.
98. Ebenda, X, 33.
99. Hüschen 1972, S. 36.
100. Möller 2000, S. 28.
101. Jüngel 2003, S. 183.
102. Augustinus 1988, IX, 15.
103. Deutsche Bischofskonferenz u. a., S. 217 f.
104. Septuaginta/LXX, gr. Fassung.
105. Mauersberger 1991, RMWV 4/1.

106. Tauler 1961/79, S. 305.
107. Ebenda.
108. Bonhoeffer 1985, S. 64.
109. Rilke 1934, S. 247.
110. Pascal 1987/97, Pensée 678, S. 378.
111. Horx 2020.
112. *Graduale Romanum* v. 1908, S. 326.
113. Gassner 2006, S. 229.
114. Friedmann 1985, S. 19.
115. Leclercq 1963, S. 44.
116. Zit. n. Gerhards 2011, S. 42.
117. Hölderlin 2015, S. 302.

3. Spirituelles Embodiment in Krisen, bei Entscheidungen und bei Identitätsfragen

118. Goleman/Davidson 2017, S. 235.
119. Jung 1984, S. 25.
120. Vgl. Kuhl 2015.
121. Jung 1984, S. 277.
122. Vgl. Harter 2003, S. 622.
123. Jung 1984, S. 278.
124. Vgl. Krause/Storch 2019.
125. Jung 1984, S. 77.
126. Meier 1992, S. 102.
127. Kuhl 2015, S. 24.
128. Otto 2014, S. 6.
129. Ebenda, S. 7.
130. Meier 1992, S. 17.
131. Otto 2014, S. 8.
132. Ebenda, S. 13.
133. Ebenda, S. 13f.
134. Storch/Krause 2016.
135. Maier/Büchner 2014.
136. Meier 1992, S. 11.
137. Storch 2019.
138. Vgl. Piaget 1973.

Register

Sachregister

Personenregister